훔치고
배우고
익혀라

훔치고
배우고
익혀라

이종탁 지음

시대의 지성 16인의
터닝포인트에서 배우는
삶의 지혜

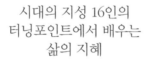

휴먼큐브

시대를 대표하는 지성 16인의 순간을 훔치다!

멘토는 그리스 신화에 나오는 오디세우스의 친구 멘토르(mentor)에서 유래한 말이다. 오디세우스가 트로이 전쟁에 출정하자 오디세우스 집안을 돌봐주고 그 아들을 가르쳐준 사람이 멘토르다. 그 멘토르를 부르는 소리가 요즘 학교에서, 직장에서, 정치권에서 흘러넘친다. 도움의 손길을 필요로 하는 사람이 그만큼 많다는 뜻이다. 지금은 오디세우스 같은 장수가 아니라 멘토르 같은 스승을 갈구하는 시대인 것이다.

돌이켜 생각해보면 멘토라는 외래어가 우리 귀에 익숙해진 것도 그리 오래되지는 않았다. 1980년대, 90년대까지만 해도 우리는 존경하는 인물을 꼽으라고 하면 학교 선생님 아니면 위인전에 나오는 어느 고인(故人)을 떠올리는 게 보통이었다. 낯설기만 하던 단어 멘토가 언젠가부터 사회적 언어로 자리 잡게 된 데에는 시대적 배경이 있다. 2000년대를 사는 젊은이들의 고민과 방황의 골이 깊어지면서 지혜와 신뢰를 가진 인생 선배, 공감과 위로의 말을 건네는 상담자가 필요해진 것이다.

따지고 보면 이 책이 나오게 된 것도 이런 시대적 맥락과 맞닿아 있다. 이 책은 지난 3년여 동안 '이종탁이 만난 사람'이라는 이름으로 「경향신문」과 「주간경향」에 연재한 인터뷰 기사를 기초로 썼다. 인터뷰를 위해 만난 사람 중 상당수가 이 시대의 멘토로 불리는 유명인이었는데, 인터뷰 뒤 작성하는 기사는 그때 그때 뉴스에 초점을 맞추느라 인생 이야기를 담기 어려웠다. 혼자 듣고 흘려보내기에는 귀하고 아깝다고 여기던 차에 당시 기사를 현재 시점에서 되돌아보며 첨삭 보강하고 맞춤 가공해 한 권의 책으로 내자는 출판사의 제안이 들어와 수락하게 됐다.

뉴스는 시간이 지나면 빛이 바래지만 삶의 이야기는 오래되어도 좀처럼 변하지 않는다. 그래서 이 책에선 명사들의 인생 행보를 짚어보면서 오늘날 그들을 있게 한 원동력이 무엇인지 찾아보는 데 주력했다.

여기 소개하는 열여섯 명의 명사들은 한국 사회에서 이름이 널리 알려져 있다는 사실 하나를 빼면 다른 공통점을 찾기 어려운 이질적인 집단이다. 아니, 이들 사이에 어떤 집합성도 없으니 집단이란 표현도 부적절한 것 같다. 이들은 단지 나의 인터뷰 요청에 고맙게도 응해주었고, 인물의 성격상 집중 탐구 대상 16인에 포함되었을 뿐이다.

그동안 걸어온 길이나 지금의 위치, 세상을 보는 눈도 다르다. 어떤 이는 유복한 집에서 태어나 엘리트코스를 밟았고 다른 이는 찢어지게 가난한 집에서 태어나 노숙자 생활을 했다. 대통령을 꿈꾸는 정치인이 있는가 하면, 평생 새만 쫓아다니는 새 박사도 있고, 중학교 중퇴 학력이지만 세계를 제패한 기사(棋士)도 있다. 보수적 이념을 가진 이도 있고, 급진적 사상을 숨김없이 드러내는 이도 있다.

비슷한 느낌을 주는 사람은 안철수 교수와 박경철 원장 정도다. 두 사람은 청춘콘서트를 같이 하면서 일종의 동업자, 파트너 같은 이미지를 심어주었고, 실제 의과대학을 나와 의사를 하다가 전혀 다른 분야로 전업을 해 더 크게 성공한 아주 독특한 경력을 함께 갖고 있다.

16인 모두에게 예외 없이 적용되는 하나의 단어가 있다면 젊은 날의 치열함이다. 어느 위치, 어떤 상황에서든 뜨겁게 부딪히고 온몸으로 씨름하는 시간을 보내지 않은 사람은 없다.

그렇다고 보통 사람이 이들 16인의 삶을 흉내 낸다는 것은 현실적으로 지난한 일이다. 누가 하루 17시간씩 일주일 내내 공부할 수 있겠으며, 그렇게 한다고 누구나 고시 3관왕이 될 수 있을까. 어느 누가 자신을 무려 20년간 글감옥에 가두어두고 글만 쓸 것이며, 그런다고 『태백산맥』 같은 작품이 쉽게 나오겠는가. 본인들은 인정하기 싫어하겠지만 태어날 때부터 부모에게서 아주 특출한 두뇌와 남보다 유리한 배경을 물려받는 사람들이 어느 시대에나 분명 있다. 천재들의 노력이란 따라할 수도 없을뿐더러 한다고 해도 같은 결과를 얻는다는 보장이 없다. 하지만 이들의 생각, 삶의 마디마디를 듣고 새기면서 무언가를 느끼고 깨닫는다면 그것으로 이 책의 의미는 충분한 셈이다.

아무리 특출난 사람도 개개인의 삶을 자세히 들여다보면 어느 시점에서 물꼬가 트이는 터닝포인트가 있음을 발견하게 된다. 그 포인트를 독자들과 공유하고 싶어 16인의 삶을 성공과 열정, 희망과 행복의 터닝포인트로 나누어보았다. 물론 이는 당사자의 동의를 받지 않고 내 임의로 분류한 것이어서 관점에 따라 달라질 수 있음을 인정한다.

박경철 원장은 어느 날 자신이 의사로서의 재능보다 남들에게 뭔가를 설명하는 재능이 더 있다는 것을 알게 되었다며 이를 "물리(物理)가 트였다"는 말로 표현했다. 그에 따르면 누구에게나 한 가지 이상의 물리가 어느 날 트이는 법이라는데 나를 포함해 이 책을 읽는 독자 모두에게 물리가 트였으면 하는 바람을 가져본다.

끝으로 책 쓴다고 휴일 반납한 채 책상 앞에 붙어 앉아 끙끙거리는 나에게 격려를 보내준 아내와 딸, 책 낼 생각도 않고 있는 나를 설득하고 재촉해 출간의 결실을 보게 해준 휴먼큐브 황상욱 대표에게 고맙다는 말을 전하고 싶다.

2012년 6월 정동에서
이종탁

프롤로그　시대를 대표하는 지성 16인의 순간을 훔치다! • 004

Part 1　희망으로 가는 터닝포인트

문재인 • 012 ㅣ 박경철 • 034 ㅣ 이지성 • 058 ㅣ 박노자 • 078

Part 2　성공으로 가는 터닝포인트

안철수 • 102 ㅣ 조　국 • 124 ㅣ 고승덕 • 144 ㅣ 한승헌 • 164

Part 3　행복으로 가는 터닝포인트

박원순 • 188 ㅣ 윤무부 • 210 ㅣ 이길여 • 230 ㅣ 이세돌 • 250

Part 4　열정으로 가는 터닝포인트

조정래 • 274 ㅣ 강준만 • 296 ㅣ 송창식 • 318 ㅣ 정두언 • 340

Part 1

희망으로 가는
터닝포인트

문재인
박경철
이지성
박노자

문 / 재 / 인

사람 일은 모르는 거다. 세상 경험이 풍부한 어른들이 "내 인생에 결코 그런 일은 없을 것"이라고 절대화법을 쓰는 젊은이들에게 하는 충고다. 세상 살다 보면 절대 일어나지 않을 것 같은 일이 심심찮게 일어난다는 것이다.

19대 국회의원 문재인 변호사의 달라진 모습을 보면 이 말의 의미를 새삼 떠올리게 된다. 얼마 전까지 우리 머릿속에 '정치인 문재인'이란 존재는 들어 있지 않았다. 노무현 전 대통령의 핵심 측근이고 실세 비서실장이었지만 정치 욕심이라고는 터럭만큼도 없어 보이는 세상에 보기 드문 사람, 그가 바로 문재인이었기 때문이다.

그런데 총선과 대선의 해를 맞아 문재인은 일생일대의 변신을 했다. 남 앞에 서는 것을 어려워하고 카메라 플래시 세례를 쑥스러워하던 그가 어깨띠 두르고 시장통을 누비며 처음 보는 사람들에게 스스럼없이 손을 내민다. 스스로 '몸치'라 하면서도 유권자들이 요청하면 음악에 맞춰 춤도 춘다. 노무현의 측근일 때 그는 늘 입을 한 일 자로 굳게 다문 얼굴 표정으로 신문에 실렸다. 하지만 대중 정치인으로 변신한 뒤에는 언제나 환히 웃는 모습이다. 엄숙한 이미지보다는 밝은 표정으로 대중의 호감을 사겠다는 전략이다.

문재인이 정치에 발을 내딛는 순간 그는 어느 누구보다 영향력이 큰 거물 정치인이 됐다. 야권 통합을 위해 동분서주한 그를 사람들은 유력한 대선 후보 중 한 명으로 꼽았고, 그에 부응해 대선 출마를 공식 선언했다. 1년 전까지만 해도 상상하기 어려웠던 문재인의 깜짝 변신은 어디에서 비롯되었고, 어떤 색깔로 매듭지어질까. 그 변화의 흐름을 짚어보는 게 이 글의 주요 과제다.

대선 주자 문재인을 국민들에게 각인시킨 사건은 역설적이게도 노무현 전 대통령의 서거다. 검찰 조사를 받은 노 전 대통령이 봉하마을 부엉이바위에서 몸을 던져 스스로 목숨을 끊었다는 충격적 발표에서부터 톡 건드리기만 해도 터질 것 같은 아슬아슬한 추모정국 속에서 무사히 장례식을 치르기까지, 그가 보여준 위기관리 능력은 국민들에게 깊은 인상을 심어주었다. 상상도 못한 일이 닥쳤는데 놀랍도록 차분하고 빈틈없이 대처하는 모습을 보고 신뢰감이 싹튼 것이다. 하지만 그로부터 한 해가 지나도록 문재인은 그런 국민의 기대에 '부응'할 생각이 전혀 없었다. 노무현 재단의 상임이사를 맡아 노무현 서거 1주기 행사를 준비할 때 그는 거의 부산에 있었고, 하는 일도 변호사 업무에 국한돼 있었다. 그가 대표 변호사로 있는 부산 거제동 '법무법인 부산'의 사무실에서 당시 가진 인터뷰 내용을 떠올려보자.

이종탁　이곳이 노무현 전 대통령과 함께 일했던 곳인가요.

문재인　물리적으론 이사를 했지만 문패로 본다면 맞습니다. 2002년 노 대통령이 당선되었을 때 제가 이곳 대표 변호사였고, 대통령은 한 '구성원'이었습니다. 노 변호사와는 원래 합동사무소로 시작했는데 나중에 법무법인이 되었습니다.

'구성원'이라는 단어를 입에 올리면서 그는 엷은 미소를 지어 보였다. 처음 본 기자와 막 수인사를 나눈 어색한 분위기를 풀어보려고 농담조의 표현을 의도적으로 사용한 것이다. 그러고 보니

문재인

TV에서 보던 매서운 눈매가 누그러진 것 같다.

이종탁 　노 대통령 사후 1년을 어떻게 보냈습니까.

문재인 　늘 상중(喪中)의 기분이었어요. 재단 만들고 추모사업 계획하면서 보냈습니다.

이종탁 　어느 인터뷰에 보니까 '1년 지나면 탈상을 할 수 있을 것 같다'고 했던데 무슨 뜻입니까.

문재인 　그때가 되면 정서적 슬픔에서 벗어날 수 있지 않겠나 하는 의미였어요. 그런데 그게 마음처럼 되지 않네요. 아직도 그때 일이 생생하게 생각나고, 어느덧 1년이 되었다고 하니까 상실감이 더 커지는 측면도 있어요.

이종탁 　노 전 대통령을 회고하면 한마디로 어떤 사람이라고 표현하시겠습니까.

문재인 　결코 현실에 굴하지 않는 위대한 이상주의자, 이렇게 말하고 싶네요.

이종탁 　서거 때 어떻게 그렇게 냉정할 수 있었는지 궁금합니다.

문재인 　겉으로만 그렇게 보였을 뿐입니다. 앞이 캄캄했고 경황이 없었던 것은 저도 마찬가지였죠. 다만 당장 병원에 가서 의학적 절차도 밟고, 빈소도 만들고 하는 등 여러 가지 판단과 결정이 필요한데 나까지 감정에 휩싸이면 안 되겠다고 생각했어요. 그 책임감이 저를 지탱해주었습니다.

이종탁 　국민들의 추모 열기가 예상 밖이었습니다.

문재인 　500만 추모 인파를 보고 저도 놀랐습니다. 바로 그전까지 비난일색이던 여론은 뭐였나 하는 생각이 들더군요. 언론도 서거 전후 보도가 너무 달라 이게 같은 신문인가 싶을 정도였죠. 외진 봉하마을까지 아이들을 데리고 와서 몇 시간씩 줄 서서 기다리다 잠깐 분향하고 돌아가는 사람들을 보면서 그 속을 들여다보고 싶은 마음이 들기도 했습니다. 아마 노무현으로 상징되는 그 무엇, 가치랄까 정신이랄까 서민적인 모습, 이런 것들을 아쉬워하고 지켜내야 한다는 생각이 있었던 것 같습니다.

그가 말하는 노무현에 대한 애틋함이 사람들 마음속에 실제 자리하고 있었음은 2010년 6·2 지방 선거를 통해 사실로 드러났다. 안희정 충남 도지사, 김두관 경남 도지사, 이광재 강원 도지사(이광재는 뒤에 법원 판결로 지사직을 상실했지만) 등의 친노 인사들이 대거 당선된 것이다. 문재인도 마음만 먹었으면 당선자 대열에 이름을 올릴 가능성이 높았다. 노무현의 분신 같은 존재 아닌가. 당시 부산의 시민사회단체에서 문재인에게 부산시장 출마를 간청하다시피 했고, 그보다 앞서 한나라당(현 새누리당) 박희태 의원이 당선된 경남 양산의 보궐선거 때는 민주화운동 원로인사들이 문재인의 집 앞에서 천막치고 농성까지 하며 출마를 종용하기도 했다. 그때마다 문재인은 "나는 정치와는 거리 먼 사람"이라며 뿌리쳤다.

참여정부 때 청와대 인사수석을 지낸 정찬용은 문재인의 출마가 실현될 뻔했던 비화를 털어놓은 적이 있다. 청와대 근무할 때 문재인과 자신이 서로 출신 지역을 바꿔 광주와 부산에서 교차 출마하는 아이디어가 나왔고, 그 말을 들은 노무현 대통령이 그러면 진정한 지역주의 극복이 되겠다며 좋아했는데 탄핵사건으로 무산됐다는 것이다.

문재인

이종탁 그때는 출마할 생각이 있었던 거 아닙니까.

문재인 당시 저는 당으로부터 출마 압력을 받고 있었습니다. 노 대통령도 저의 출마를 바라는 기색이었죠. 하지만 저는 청와대 들어갈 때 노 대통령으로부터 다짐받아놓은 게 두 가지 있었습니다. '민정수석으로 끝내겠다, 정치하라고 하지 말라'였죠. 그러니 노 대통령이 저보고 출마하란 말을 꺼낼 수 없었어요. 이런 분위기를 알고 정 수석이 아이디어를 내본 것일 뿐입니다.

이종탁 당시 정 수석에게 "나는 광주에 나가도 당선되겠지만 당신은 부산에서 어려울 것이다"라고 말했다면서요.

문재인 광주 시민들의 민주의식이 높으니까요. 부산은 좀 보수적이잖아요.

이종탁 그때 출마하지 않은 거, 혹시 후회하지 않습니까.

문재인 후회라뇨, 왜 그런 단어를 쓰죠? 지금은 내 이미지가 좋아 당선 가능성이 높아 보이니까 나오라고들 하지만, 현실정치는 한번 발 디디면 쉽게 그만둘 수가 없습니다. 평생 묻어야 합니다. 그건 정말이지 끔찍합니다.

그러니까 이 인터뷰가 있을 때만 해도 문재인은 현실정치에 발 디디는 것을 끔찍하게 여기고 있었다.

이종탁 정치를 그토록 거부하는 특별한 이유라도 있습니까.

문재인 정치는 우리 삶을 좌우합니다. 정말 중요하죠. 하지만 누구나 다 정치를 할 수 있는 건 아닙니다. 능력 있는 사람이 해야지요. 저는 정치 체질이 아닙니다.

이종탁 　지방 선거에 노무현 정부 사람들이 많이 출마했습니다. 도와달라는 요구를 받지 않습니까.

문재인 　그게 참 어려운 건데요. 돕고 싶다는 생각, 잘됐으면 하는 생각은 있습니다. 하지만 노무현 재단 일에 충실하기 위해서라도 저는 현실정치와 거리를 두고 싶습니다. 내가 맡은 일 잘하는 게 나름대로 돕는 길이라고 생각합니다. 한명숙, 유시민 후보는 주변에 도울 사람도 많아요. 다만 김정길 부산시장 후보의 경우가 좀 다릅니다. 그는 진보신당까지 포함한 야 5당의 단일 후보입니다. 그래서 제가 명예선거대책위원장을 맡기로 했습니다. 그런다고 상근하거나 유세에 나서거나 하지는 않지만요.

이종탁 　실제로는 이름만 걸어두는 셈이네요.

당시 인터뷰를 길게 인용한 것은 문재인의 생각의 흐름을 짚어보기 위함이다. 노무현 재단의 일에 충실하기 위해서라도 현실정치와 거리를 두겠다는 게 이때까지 문재인의 생각이었다. 그렇다면 그는 왜 그토록 손사래 치던 정치의 길로 나서게 된 걸까. 혁신과 통합이라는 시민정치단체의 상임대표를 맡아 야권 통합을 위해 애쓰던 2011년 11월, 노무현 재단 사무실에서 그를 다시 만났다.

이종탁 　현실정치에 나서게 된 계기가 있는지요. 어떤 생각의 변화가 있었는지 궁금합니다.

문재인 　두 가지를 말씀드릴 수 있습니다. 하나는 이명박 정부의 역사 거꾸로 돌리기가 너무 심해서 정권 교체가 절박하다는 점이고요, 다른 하나는 제가 원하든 원하지 않든 저를 향한 일정

문재인

한 기대와 지지가 있다는 겁니다. 이 소중한 것을 내가 정치에 뜻 없다고 그냥 떠내려보내서는 안 되겠다는 생각이 들었죠. 정권 교체에 도움이 된다면 내가 할 역할을 해야겠다, 이렇게 마음먹게 된 것입니다.

이 대목에서 인터뷰에 배석한 노무현 재단의 양정철 상임운영위원이 설명을 보탰다.

"길고 어려운 과정이 있었습니다. 주위에서 여러 차례 간청을 드렸어요. 범야권의 지지를 받는 소중한 자원으로서 가능성만큼은 열어놓아달라, 정권 교체를 꿈꾸는 사람들의 희망을 꺾지 말아달라고 말입니다."

두 사람의 말을 종합하면 문재인의 마음을 움직인 것은 결국 여론조사에서 나타난 지지율인 셈이다. 정권 교체의 대안으로 국민들이 지목하는데 나 몰라라 할 수는 없다는 것이다. 다시 1년 전 인터뷰로 돌아가보자.

이종탁 현 정부의 잘못을 지적한다면 어떤 게 있습니까.

문재인 굉장히 많은 점을 지적할 수 있는데 가장 큰 부분이 남북관계입니다. 민주주의가 후퇴한 것은 그래도 나중에 회복하면 됩니다. 역사는 일직선으로만 가는 게 아니고 때로는 갈지자를 그리기도 하는 거니까요. 하지만 남북관계는 한번 삐끗하면 상처가 너무 커서 회복이 어렵습니다. 현 정부는 '지난 10년 정권' 운운하지만 사실 남북관계는 그 이전, 그러니까 노태우 정권 때부터 한 걸음 한 걸음 발전해왔습니다. 김대중 정부 때

6·15 남북 공동 선언으로 획기적 진전을 이뤘고요. 그런데 그렇게 이룬 성과를 지금 정부가 한 목에 다 털어먹은 거죠.

이종탁 **털어먹는다는 것은 무슨 뜻이죠?**

문재인 남북관계의 질적 비약이 가능한 토대가 정상 간 합의에 의해 마련됐거든요. 그걸 이 정부는 무시하고 부정한 겁니다. 금강산 관광만 해도 그래요. 이념을 떠나 다들 좋아했는데 그걸 파탄내지 않았습니까.

이종탁 **따지고 보면 노무현 정부도 많은 비판을 받았습니다. 안희정 지사는 2008년 총선 참패 뒤 '폐족'이라는 말을 쓰기도 했는데요.**

문재인 참여정부도 잘못한 게 있죠. 민심을 얻지 못했습니다. 국민과 소통하면서 함께 가야 하는데 실패했어요. 그 결과 정치 지향을 같이하는 쪽에 다음 정부를 넘겨주지 못했죠. 참여정부의 가치를 국민들에게 인정받지 못하고 외면당한 것은 참담한 결과입니다.

이종탁 **억울하다고 느끼시는군요.**

문재인 참여정부의 성과나 업적은 아이러니하게도 이명박 정부가 상기시켜주고 있습니다. 권위주의 청산이나 권력기관의 정치 중립 같은 게 거저 주어지는 게 아니라는 것을 국민들이 이 정부를 겪으면서 깨닫게 된 거죠. 그때(이명박 정권을 선택할 때)는 도덕적 결함이 좀 있어도 경제만 살리면 되는 것 아니냐는 식이었잖아요. 그런데 어땠습니까. 그게 아니지 않습니까. 민주주의라는 게 취약해서 조금만 방심하면 퇴행한다는 것, 정부의 의지가 있지 않으면 위태롭기 짝이 없다는 것, 그걸 절감하게 되었죠. 그 극적

문재인

대전환을 이룬 계기가 노 대통령의 서거였고요.

이종탁 　그렇다면 참여정부 때는 왜 그걸 몰랐을까요.

문재인 　우리 쪽 잘못이 컸습니다. 조급하게 서두르려고 했죠. 사심이 없다며 교만하기도 했고요. 더디더라도 동의를 얻어 가는 게 정답인데, 언론 환경이 워낙 나빴습니다. 오죽하면 국정 브리핑을 만들어 국민과 직접 소통하려 했겠습니까. 또 하나 진보개혁 진영의 분열도 큰 원인이라고 생각합니다.

이 대목에서 그의 말이 뚝 끊어졌다. 한동안 입을 떼지 않다가 재차 묻자 그제야 "설명이 필요합니까? 보십시다"라며 이어갔다. 그 나름대로 그럴 만한 이유를 가지고 있었다.

"보수 쪽은 저변도 넓은데 조·중·동이 똘똘 뭉쳐 방어까지 합니다. 그런데 진보 쪽은 소수인데도 헤게모니 싸움을 벌입니다. 우리 쪽 정당조차 유지하지 못했어요. 앞에 계신데 이런 말 하기 미안하지만, 경향신문도 우리를 참 아프게 했습니다. 노 대통령에 대한 검찰 수사 때 보도는 정말 심했고요, 재임 중에도 사이비 진보라는 프레임으로 계속 비판했습니다. 저쪽은 단결돼 있는데 힘을 모아주지 않았습니다. 바둑에서 복기를 하듯 지금이라도 자기 입장을 점검하고 성찰해야 한다고 생각합니다."

이종탁 　말씀을 들으니 이른바 진영 논리 같습니다. 하지만 언론은 본연의 사명, 원칙이 있습니다. 그 기본이 권력 비판이죠.

문재인 　제가 드리는 말은 그걸 다 감안한 것입니다.

기자의 반론에 지지 않겠다는 태세다. 경향신문 기자를 만나면 꼭 한번 말해야겠다고 작심한 듯하다. 아무래도 이쯤에서 화제를 돌리는 게 낫겠다.

이종탁 청와대에서 나온 뒤 경남 양산의 시골마을로 가셨죠?

문재인 그렇죠. 청와대 있을 때 육체적, 정신적으로 지쳐서 건강을 위해 그곳으로 갔어요. 좀 더 쉬고 싶었는데 먹고살아야겠기에 사무실에 나오게 됐습니다.

이종탁 사건 수임은 잘되나요.

문재인 현 정부가 권력을 남용한다는 비판을 듣는데, 그 때문인지 국민들에게 일종의 공포기제를 심어주는 데 성공했어요. 노무현 재단을 후원하면 불이익을 받을 것이란 염려, 문재인을 도우면 뒤탈이 있을지 모른다는 두려움 같은 것을 심어준 거죠. 그런 분위기에서도 재단 후원금이 적지 않게 들어와 감사할 따름입니다.

변호사 수입이 어떠냐고 물었는데 노무현 재단을 후원해준 사람들에게 감사의 인사를 전한다. 텁텁하고 어눌한 말투, 그러나 쓸데없이 길지 않고, 핵심적인 말을 분명하게 표현하는 화법에 진솔함이 느껴진다.

문재인을 아는 사람들은 그를 모범생, 대쪽 같은 선비, 원칙주의자, 강직하면서도 온화한 신사 이미지로 기억한다. 보통의 인간이 갖는 이기적 욕망을 도대체 찾아볼 수 없는 사람이어서 신부님이라고 부르기도 한다. 실제 그는 청와대 시절 '왕의 남자', '왕 수

문재인

석' 등으로 불리며 대통령의 신뢰를 한 몸에 받는 권부 2인자였지만 처신에 물의를 빚은 적이 없다. 언제나 한결같이 진중한 표정은 일탈 같은 것은 애당초 하지 않을 사람처럼 보인다. 그의 자서전 『문재인의 운명』에 청소년기 비행 이야기가 실려 있다는 게 사실인가 싶을 정도로 놀라움을 준다.

"고3 올라가선 술 담배도 하게 됐다. 여름방학이 끝날 무렵 친구들과 축구시합을 한 다음 학교 뒷산에서 술 마시고 담배 피우며 고성방가하다가 지도부 주임 선생님에게 걸려 몽땅 유기정학을 받았다. 중고등학교 때 내 별명은 '문제아'였다. 처음엔 그냥 이름 때문에 생긴 별명이었는데 진짜 문제아가 됐다."

모범생 이미지를 확 깨버리는 자기 고백이다. 꽉 짜인 틀 속에서 경쟁의 레일 위를 달리는 데 지쳐 탈선의 유혹을 느끼는 젊은 이들이라면 이 대목에서 적지 않은 위안을 받을 수도 있겠다. "문재인도 한때는 문제아였다잖아" 하면서.

이종탁 자기 절제력이 강하고 매사에 신중해 흐트러짐이 없어 보이는데 고교 때 술 담배 하면서 '노는 친구들과 어울렸다'는 게 믿어지지 않습니다. 인생에서 실수나 일탈한 적 얼마나 있습니까.

문재인 내가 젊었을 때는 시대적으로 암울한 상황이었죠. 술로 울분을 달랠 때가 많았습니다. 평생 마실 술의 절반을 그 시절에 마신 것 같아요. 변호사가 되어 체면을 차리게 되었는데, 특히 인권변호사는 도덕적인 삶, 민중적인 삶을 살아야 한다는 생각을 했죠. 나 자신이 흠결 있으면 안 된다는 자기 검열 같은 것을 하게 됐고, 그런 생활이 오래되다 보니까 몸에 배게 된 것 같습니다.

이력으로만 보면 그는 정치인이 되기 전에 이미 최고의 인생을 살았다고 해야 할 것이다. 사법시험에 합격해 변호사가 되었고, 청와대 수석비서관과 비서실장까지 지냈다. 하지만 그가 높은 자리를 꿈꾸거나 바랐던 것은 아니다. 그 자리까지 가는 인생 항로에서 적지 않은 굴곡과 시련을 겪어야 했다. 성취감이나 행복감을 느낄 여유는 오히려 적었다.

1970년대 많은 한국의 가정이 그랬지만 문재인의 집 또한 가난했다. 아버지가 장사에 실패해 경제적 무능력자가 되면서 어머니가 구멍가게도 하고 연탄 배달도 하면서 가계를 꾸려나가야 하는 형편이었다.

문재인은 어린 시절 키도 작고 몸도 약했다. 얼굴에 검댕 묻히는 연탄 배달이 창피하다며 어머니에게 툴툴대는 철부지였고, 성적표에는 '수'보다 '우', '미', 간혹 '양'이 있을 정도로 공부도 신통치 않은 아이였다. 초등학교 6학년 때 중학교 입시 준비를 하면서 비로소 공부에 두각을 드러내 당시 수재들이 들어간다는 경남중학교, 경남고등학교에 합격했으나 대학은 첫해 입시에서 낙방했고, 재수 끝에 경희대 법대에 진학했다.

문재인은 "공부를 열심히 하지 않은 대가를 톡톡히 치렀다"고 말했다. 노는 아이들과 어울리거나, 입시와 무관한 책을 가까이 하면서 성적이 나빴기 때문이다. 그래도 독서를 통해 내면을 키우고 사회의식을 갖게 된 것은 나름대로 보람 있는 보상이었다고 그

그저 같이 아파하고 고민하면서 함께 모색해보는 것,
그 길밖에는요.

는 생각한다.

1970년대 한국 사회에서 의식 있는 사람으로 산다는 것은 따뜻하고 편안한 길 대신 어렵고 험난한 길로 들어서는 것을 뜻한다. 그는 서울 하숙집에서 밤늦게까지 시국담론을 나누면서 민주투사가 되어갔고, 끝내 유신정권에 반대하는 시위를 벌이다 붙잡혀 옥살이를 했다.

대개 운동권 학생들은 경찰에 붙잡히지 않으려고 치고 빠지는 기술을 익히곤 했지만 문재인은 시위 후 도망은커녕 학교 정문 앞에 진을 치고 있던 경찰에 제 발로 걸어가 체포됐다. 그 결과 구속과 동시에 학교에서 제적됐고, 법정에선 징역 10개월에 집행유예를 선고 받고 풀려나 곧바로 군에 강제 징집됐다. 문자 그대로 고난의 연속이었다. 군에서도 준장 전두환이 여단장, 중령 장세동이 대대장으로 있는 특전사 예하 제1공수 특전여단에 배치됐다.

시위 주동자로 찍혀 제적과 동시에 군에 끌려가 공수부대에 떨어졌다면 공포에 질리거나 크게 상심하는 게 보통이다. 그러나 문재인은 달랐다. 의도했던 것은 아니지만 결과적으로 군대생활은 그의 인생에서 희망으로 가는 터닝포인트가 된다.

"나는 학교 다닐 때 개근상 말고는 상을 받아보지 못했거든요. 고교 땐 정학을 당했고, 대학에선 제적도 당했죠. 그런데 군대가 요구하는 기능은 신기하게도 잘하는 거예요. 사격, 수류탄 던지기, 전투수영까지 생전 처음 하는 일인데도 잘 해냈죠."

전투수영이란 군화 신고 탄띠에 총까지 어깨에 멘 상태에서 헤엄치는 침투 훈련의 하나다. 공수부대 들어가기 전에 이런 수영을 해보는 사람은 없다. 누구나 처음이고 다들 어려워하는 게 당연한

데 문재인은 그 상황을 즐겼다. 공수부대 특성상 연중 절반을 야외에서 훈련하며 보내는데도 "난 영내 생활보다 야영이 좋아" 하며 받아들였고, 그렇게 고되다는 천리 행군도 "미처 가보지 못한 산과 강, 마을을 볼 수 있는 기회"라며 기꺼이 맞았다. 그야말로 '피할 수 없으니 차라리 즐기자'고 마음먹은 것이다.

공수부대 훈련 도중 찍은 사진 한 장이 상징적이다. 인터넷에 공개돼 폭발적 인기를 끈 이 사진에서는 데모하다 끌려온 약골 대학생의 기색이라곤 조금도 찾을 수 없다. 훈련복장에 베레모를 쓰고 보조낙하산을 가슴에 안은 청년 문재인은 듬직한 군인의 모습, 그 전형이다. 특히 이 사진은 이명박 정부 고위각료 중에 병역 면제자가 많다는 사실과 대비되면서 문재인에 대한 카리스마와 신뢰감을 더욱 높여주었다. '문재인 대통령'이 가시화된다면 이 사진 한 장이 결정적 단초가 될 것이다. 여기에 대한 그의 소회를 들어보자.

이종탁 그 사진이 인기 끌 것이라고 예상하셨나요.

문재인 아닙니다. 전혀 뜻밖이죠. 요즘도 그런지 모르겠는데, 그때 군에서는 제대하는 고참에게 앨범을 만들어주는 관행이 있었어요. 그 앨범을 워낙 오랫동안 열어보지 않아 속에 무엇이 들어 있는지 모르고 지냈는데, 자서전을 내면서 출판사에서 찾기에 꺼내 보았죠. 많은 사진이 들러붙어서 못쓰게 되었더라고요. 훼손이 덜된 사진을 간신히 찾았는데 그게 산악점프 나갈 때 그 모습이었습니다. 공수부대 근무 사실을 보여주는 증명사진 같은 것인데, 그게 저의 이미지를 좋게 해줄 것이라고는 생각도 못했죠.

이종탁 강제 징집되었으면 병영 생활이나 군사문화에 반감과 저항심이 많았을 것 같은데, 군대 생활을 무척 잘했다고 했습니다. 어떤 생각으로 군대를 보냈는지 궁금합니다.

문재인 군대 생활이 좋을 리는 없죠. 그 나이는 자기 발전을 위해 써야 할 소중한 시기잖아요. 저의 경우엔 입대 계획이 없는데 강제 징집이 되어 삶의 궤도 자체가 헝클어져버렸습니다. 하지만 저는 그때 어차피 온 군대, 할 바에야 제대로 하자, 편한 군대 가서 어영부영 3년 때우나 제대로 3년 보내나 마찬가지라고 생각했죠. 흔히 하는 말로 거꾸로 매달아도 국방부 시계는 돌아간다고 하잖아요.(웃음)

막다른 길을 만났을 때 사람이 할 수 있는 선택은 두 가지다. 하나는 모르겠다, 될 대로 되라며 두 눈을 감고 몸을 맡기는 것이다. 이건 체념이다. 다른 하나는 기왕이면 잘해보자고 마음먹고 두 눈 크게 뜨는 것이다. 이것은 도전이다. 문재인은 도전을 선택한 것이다. 그렇게 적극적으로 마음을 먹고 나니 군대 생활도 생각보다 할 만했다. 입대 후 생전 처음 해보는 일이 많았지만 부딪혀보니 대체로 해낼 수 있었고, 그런 경험이 자신을 긍정적이고 낙관적인 사람으로 만들었다고 했다.

"변호사를 할 때나 청와대에 있을 때에도 처음 겪는 일이 많았죠. 개인적으로도 그렇고 참고할 만한 선례도 없어 스스로의 판단으로 부딪혀가야 했는데 그럴 때 그런 마음가짐이 큰 도움이 됐습니다."

군대에서 기른 적극적, 긍정적 사고방식이 훗날 어려울 때 그를

문재인

지켜주는 버팀목이 되고 희망이 되었다는 것이다.

"사람은 친구를 보면 어떤 사람인지 알 수 있다고 하지 않습니까. 노무현의 친구 문재인이 아니고 문재인의 친구 노무현입니다."

2002년 대선을 앞두고 민주당 부산 선거대책본부 출범식에서 노무현 후보가 한 유명한 연설이다. 문재인을 얼마나 신뢰하기에, 문재인에 대한 평판이 얼마나 좋기에 이런 말이 나왔을까 싶다. 단지 합동법률사무소에서 함께 일한 동업자로서의 유대감만 가지고 이런 말이 나올 수는 없다. 노무현이 가장 신뢰한 사람이 문재인이고, 문재인이 평생 동행한 사람이 노무현이기에 가능한 말 아닐까. 노무현의 존재에 대해 문재인은 자서전 『문재인의 운명』에서 이렇게 적었다.

"내 인생에서 노무현은 무엇인가. 잘 모르겠다. 하여튼 그는 내 삶을 굉장히 많이 규정했다. 그를 만나지 않았다면 나의 삶은 전혀 달랐을 것이다. 그런 점에서 운명이다."

그런데 노무현과의 만남이 꼭 좋았느냐고 묻는다면 "쉽게 대답할 수 없다"는 게 문재인의 솔직한 심정이다. 힘들고 고통스러운 순간이 너무 많았기 때문이다. 어떨 때는 무거운 짐을 벗고자 청와대를 떠나기도 했지만 얼마 못 가 노무현 곁으로 돌아오곤 했다. 두 번의 민정수석과 시민사회수석에 비서실장까지 노 대통령 재임 5년 가운데 4년을 청와대에서 보냈으니 그야말로 떼려야 뗄수 없는 운명과도 같은 관계. 노무현의 자서전과 문재인의 자서전 제목에 나란히 '운명'이란 단어가 등장하는 것은 그래서 자연스럽게 보인다. 문재인의 책을 낸 가교출판사 정해운 대표는 작명 과정에 얽힌 뒷얘기를 흥미 있게 들려준다.

"당초 제안한 책 제목은 '내 친구 노무현'이었다. 다른 사람들은 다 좋다는데 문 이사장만 펄쩍 뛰며 절대 안 된다고 했다. 자기가 감히 그의 친구일 수 없다는 거다. 할 수 없이 다른 제목으로 했다. 문 이사장이 구술한 회고담을 양정철 전 홍보비서관이 정리해서 원고로 만들었는데, 이 양반이 그걸 붙들고 또 한 달 반을 보냈다. 원고의 단어 하나, 문장 하나라도 노 전 대통령에게 피해가 가면 안 된다며 계속 다듬고 윤문했다. 그렇게 수정하는 기간이 너무 오래 걸려 서거 2주기에 맞추려던 출간이 예정보다 3주나 늦어졌다." (「국민일보」, 2011년 9월 17일)

이종탁 책의 마지막 문장, "당신은 이제 운명에서 해방됐지만, 나는 당신이 남긴 숙제에서 꼼짝하지 못하게 됐다"는 글이 화제가 됐습니다. 정치적 함의가 있는 것 아니냐는 분석이었죠. 이 문장은 어떻게 쓰게 되었는지요.

문재인 특별한 의미는 없습니다. 뭔가 멋있게 마무리하고 싶어서 궁리를 하다 떠오른 문장이에요. 당신이 남긴 숙제라는 말의 뜻은 노 대통령의 유지를 받드는 일, 구체적으로는 노무현 재단 일을 염두에 두고 한 말이었죠. 정치적 행보를 시사하는 것은 전혀 아니었습니다.

이종탁 그 책을 낼 때 예상 판매 부수를 4만 부가량으로 보았다고 하던데, 그보다 5배 이상 팔렸습니다. 어떤 느낌이었는지요.

문재인 4만 부라는 것은 잘못된 것 같네요. 제가 선인세를 받았는데 그보다 많았거든요. 물론 예상보다 더 팔린 것은 맞습니다. 사람들이 그 책을 많이 찾게 된 것은 노 대통령을 추모하는

문재인

마음, 지켜주지 못한 데 대한 미안함, 안타까움이 있었고, 여기에 정권 교체에 대한 절실한 마음까지 겹쳤기 때문이 아닐까 생각합니다.

예의 겸양의 말이나, 민심의 흐름을 정확히 읽은 분석이다. 정치 지도자가 갖춰야 할 핵심 요건 중 하나가 민심 읽기라면 이 자격은 검증되는 셈이다.

민심 중에서도 가장 성난 세대는 20대 젊은이들이다. 이 문제에 대해 문재인은 얼마나 이해하고 있으며 어떤 처방을 갖고 있을까.

이종탁 북 콘서트를 하면서 젊은이들을 많이 만났습니다. 책임 있는 기성세대의 한 사람으로서 요즘 젊은이를 보고 느끼는 소회가 어떤지 듣고 싶습니다. 이들에게 해주고 싶은 말이 있다면 어떤 것인지요.

문재인 글쎄요. 지금 젊은이들에게 옛날에 하던 교훈적인 말을 할 수 있을지 모르겠습니다. 우리 때는 고도성장기여서 졸업하면 취직하고 특별한 사정이 없으면 평생 고용이 보장되었잖아요. 그래서 그때는 실패를 두려워 마라, 과감하게 도전하라, 이렇게 얘기할 수 있었어요. 그런데 요즘 그런 말 할 수 있나요? 기회가 여러 번 주어져야 실패하더라도 다음을 노릴 수 있는데, 한 번 실패하면 영영 낙오하기 십상이잖아요. 뾰족한 방법이 없는 것 같아요. 그저 같이 아파하고 고민하면서 함께 모색해보는 것, 그 길밖에는요.

박 / 경 / 철

약력

1964년 안동 출생 | 영남대 의대 | 서울과 대전 병원에서 외과의사 근무 | 대한의사협회 대변인
| 민주당 공천심사위원회 위원 | 안동 신세계연합클리닉 원장 | 저서 『시골의사의 아름다운 동행』
『시골의사의 부자경제학』 『시골의사의 주식투자란 무엇인가』 『시골의사 박경철의 자기혁명』 등

"저 사람은 어떻게 저 많은 일을 다 하지?"

이런 경탄을 자아내게 하는 사람들의 이면을 보면 허투루 보내는 시간이 없다는 공통점이 발견된다. 박경철 안동 신세계연합클리닉 원장이 꼭 그렇다. 그는 2000년 0시를 기해 다섯 가지를 끊었다. 술, 담배, 골프, 여자, 도박이다. 여기서 여자는 유혹, 도박은 부당이득을 뜻한다. TV는 전부터 보지 않았으니 할 것이라고는 일밖에 없는 셈이다.

그는 한번 작심한 일은 끝장을 보는 성격이다. 사전에 철저히 탐구하고 절대적으로 집중한다. 30대 초반 낚시를 시작할 때, 찌 맞춤의 원리와 같은 낚시 이론서를 10여 권 독파하고 전문지를 구독하는 등 낚시의 원리를 먼저 깨우친 뒤 낚시 채를 구입했다. 그러고는 다섯 달 만에 목표로 삼은 잉어를 잡자 손을 뗐다는 일화가 전해진다. 클래식에 입문할 때는 한 달 월급을 털어 명반 100장을 사서는 밥 먹을 때나 수술실에 있을 때, 잠들기 전 베갯머리에서 하루 20시간씩 들으며 마니아가 되었다. 미술사 공부를 할 때는 전시회마다 찾아가 우두커니 서서 몇 시간이고 그림을 바라보면서 식견을 넓혀나간 경험도 있다.

박경철이 TV와 라디오 방송의 진행자로, 신문 잡지의 칼럼니스트로, '시골의사'라는 필명의 경제평론가로 유명해지면서 사람들은 그의 본디 직업이 의사임을 종종 잊는다. 하지만 그는 개업 초기 3년 동안 일요일이든 설날이든 추석이든 가리지 않고 1년 365일 24시간 내내 병원을 지키며 초인적으로 일한 외과의사다. 병원 소파에 쓰러져 자다가 새벽에 문 두드리는 환자를 받던 그때가 "내 인생에서 가장 치열하게 살았던 시절"이라고 그는 말한다.

그가 '작심한 일' 가운데에는 저술도 포함돼 있다. 매년 한 권씩 자기 이름으로 된 책을 낸다는 게 그의 목표다. 그래서 일상적으로 처리하는 글 외에 매일 별도로 200자 원고지 20~30자 분량의 글을 써 재어놓고 무르익었다 싶으면 꺼내서 책으로 낸다. 출간하자마자 베스트셀러가 된 『시골의사 박경철의 자기혁명』 같은 책이 그렇게 나왔다.

그를 베스트셀러 작가로 만들어준 최초의 책은 의사로서 환자를 진료하면서 겪은 경험과 사연을 담은 에세이집 『시골의사의 아름다운 동행』이다. 여기서 '동행'의 주체는 당연히 의사와 환자다. 이 책을 쓸 때까지만 해도 전혀 예상하지 못했지만 몇 년 뒤 그는 다른 성격의 '아름다운 동행'에 나서게 된다. 안철수 교수와 함께하는 지방 강연이다. 나중에 '청춘 콘서트'라는 이름으로 방식이 다소 달라졌지만 두 사람의 동행 강연은 세상을 바꾸는 소리 없는 혁명의 시작이었다.

박경철과 안철수, 두 사람이 동행 강연을 해야 할 피치 못할 사정은 그때나 지금이나 없다. 누가 그들에게 강연을 요청한 적도, 정부가 관심을 보인 적도 없다. 무료 강연이기 때문에 생기는 수입도 물론 없다. 그저 두 사람이 우리 사회를 보는 문제 인식에서 의기투합했을 뿐이다. 꿈을 잃은 젊은이들을 위로하고 그들에게 용기를 주는 것이 이 시대 기성세대가 해야 할 가장 중요한 일 중 하나라고 생각한 것이다. 세상 누구 못지않게 바쁜 두 사람이 각자의 일정을 쪼개고 맞춰서 함께 길을 떠난 이유다.

두 사람은 젊은이들이 멘토로 삼고 싶어하는 인물 1순위에 꼽

박경철

힌다. 이들의 한마디는 다른 누구보다 젊은이들에게 울림을 준다. 이들이 젊은이에게 하고 싶은 말은 무엇일까. 그동안의 소통에서 느낀 점은 무엇이고, 문제의 해법은 어디서 찾았을까. 박경철에게 인터뷰를 요청한 이유다.

박경철은 다른 누구보다 강연에 큰 의미를 둔다. 일정하게 밀폐된 공간에서 화자와 청자가 서로 눈을 마주 보면서 이야기할 수 있는 이점 때문이다. 이런 공간에서 여러 가지 삶의 의제에 대해 함께 고민하다 보면 서로가 서로에게 위로받는다고 한다. 그래서 그는 제주도에서 강원도까지 전국에 안 가본 곳이 없다. 특히 유명인사의 얼굴을 직접 볼 기회가 없는 시골 학교에서 요청이 오면 다른 일정을 제쳐놓고 간다. 그곳에는 대형 강단에서 맛볼 수 없는 감동이 있단다.

"경남 산청의 대안학교인 지리산고등학교에 갔습니다. 한 학생이 질문을 하는데 '보편적 복지와 선택적 복지 중 선생님은 어느 쪽에 찬동하느냐'고 물어요. 여기 학생들이 이런 생각을 다 하나 싶어 '왜 그러느냐'고 되물으니 '제 생각에는요……' 하며 이야기를 합니다. 자기 얘기를 하고 싶었던 거예요. 강연을 마치고 나오는데 전교생 80명이 도로에 뛰어나와 차창을 두드리며 손을 흔들어요. 그래서 나가지 못하고 차에서 내렸더니 어떤 학생이 제 손에 매직을 쥐어줍니다. 그러고는 뒤로 돌아서서 티셔츠에 사인을 해달라고 합니다. 차에 오르니 편지가 80통 있어요. 제가 온다고 하니까 학생들이 미리 써둔 것들인데, 읽어보니 구구절절 너무나 감동적이에요. 저는 이 편지를 가보로 간직할 생각입니다."

이야기를 하면서 그때의 감흥이 다시 살아나는 모양이다. 안철수와 동반 강연할 때도 이런 느낌이었을까.

이종탁 두 명사의 동행 강연은 국내에 전례가 없는 일입니다. 어떻게 시작하게 되었나요?

박경철 2009년 말 안 선생님이 이화여대에서 리더십 강연을 하면서 저에게 제의를 해왔어요. 외국에 나가보니 한 사람이 아니라 두 사람이 강연을 하던데 우리도 한번 해보자고요. 그래서 흔쾌히 수락하고 같이 하게 됐죠. 첫 강연 날 제가 공개석상에서 다른 제의를 했어요. '오늘 반응 좋은데 이 강연 앞으로 계속하자. 그것도 서울보다는 지방으로 가자'고 했죠. 여기에 안 선생님이 동의하면서 이어졌습니다.

동행이 있기까지 두 사람이 번갈아 아이디어를 낸 셈이다. 강연은 박경철이 주로 묻고 안철수가 대답하는 방식으로 진행됐다.

이종탁 두 분의 강연에 대본이 있었나요.

박경철 처음 강연할 때는 질문지를 만들었어요. 그런데 실제 해보니 쓸모가 없더라고요. 두 번째부터는 안 만들었죠. 대신 강연하러 가는 날 차 안에서 현안과 이슈에 대해 이야기를 나눴습니다. 그러니까 자연스레 강연의 방향이 잡히고 교감이 되더라고요.

이종탁 주로 무슨 이야기를 했는지 궁금합니다.

박경철 "안 선생님은 대학에 계신 IT(정보기술) 전문가로서 그 시선에서 보시는 게 있고, 저는 마이너리티 출신에 고교생을 많

박경철

이 만나면서 갖게 된 문제의식이 있습니다. 그런데 이야기를 하다 보면 두 문제의식이 합쳐져 하나가 됩니다. 예를 들어 안 선생님은 국가적 차원에서 지금의 인재 양성 방법이 과연 타당한가, 대한민국의 미래를 놓고 생각해보자 합니다. 저는 개인의 관점에서 자아실현의 기회가 과연 공평하게 주어지는가 하는 문제를 봅니다. 사람의 자질이라는 게 각기 달라서 누구는 예능에, 누구는 그림에, 혹은 고등어 배 따는 데, 또는 면(麵) 뽑는 데 물리(物理)가 트이는데, 지금은 성적이라는 잣대 하나로 사람을 자르잖아요. 그러면 공부에 물리가 트인 아이들을 제외한 나머지 아이들의 불행은 누가 감당할 것인가, 이런 문제를 저는 이야기했습니다.

우리 사회의 구조적 모순에 대한 이야기가 이처럼 깊숙하게 오간다는 점에 주목할 필요가 있다. 이 시대의 멘토 두 사람이 청년들과 사회 모순에 대해 공감대를 만들어왔다는 말이기 때문이다. 변화를 갈망하는 사회적 흐름이 이들의 동행 강연을 통해 촉발되고 용해되고 응집되었다는 뜻이다.

이종탁 강연 다니면서 많은 것을 느끼셨군요.
박경철 처음에는 우리가 학생들에게 이야기를 들려주지만 시간이 지나면 그들이 갖고 있는 진짜 고민들을 우리가 받아들이게 됩니다. 청년들의 눈빛을 보면 느껴지거든요. 안 선생님과 같이 만난 대학생도 그렇지만 특히 지방의 고교생들을 보면 저는 마음이 아파요. 과거 우리 때는 공부가 인생의 전부가 아니라고 서슴없이 말했거든요. 실제 그걸 증명도 많이 했고요. 그런데 지금은 공부가 인생의 전부가 됐어요. 그걸 강요하는 사회에서 뒤처진 사람들이 느끼는 열패감은 깊은 상처가 됩니다. 달리기를 하는데 누구는 운동화 신고 뛰고 누구는 자전거나 오토바이를 타고 간다면 어떻게 될까요. 노력의 가치를 인정하지 않고 누가 1등으로 들어왔느냐 결과만 따지면 운동화 신은 아이는 이 사회가 원망스럽겠죠. 그렇게 한(恨)을 가진 사람이 늘어나면 20년, 30년 뒤 우리 사회의 가치를 말할 수 있겠습니까.

그가 학생의 '눈빛'을 보고 깨달은 사건이 있다. 중고등학교를 돌며 강연을 하던 중 지방의 한 고등학교에서 충격적인 질문을 받은 것이다.

"저는 나름대로 열심히 공부하고 있지만 그렇게 해도 제가 좋은 대학에 가거나 좋은 직장을 얻을 수 없다는 것을 잘 알고 있습니다. 그래도 선생님 말대로 살면 희망이 있을까요?"

박경철은 아무 말도 할 수 없었다고 한다. 그저 "아이의 눈빛 속으로 소용돌이처럼 빨려들어가는 느낌"이었다고 한다. 가난한 시골 출신은 아무리 용을 써봤자 이 사회에서 변방에 불과할 것이라는 자조와 체념에 빠져 있는 게 아닌가. 뜨거운 피가 흘러야 할 청년의 가슴에 차가운 얼음기둥이 자라고, 시퍼런 절망의 칼이 들어차 있다는 것을 깨닫는 순간이었다. 강연에서 돌아오는 길에 그는 "눈물이 났다"고 한다.

<small>이종탁</small> 문제가 어디 있는 걸까요.

박경철

박경철 문제는 기성세대라고 봅니다. 말로만 뒤틀린 사회질서를 바꿔준다고 하고 실제로는 안 바꿉니다. 기존 질서가 자신과 자기 자녀에게 유리하니까요. 사교육으로 스펙 쌓고 좋은 대학 가서 해외연수까지 하면 좋은 직장 잡아 고액 연봉 받으며 대를 이어갈 수 있는데 왜 바꾸려 하겠습니까. 바꿀 수 있는 힘을 가진 사람은 바꿔야 할 동기가 없고, 바꿔야 할 필요가 있는 사람은 현실적 힘이 없는 게 딜레마인 거죠.

이종탁 그래서 학생들에게 뭐라고 했나요.

박경철 기성세대가 흔히 하는 말이 '젊은이여 도전하라'는 것입니다. 그 말 들으면 젊은이들이 뭐라 하는지 아십니까. '함부로 도전했다가 결과 잘못되면 선생님이 책임지겠느냐'고 합니다. 도전 정신이 없는 게 아니라 한번 잘못 내디디면 결과가 비참하기 때문에 못하는 겁니다. 안 선생님과 저는 학생들에게 도전하라고 하지 않았습니다. 그저 약속을 했죠. 여러분의 도전과 모험이 무모한 일이 되지 않도록 사회를 바꿔나가는 데 작은 힘이나마 되어주겠다고 말입니다. 지금은 여러분들 앞에 우리 둘이 있지만 주변에 얘기해서 늘려가겠다, 노력하겠다고 합니다. 그렇게 약속할 테니, 너희들도 어렵지만 절벽에서 떨어져라, 그러면 나무에 옷자락이라도 걸릴 수 있지 않느냐고 합니다. 이런 이야기를 진짜 이해하는 눈빛으로 하면 그들은 꽤 오랜 시간 위로를 받습니다.

요즘 젊은이들에게 가장 필요한 게 위로와 공감이라고 한다. 10대는 10대대로 아프고, 20대는 20대대로 고민과 방황에 빠져 있다. 이들이 느끼는 낙심과 절망의 깊이가 워낙 깊어 밝은 사회를 꿈꿀 수 없는 게 현실이다. 젊은이들에게 "나무에 옷자락이 걸려 살아날 정도의 희박한 가능성밖에 없지만 그럼에도 불구하고 절벽에서 떨어져라"라고 말하려면 그들과 아픔을 함께 나눠야 한다. 박경철의 강연은 그래서 늘 행복이 아니라 불행, 성공이 아니라 시행착오의 지점에서 시작된다.

"불행이 행복한테 위로받지는 않습니다. 나의 불행이 다른 사람의 행복으로 위로받는 거 아니거든요. 불행은 불행한테, 고민은 다른 사람의 고민에게서 위로받습니다. 너희들 이런 고민 있지 않느냐, 나도 한때 그런 고민 했었고, 이런 문제가 있다는 사실이 나도 고민스럽다고 합니다. 제가 청년기에 겪은 시행착오의 기록들을 들려줍니다."

이종탁 젊은이들이 멘토로 여기는 분인데 시행착오가 있다고 하면 공감하겠습니까.

박경철 세속적 기준에서 보면 제가 아이들의 롤 모델이 될 수도 있겠죠. 하지만 개인은 누구나 자기가 걸어온 길에 대해 만족하고 살아갈 수 없습니다. 오늘 이 자리에 있는 것도 내 의지라기보다는 어떤 우연의 결과물로 있는데 그 과정 속에서 느꼈던 고민과 흔들렸던 지점들, 그때 고통스러웠던 지점들, 때에 따라서는 운이기도 하고, 행운이기도 했던 순간들을 얘기하면서 같이 고민하는 거죠.

이 대목에서 박경철은 보통 시민들의 교단 강연을 제안했다. 군

박경철

불행이 행복한테 위로받지는 않습니다.
나의 불행이 다른 사람의 행복으로 위로받는 거 아니거든요.
불행은 불행한테, 고민은 다른 사람의 고민에게서 위로받습니다.

이 유명인사가 아니어도 다양한 인생 경험과 경륜을 가진 어른들이 그간 살아온 이야기를 하면서 마음을 보듬어주면 청소년들에게 큰 위로가 된다는 것이다.

이종탁　TV에서 본 적이 없는 보통 사람이 가도 아이들이 좋아할까요?

박경철　산골의 작은 학교에서는 삼성전자 과장만 와도 흥분합니다. 언론사 기자나 정부 관료, 대기업 직원 정도면 아이들은 충분히 빠져듭니다. 대학은 어렵다 해도 중고등학교는 수업시간에 하면 되거든요.

들고 보니 살아 있는 교육의 장이 될 수 있겠다는 생각이 든다. 정부 정책으로 시행해보면 어떨까.

"교육부에서 시켜서 가는 식이면 안 됩니다. 정부 홍보만 하다가 올 거 아닙니까. 그러지 말고 교육부는 프로그램으로 지원만 하고, 강사는 학교에서 자율적으로 선정해야 합니다. 강연 요청을 받은 시민들은 내 자식에게 간다는 심정으로 응해야죠. 그게 진심의 발자국입니다."

이종탁　어느 인터뷰에서 "이너서클에 들어갈수록 사회의 부조리를 많이 보게 되더라"고 하신 말씀이 인상 깊었습니다. 무얼 염두에 둔 말인지요.

박경철　제가 좀 유명해져서 정부나 기업, 금융권의 높은 사람들을 만나 이야기할 수 있게 되었잖아요. 그런데 저는 굉장히 고민하는 사안에 대해 그들은 대수롭지 않게 여긴다는 것을 알게 됐어요. 가령 병원비 100만 원 때문에 심장병 치료를 포기하고 돌아가신 할머니 이야기는 저에게 엄청난 충격이었는데 그들은 그건 개인의 문제라며 관심조차 갖지 않는 거예요. 개인이 모여 집단이 되는데 말이죠. 집단을 위해 희생되는 개인, 다수를 위해 희생되는 소수, 강자에 짓밟히는 약자, 나아가 대기업의 독식구조가 이래서 나오는구나, 깨달은 겁니다.

박경철이 스스로 '마이너리티 출신'이라고 한 말이 떠오른다. 그가 마이너리티라고 할 때 집안이나 학벌을 염두에 두었을 게다. 하위직 경찰관의 아들이고 지방대(영남대) 출신임을 의식한 표현이다. 우리 사회 핵심 주류가 고학력 부모를 둔 특정 대학 출신자라는 점을 감안하면 그다지 틀린 말은 아니다. 하지만 오늘날 누가 박경철을 보고 마이너리티라 할 것인가.

이종탁 사회 정의가 희박해지면서 계층 간 갈등이 심화되고 있다고 느끼시는군요.
박경철 제가 사회적으로 중요하게 생각하는 문제를 이야기하면 굉장히 불편해하는 사람들이 있습니다. 그들의 시선과 공기가 저를 힘들게 할 때가 있어요. 대놓고 저에게 비판하는 사람도 있죠. 너도 이제 주류 아니냐고. 세속적 기준으로 보면 저도 주류인 거 맞죠. 하지만 저는 발이 어디에 있든 시선을 어디 두느냐가 중요하다고 생각해요.
이종탁 강남좌파 논쟁을 연상시키는 말이네요.

박경철 아, 그거 제가 몇 년 전에 여러 차례 공개적으로 얘기한 것이죠. 우리나라에 막걸리 우파가 있다면 건강한 위스키 좌파도 있어야 하는 것 아니냐고요. 무턱대고 사람을 좌파 우파로 나눠놓고 갈등하는 것은 머리 나쁜 사람의 전형입니다. 머리 나쁜 사람은 두 가지밖에 생각 못해요. 예스 아니면 노, O 아니면 X. 어떻게 인간의 생각이 획일적이고 단선적일 수 있나요. 더구나 지금은 정치권력이 아니라 자본 독주의 시대인데요.

이종탁 자본 독주의 시대라는 말은 어떤 의미입니까?

박경철 지도자의 수준은 국민의 수준이다, 플라톤이 한 말입니다. 정권은 투표로 뽑으니까 마음에 들지 않으면 바꾸면 됩니다. 그런데 맘에 안 든다고 자본권력을 바꿀 수 있습니까. 자본권력의 수준은 국민의 수준을 반영한다? 아니잖아요. 제가 강연을 다니면서 경험한 건데 MB는 까도 됩니다. 심지어 정부나 공공기관에 가서 대통령 거론해도 사람들이 웃어요. 그런데 삼성을 비판하면 분위기 싸늘해집니다. 솔직히 신문사도 마찬가지 아닙니까.

자본권력에 대한 이야기가 나오자 갑자기 말이 빨라지고 어조가 단호해진다. 경제평론가로서 실물경제 현장을 지켜보면서 자본의 위력을 실감했다는 것이다. 독거노인 할머니는 전기료 낼 돈이 없어 얼어 죽기도 하는데 대기업에는 전기요금을 몇 백억 원 깎아주는 게 우리 사회의 구조이며, 그걸 사람들은 당연하게 여긴다고 그는 지적한다.

"미국의 사회철학자 중에 칼 폴라니라는 사람이 있어요. 그가

박경철

맥락화의 함정이라고 경고한 게 있죠. 예를 들면 '공산당은 나쁜 것이다'는 인식이 우리 사회에 있습니다. 이 인식의 우산 밑에 사회주의를 끼워 넣으면 사회주의가 나쁜 것이 되고, 사회주의의 우산 밑에 시장을 끼워 넣으면 시장경제에 대한 비판이 사회주의 찬성이 됩니다. 나중에는 기업과 재벌의 독과점 비판마저 반시장-사회주의-공산당과 같은 맥락으로 이어지게 되죠. 그만큼 우리 사회에는 자본에 대한 금기가 형성돼 있습니다. 이 자본권력을 어떻게 개혁하고 통제할 것인가, 우리는 자꾸 정치만 바라보는데, 이게 한국 사회의 가장 큰 숙제라고 봅니다."

사전에 질문지를 주고 하는 인터뷰가 아닌데도 대화 도중 철학자들의 경구가 자연스럽게 인용된다. 그의 인문학적 내공의 일단을 확인하는 순간이다.

어렸을 때 박경철은 법학이나 문학 쪽으로 나가고 싶었다. 하지만 고교 때 가정형편 때문에 취업이 무난하다는 이과를 선택했다. 자연히 학력고사를 이과 계열로 치렀고 대학입시에서 문과를 지망하려면 시험 점수를 10퍼센트 손해 봐야 했다. 박경철은 그걸 감수하고라도 법학과에 가고 싶었으나 아버지가 그에게 충고를 했다.

"경찰관은 명령이 있으면 민주화 시위를 하는 네 또래 아이들도 쫓아가서 잡아와야 한다. 경찰관뿐만 아니라 판사건 검사건 공직자가 되면 누구나 이런 고민을 해야 한다. 너도 그런 고민할 자신 있으면 뜻대로 해라."

결국 그는 의과대학으로 방향을 틀었다.

박경철이라면 어느 대학이든 골라서 갈 실력이었겠지 싶지만 그는 "전혀 그렇지 않다"고 말한다.

"지금은 의대 가려면 성적이 아주 좋아야 하지만, 80년대 중반에는 물리학과나 전자공학과가 더 높았습니다. 제가 또렷이 기억하는 건, 고교 때 담임선생님이 저보고 '너는 ○○대 전기, 전자과는 꿈도 꾸지 마라. 그 대학 비인기 학과를 가든지 지방대 의대를 가라'고 한 말입니다."

대학입시에서 수석 합격한 학생이 "과외는 받지 않았고 학교 공부에 충실했으며 잠은 충분히 잤다. 머리가 좋지는 않다"고 하면 듣는 사람은 은근히 부아가 치밀어오른다. 과외도 받고 잠 줄여가며 공부했는데도 낙방한 사람은 뭐란 말인가. 그런데 박경철의 대학 진학 이야기는 듣는 이에게 이런 불편함을 주지 않는다. 거짓꾸밈이나 과장된 겸손이 아니라 진솔함이 느껴지기 때문이다.

박경철은 그렇게 해서 의대에 들어갔지만 그의 마음속에 잠복해 있던 인문학에 대한 열망은 쉬 꺼지지 않았다. 그는 대학 생활 내내 소설을 쓰고 연극을 하는 독특한 의대생이었다. 그러다 경제학을 알게 되었는데, 그건 그에게 신천지나 다름없었다. 경제학은 추론과 상상력, 통찰력을 필요로 하면서 고등수학과 통계학 등 이공계적 요소와도 어울린 소위 융합 학문이었다. 거기에 매료되어 청년기의 상당 기간을 경제학에 할애했고, 그 결과 의사로서 경제를 이야기하는 특이한 존재가 될 수 있었다.

대학 시절 비전공 과목에 대한 자기 학습은 박경철의 인생에서 중요한 변화의 불씨가 됐다. '시골의사'라는 필명으로 이름을 날리면서 의사에서 경제전문가로, 안동에서 중앙으로 본업과 활동무대가 바뀌게 됐다. 종전에는 아픈 사람 낫게 해주는 게 살아가는 이유이자 목표였다면 어느덧 전국적인 명사, 최고의 멘토로서 청년들에게 꿈을 심어주는 롤 모델의 위치에 있게 됐다. 대학 시절 그가 여느 의대생들처럼 경제학을 거들떠보지 않았다면 가슴에 품어볼 수도 없는 소망이다. 그러니까 경제학은 그의 인생에서 희망으로 가는 터닝포인트였다.

물론 이는 훗날 돌이켜보니 그렇더라는 회고적 평가다. 터닝포인트를 지날 당시에는 눈앞에 무슨 표지판이 보이는 게 아니다. 전공 공부만 해도 힘에 겨운 의대생이 비전공 과목까지 파고든다는 것은 말처럼 쉬운 일이 아니다. 언제라도 놓아버리고 싶은 이 터닝포인트를 지날 때 박경철을 붙잡아준 것은 청춘의 치열함이다.

"20대에 미치지 않고 무엇인가를 이룬 사람이 있는지 살펴보라. 인맥을 만들고 기회를 잡는 일은 30~40대 이후에 시작된다. 20대는 준비, 30대는 질주, 40대는 수확의 시기다. 인생에서 의미 있는 발자국을 남기고자 한다면 반드시 20대를 치열하게 살아야 한다."

여기서 '치열'의 의미를 오해해선 안 된다. 그가 말하는 치열이란 술잔을 비우고 열정을 노래하는 게 아니다. 침묵과 사색을 통해 자신을 관찰하고 바로잡는 게 진정한 치열이다. 의식을 명료하게 하기 위해 무의식이 끼어들 틈을 아예 주지 않는 것도 중요하다. 나쁜 줄 알면서도 달콤함에 취해 포기하지 못했던 습관들을 과감하게 버려야 한다고 강조한다.

'청춘이란 무엇인가'라는 질문에 그는 이렇게 말한다.

"청춘은 발산이 아니라 응축의 시기다. 뜨거운 불길을 토하지 말고 배 속 깊이 삼켜라. 준비된 자에게만 기회가 온다. 그런데 기회는 일정 부분 행운과 함께 온다. 준비된 도전이 행운을 만나지 못했을 때 그 실패는 가치 있고 다음 기회를 기다릴 수 있다. 하지만 좌충우돌에는 기회도 행운도 없다. 방종에 대한 대가는 가혹하다."(『시골의사 박경철의 자기혁명』, 170쪽)

시행착오가 청춘의 특권이긴 하지만 아무 준비 없이 여기저기 부딪히기만 해서는 상처만 입을 뿐 다음을 기약할 수 없다는 것이다. 중요한 것은 '행운의 여신이 나만 피해갈 리 없고, 불행의 여신이 내 발목만 잡을 리도 없다'는 믿음이다. "인생은 정직한 것이다. 묵묵히 걸어가라. 결과를 두려워할 필요는 없다"고 그는 말한다.

이종탁 이제 사람들은 박경철 하면 '의사'보다 '시골의사'를 먼저 떠올립니다. 본업이 그렇게 바뀌게 된 계기가 있었을 것 같은데요.
박경철 『시골의사의 아름다운 동행』을 쓸 때 의사로서 한 막(幕)을 내리는 거라고 생각했습니다. 내 의사 생활의 히스토리를 정리한 거니까요. 사람이 한 손에 사과와 배를 다 쥘 수는 없어요. 사과를 쥐고 있다가 배가 가치 있겠다 싶으면 사과를 놓고 배를 쥐어야 하는데 두 개를 다 쥐려 하면 둘 다 놓치죠. 처음에는 저도 둘 다 쥐어보려고 노력했는데 안 되더라고요. 어쩔 수 없이 둘의 무게를 저울질해보았습니다. 의사 영역에서는 내가 없어도 괜찮지만 다른 일을 하면 의미가 있겠다 싶었죠.

이 대목은 안철수 교수가 의과대학 교수에서 컴퓨터 백신 프로그래머로 변신한 경위와 놀랄 만큼 흡사하다. 안철수는 낮에는 의대 교수로 일하고 밤에는 컴퓨터와 씨름하는 일을 7년간 지속하다 의대 교수를 포기한 바 있다. 그도 사과와 배 둘의 무게를 저울질한 끝에 하나를 내려놓았다는 얘기다.

박경철

이종탁 그 저울질은 어떻게 하게 되었나요.

박경철 정확히 잘 모르겠어요. 어느 순간엔가 환자들이 저의 수술 테크닉보다 질병에 대해 이야기하고 설명해주는 것을 더 좋아한다는 것을 알게 됐어요. 제가 대단한 의료 성과를 가진 것도 아닌데 환자가 밀려들어 하루 내원 환자를 제한해야 할 정도가 됐거든요. 환자들이 저한테 오면 편하게 진료받는다고 생각한다는 거예요. 처음엔 그게 뭔지 저도 몰랐죠. 그런데 제가 의료 관련 칼럼을 쓰면 다들 쉽게 이해된다 하고, 경제 이야기를 쓰면 반응이 굉장히 좋아요. 그래서 아, 나에게 이런 재능이 있구나, 대중에게 풀어서 설명하고 설득하는 데 재주가 있구나, 물리가 여기서 터지는구나, 그제야 깨달았죠.

이종탁 그게 어릴 때부터 인문학 독서를 많이 한 내공의 힘인가요?

박경철 글쎄요. 사람은 저마다 물리가 트인다고 하잖아요. 나는 그 설명하는 재주 외에 달리 잘하는 게 없어요. 아무래도 독서 같은 간접경험에 의해 가다듬어진 거겠죠.

이종탁 한번 달려들면 집요하게 하는 성격이지 않습니까.

박경철 집요할 수밖에요. 다른 거는 못하니까요.

이종탁 쉬는 시간에는 무엇을 하는지 궁금합니다.

박경철 제가 많은 사람을 만나는 것 같지만 사실은 점심 저녁 약속 잘 안 하고 혼자 있는 걸 좋아합니다. 친구도 고향 친구나 가끔 만나고 술자리에는 잘 안 나갑니다. 사회적 '나'도 중요하지만 개인적 '나'도 중요하다고 생각합니다. 나를 위해 고민도 하고 발전도 해야 하니까요. 가능하면 혼자 있는 시간을 확보하려고 애씁니다. 그때 내가 좋아하는 거 몰입해서 하죠.

이종탁 트위터나 요리 같은 거 말인가요? 트위터 이용에 적극적이어서 한때 트위터 영향력 1위 인물로 조사된 적도 있습니다.

박경철 제가 얼리어답터거든요. 스마트폰으로 책도 씁니다. 하지만 트위터에 대해서는 양가(兩價)감정을 가지고 있습니다. 트위터 하는 게 재미있습니다. 익숙하지 않은 것에 호기심을 가지면 그것이 내 것이 된다고 니체가 말했거든요. 문제는 사유의 동종 교배가 일어나기 쉽다는 점입니다. 팔로어라는 게 선의나 호감을 가진 사람들의 모임이잖아요. 어떤 사안에 대해 팔로어들은 중립적이지 않습니다. 비슷한 생각을 가진 사람들이 한 방향으로 흐르는 것을 전체 여론으로 착각해선 안 되죠. 팔로어 숫자를 가지고 대중적 영향력을 논의하는 것도 언어도단입니다.

이종탁 안 교수님도 얼리어답터인데 트위터를 보기만 한다고 하더군요. 두 분이 다르네요.

박경철 안 선생님은 우리 사회의 롤 모델이 되는 사람입니다. 대중과의 과도한 커뮤니케이션은 안 좋을 수 있어요. 저는 제 정체성을 메신저로 규정합니다. 대중과 친하게 지내며 대중의 언어를 결정권자에게 전해주고 반대로 결정권자의 말을 대중에게 들려주는 역할이죠. 밀가루의 물과 같은 존재라고 생각합니다. 물은 아무것도 아니고 값어치도 없지만 물이 없으면 밀가루 반죽을 못하잖아요.

이런 비유를 잠깐의 머뭇거림도 없이 속사포처럼 쏟아내는 것을 보면 그가 어떤 사안을 풀어서 설명하는 데 물리가 트였다는 말이 다시금 실감난다.

박경철

그가 트였다는 물리 가운데 빼놓을 수 없는 게 요리와 다이어 트다. 그는 스스로 요리 전문가라고 자신 있게 말한다. 보통 음식 전문가라고 하면 맛집을 아는 수준이지만 그는 조리법에 문화사, 건강 관련까지 두루 꿰고 있다.

"요리는 창의성을 계발하는 데 획기적인 도구입니다. 이 재료를 넣으면 어떤 맛이 날까, 이걸 추측한다는 게 얼마나 대단한 창의입니까. 저는 요리가 서민들의 보편적 즐거움이 될 수 있다고 봅니다. 그래서 트위터에 3000원 아니면 5000원짜리 음식을 언급합니다. 그것도 밤 11시쯤 올립니다. 낮 시간 동안 수고한 사람들의 공통의 관심사, 다음에 저거 한번 먹어봐야겠다, 소박하게 꿈꾸고 자자, 이런 생각을 유도하려는 거죠. 제 나름대로 심모원려입니다."

이종탁 블로그에 올린 다이어트 이야기도 책으로 내면 히트할 것 같던데요.

박경철 그럴 수도 있겠죠. 실제로 제가 실험한 거니까요.

2009년 인터뷰를 한 뒤 2년여 만에 박경철을 다시 만났을 때 첫눈에 들어온 게 그의 날씬해진 몸이었다. 20대 이후 몸무게가 95킬로그램 이하로 떨어져본 적이 없었다는 그다. 그런데 20킬로그램 이상 빼 지금은 82킬로그램 안팎을 유지하고 있으니 그 자신이 다이어트 성공 모델이다.

살 빼는 방법도 눈길을 끈다. 먹을 거 충분히 먹으면서 뺄 수 있다는 이론이다.

"넘치는 에너지를 저장할 때 쓰이는 게 탄수화물입니다. 탄수화물이 공급되지 않으면 몸에 에너지를 저장할 방법이 없습니다. 이를 역으로 생각하면 탄수화물과 같이 먹지 않으면 살이 안 찐다는 말이에요. 그러니까 고기를 먹어도 탄수화물과 같이 먹지 않으면 괜찮은 겁니다. 우리는 단백질, 지방, 탄수화물을 같이 먹는 것을 균형 있는 식사라고 잘못 알고 있는데 그게 아니고 따로 식사를 하면 됩니다."

이종탁   따로 한다는 뜻은요?
박경철   아침에는 단백질, 점심엔 지방, 저녁엔 탄수화물을 먹는 겁니다. 그 순서를 바꿔도 되고요. 그럼 살이 쑥 빠집니다.

예를 들어 아침에는 밥과 미역국, 점심에는 밥 없이 두부나 생선, 저녁에는 국수 없이 삼겹살을 먹으면 100인분이라도 절대 살이 찌지 않는다는 것이다.

이종탁   살 빼려고 애쓰는 사람이 많은데, 듣고 보니 굉장히 간단하네요.
박경철   내 말 듣고 뺀 사람 많아요. 내 직업이 의사잖아요. 대사(代謝)를 공부했거든요. 그걸 다이어트에 접목시킨 겁니다.

박경철의 체중 감량은 순전히 자신과의 약속이다. 2000년 들어 다섯 가지를 끊었는데 그로부터 10년이 지나 2010년이 되었을 때 자신에게 새로운 선물을 주고 싶었다는 것이다.
20대 이후 숙원이었던 체중 조절까지 해냈으니 이제 그의 인생에서 아쉬운 게 없을까. 그는 "세상 모든 사람의 고민 보따리는 다 똑같은 것"이라고 말한다. 그는 TV 프로그램 「무릎팍도사」에 출연해 큰아이가 뇌성마비 장애인이라는 사실을 공개한 적이 있다.

"장애아를 가진 부모는 다 똑같을 거예요. 저도 그 아이가 태어났을 때 아이보다 오래 살아야겠다는 생각밖에 없었어요. 내 인생의 가장 큰 짐이고 숙제죠. 부모로서 바라는 것은 그 아이가 자기 스스로 생산성을 발휘하고, 뭔가 의미 있는 일을 하고 그에 대한 대가를 받아 사는 겁니다. 평생의 바람이죠. 그 아이가 전문대 사회복지학과를 갔어요. 제가 그럽니다. 너는 형편 나은 아빠 만나서 그나마 다행이다, 너 같은 사람을 위해 봉사하는 사람이 되라고요."

박경철은 이렇게 이야기하면서도 아들 이야기가 오해를 사지 않을까 극도로 경계했다.

"TV에서 아이 이야기한 것을 후회하고 있습니다. 사람이 불행은 알리고 좋은 일은 감추라고 하는데 제가 그동안 부끄러워서 말 안 한 게 아니거든요. 저처럼 이름이 알려진 사람이 다른 사람으로부터 위로받는다는 것은 굉장히 적절치 않을 수 있습니다. 나도 나름대로 이런 어려움이 있다고 말하는 것 자체가 자기 보호의 외피로 비칠 수 있거든요. 진짜 위로받아야 할 사람은 따로 있는데 말이죠."

이 말을 들으면서 나는 사회 지도층의 높은 도덕성을 가리키는 단어, 노블레스 오블리주가 생각났다. 이 사람이 그걸 언(言)과 행(行)으로 보여주는 전범(典範)이 아닐까.

이／지／성

약력

1974년 출생 ┃ 전주교대 ┃ 전북대 법학과 ┃ 성남 서현초등학교, 상원초등학교 교사 ┃ 1993년
글쓰기 시작 ┃ 기아대책 어린이개발사업 홍보대사 ┃ 저서 『18시간 몰입의 법칙』 『꿈꾸는 다락방』
『여자라면 힐러리처럼』 『스물일곱 이건희처럼』 『리딩으로 리드하라』 등

『꿈꾸는 다락방』의 저자 이지성의 이력에서 남달리 특출한 구석은 없다. 학력과 경력 어디에도 화려한 대목은 안 보인다. 지방 교대를 나와 초등학교 교사를 몇 년 한 게 사실상 이력의 전부다. 집안이 좋다거나 타고난 재능이 있다거나 어릴 때 신동 소리를 들었다는 따위의 성공 신화도 없다. 웬만한 유명인사 앞에서는 명함 내밀기에 보잘것없는 스펙이다.

하지만 그는 출판계에서 누구 못지않은 인기 작가요 유명인사다. '출판계의 아이돌'이란 별명이 단적으로 말해준다. 가요계의 아이돌 스타만큼이나 출판계에 열렬 독자층을 확보하고 있다는 뜻이다.

실제 이지성의 독자층은 젊은이, 그중에서도 20대 초반 여성이 주류다. 이들은 다른 어떤 연령층보다 도서 구매력이 강하다. 이 집단을 지지층으로 확보하고 있으니 그는 책만 내면 웬만큼 성공이 보장되는 보증수표 작가인 셈이다.

『꿈꾸는 다락방』 같은 자기계발서는 어떤 면에서 내용이 뻔한 책이다. 이런저런 논리와 사례가 들어 있지만 한마디로 압축하면 '열심히 노력하면 성공할 수 있다'는 얘기다. 그걸 위해 어떤 책에서는 아침형 인간이 돼라 하고, 어느 저자는 적극적으로 사고하라 하고, 어느 대목에선 대인관계를 원만하게 맺으라고 충고한다. 그래서 지식인 중에는 이런 책일랑 아예 쳐다보지도 않는 사람이 적지 않다. 그러나 더 나은 내일을 꿈꾸는 보통 사람들, 세파에 힘겨워하는 서민들, 인생의 기로에서 방황하는 젊은이들은 이런 이야기에 감동받고 열광한다. 지식인들이 쓰는 알아듣기 어려운 말보다 생활에 도움 되고 피부에 와닿는 실용적인 이야기들이기 때문이다. 개그우먼 조혜련은『쓰는 순간 인생이 바뀌는 조혜련의 미래일기』라는 책에서 "일본에서 방송활동 중 딜레마에 빠졌을 때 나를 다시 일으켜세운 게 이지성의 책이었다"고 했고, 방송인 현영, 여자 축구선수 여민지도 이지성의 책을 읽고 꿈을 키웠다고 공개적으로 밝힌 바 있다. 전 국회의원 홍정욱은 이지성의 인문고전 독서법에 관한 책『리딩으로 리드하라』를 '강추'하는 글을 트위터에 올리며 "비서진 전원 필독! 이 선생 덕에 20년 만에 플라톤 읽느라 밤샘. 교육의 좌표를 제시하는 명저입니다"라고 적기도 했다.

홍정욱이 선생이라 부른 이지성은 1974년 출생이다. 아직 불혹의 나이에도 이르지 못한, 일천하다고 할 수밖에 없는 연륜(年輪)이다. 스펙을 가진 '엄친아'도 아니고 매혹적인 문장을 구사하는 문필가도 아니다. 그런데도 그의 책은 출간만 되면 거의 어김없이 베스트셀러 순위에 오른다. 최대 히트작『꿈꾸는 다락방』은 200쇄를 훌쩍 넘기며 100만 부 이상 팔렸고,『여자라면 힐러리처럼』『스물여덟 이건희처럼』『리딩으로 리드하라』 등도 적게는 10만 부, 많게는 수십만 부씩 팔리며 선풍적인 인기를 끌었다.

지금은 많은 출판사에서 그의 원고를 받기 위해 줄을 서 있지만 불과 몇 년 전만 해도 그는 무명 작가였다. 출판계에 그의 이름 석 자를 아는 사람이 거의 없었다. 책 한 권 내려면 출판사로부터 수많은 퇴짜와 수모를 당해야 했다.

그런데 어느 날 갑자기 베스트셀러 작가 대열에 오른 원동력은 무엇일까. 대체 어떤 사람이기에, 어떤 구상으로, 어떤 작법(作法)으로 글을 쓰기에 젊은이들의 마음을 헤집어놓는 걸까. 서울 약수동에 있는 그의 자택을 찾아 차 한 잔 앞에 놓고 마주앉은 것은 이런 궁금증 때문이다. 우선 그의 작가 이력에 대한 질문부터 던졌다.

이종탁 일찍부터 작가의 길을 준비해왔다고 들었습니다. 책은 언제부터 내기 시작했나요.

이지성 20대 중반에 시집 두 권을 낸 게 처음입니다. 그 후 30여 권 썼습니다.

이종탁 그 책들이 다 성공한 것은 아니죠?

이지성 물론입니다. 지금도 다 성공하는 것은 아니지만 초기에는 특히 참담한 실패의 연속이었습니다. 처음 시집을 냈을 때였어요. 책이 서점에 배포되고 한 달이 되자 출판사 사장이 전화를 걸어왔습니다. '2000부 찍었는데 하나도 안 팔린다'면서 저보고 모두 사라고 해요. 저는 돈도 없고 그럴 의사도 없다고 했더니 그럼 반품 들어오는 거 낙도에 보내겠다고 합디다. 창고에 보관하려면 보관비 든다면서. 그러라고 했죠. 두 번째 낸 시집도 비슷한 과정을 거쳐 낙도로 갔습니다. 제 첫 작품이 낙도 근무하는 군인들의 라면 받침대로 쓰인 셈입니다.

이종탁 검증되지 않은 작가는 출판사 잡는 데 당연히 어려움이 있지 않을까요.

이지성 그렇죠. 『18시간 몰입의 법칙』이란 책을 낼 때였습니다. 당시 저는 초등학교 교사였는데 하루 세 시간만 자면서 나름대로 심혈을 기울여 원고를 썼어요. 그리고 서점에 가서 출판사를 조사했죠. 책 뒤에 보면 출판사 주소와 전화번호, 이메일 주소가 있잖아요. 자기계발서를 한 번이라도 낸 적이 있는 국내 모든 출판사에 원고를 등기우편으로 보냈습니다. 이메일로도 보냈죠. 그런데 아무데서도 응답이 없어요. 그래서 일일이 전화를 걸어 물어보았죠. 그랬더니 하나같이 '노'라고 하는 겁니다. 하는 수 없이 원고를 상당 부분 고쳐 쓴 다음 이번엔 80군데를 추려 보냈어요. 역시 응답이 없더군요. 또 차례로 전화를 걸었죠. 노, 노, 노, 75번째 출판사에서 거절하는 말을 들었을 때 눈앞의 풍경이 일그러지면서 귀에서 '삐' 하는, 라디오 주파수 잘못 맞췄을 때 나는 소음이 들리더군요. 마지막 다섯 곳에 전화를 돌릴 때는 설마 설마 했습니다. 그런데 끝까지 '예스' 하는 곳이 없었어요.

이종탁 그럼 그 책은 어떻게 나왔나요?

이지성 그땐 정말이지 죽고 싶더군요. 공중전화 부스에서 나와 허공에 대고 삿대질을 하며 하느님을 원망했습니다. 그런데 다시 한 번 곰곰이 생각해보니 출판사는 나름대로 합리적 선택을 한 거였어요. 자기계발서란 성공을 가르치는 건데 아무것도 내세울 게 없는 초등학교 교사가 성공을 이야기하니 남들이 공감을 하겠어요? 거기에 생각이 미치자 원고를 다시 들여다보게 되었고, 내용을 또 수정하고 제목을 다시 바꿨죠. 이번에는 중소 출판사 20곳에 보냈어요. 그중 한 곳에서 받아줘 출간하게 됐습니다.

그렇게 천신만고 끝에 세상에 나온 이 책은 2004년 10월 초판 이후 지금도 연간 1만 부가량 꾸준히 팔리는 스테디셀러가 돼 있다. 그 후에도 이지성은 책을 낼 때 먼저 원고를 쓴 다음 출판사 여러 곳에 보내고 회답이 오는 곳에서 출간하는 방식을 썼다. 최초의 독자인 출판사 편집자를 감동시키지 못한다면 독자에게 어필할 수 없다는 생각에서다. 그는 이걸 작가의 '진검승부'라고 표현했다.

이종탁　그 진검승부 방식으로 성공한 책이 어떤 게 있나요?

이지성　2007년 10월에 나온 『여자라면 힐러리처럼』이 그렇게 성공했습니다. 제가 다른 책은 원고를 다 쓴 다음 출판사에 보냈는데, 이 책은 절반만 써서 보냈어요. 그런데도 대형 출판사 다섯 곳에서 곧바로 연락이 오더군요. '신문에 광고 24회를 하겠다'고 제안하는 곳도 있었어요. 아, 뭐가 되려나 보다 싶었죠. 아니나 다를까 출간 일주일 만에 베스트셀러 종합 순위 7위에 오르고, 두 달 만에 20만 부가 팔려나가더군요.

　작가 이지성의 봄날은 그렇게 시작됐다. 무명 작가로서 14년 7개월 동안 설움받은 뒤였다. 그의 원고를 쓰레기통에 버렸던 유명 출판사 편집자들은 그제야 "그때 제가 미쳤나 봐요"라고 미안해하며 러브콜을 보내왔다. 곳곳에서 강연을 해달라는 요청이 쇄도했고, 서점에는 '이지성'이라는 이름만 보고도 책을 사는 독자들이 생겨났다.

　사실 『꿈꾸는 다락방』은 『여자라면 힐러리처럼』보다 다섯 달 먼저 서점에 나와 있었다. 출간 초기 그다지 주목받지 못했으나, 『여자라면 힐러리처럼』을 본 독자들이 저자의 다른 책을 찾아나서면서 불티나게 팔리기 시작해 『여자라면 힐러리처럼』을 능가하는 베스트셀러가 됐다. 같은 글, 같은 내용의 책이라도 누가 썼느냐에 따라 출판사의 마케팅 강도가 다르고 출판시장의 반응도 달라지는 것이다.

작가의 꿈을 이룬 이지성은 재직하던 초등학교에 미련 없이 사표를 던졌다. 밥 먹고 잠자는 시간 외에는 오로지 읽고 쓰기만 하는 전업작가의 길로 들어선 것이다. 예부터 글쟁이는 먹고살기 힘든 직업으로 알려져 있다. 어른들에게 글 쓴다고 하면 식구들 밥 굶기기 딱 좋은 직업이라며 손사래를 치는 게 보통이다. 하지만 독자가 많으면 사정은 달라진다. 지금까지 팔린 이지성의 책을 모두 합하면 어림잡아 200만 권이다. 인세 수입만 20억 원에 육박할 정도의 초대형 베스트셀러 작가가 된 것이다.

이종탁　경제적으로 활짝 피었겠습니다.
이지성　집에 빚이 4억 원 있었어요. 아버지가 사업을 하다 망했거든요. IMF 외환위기 때 전 재산이 경매로 넘어갔습니다. 경제적으로 굉장히 어려웠는데 인세 받아서 빚 다 갚고 아파트 전세 얻고, 자동차도 하나 장만했으니, 성공한 거죠.

지금은 덤덤하게 말하지만, 20대 때 그는 돈 때문에 절망의 나락에 빠졌던 아픈 기억이 있다. 교사라는, 남들이 보기에 안정적인 직장을 가졌지만 아버지의 빚을 갚을 능력이 있는 사람이 가족 중에 그 말고는 없었다. 매달 나오는 월급은 채권자가 압류해갔고, 그는 빈민가 옥탑방 생활에서 한발자국도 벗어날 수 없었다. 늪에서 빠져나오는 유일한 길은 파산을 신청하는 것인데, 그러자면 생계수단인 교사직을 버려야 했다. 이러지도 저러지도 못한 채 빚에 짓눌려 허덕이고 있을 때 동료 교사였던 여자친구마저 "아무

이지성

래도 당신과는 안 되겠다"며 떠났다. 앞이 안 보이던 시절이었다.

그 상황에서도 그가 희망의 끈을 놓지 않은 게 작가의 꿈이다. 작가가 되겠다고 결심한 이래 한 번도 포기한 적이 없는 꿈이다. 아무리 생활이 어려워도 그의 머릿속에는 꿈을 이뤄야 한다는 생각으로 가득했다. 학교 일이 끝나면 그는 퇴근도 하지 않고 글을 써댔다. 누구 하나 알아주는 사람 없는데도 늘 원고와 씨름하는 그를 보고 학교에선 이상한 선생이라고 수군대곤 했다. 하지만 그는 남들 시선에 아랑곳하지 않았다. 그의 표현을 빌리면 그저 "눈이 빠져라 책을 읽고 몸이 부서져라" 글을 썼다.

이종탁　그때 무슨 생각을 하면서 버텼는지 궁금합니다.

이지성　복수심이죠. 세상에 복수해야지, 나를 비참하게 만든 이 세상에 복수해야지 하는 마음이 간절했습니다. 복수라고 해서 무슨 폭력적인 생각을 한 것은 아니고 아름다운 복수를 꿈꿨습니다. 내가 원하는 작가가 되어 세상을 감화시키면 그게 복수라고 생각했죠.

이종탁　작가의 꿈은 어떤 계기로 꾸게 되었는지요.

이지성　교대 다닐 때 어느 날 학교 도서관에 있는데 갑자기 느낌이 확 왔습니다. 뭐랄까요, 그냥 순간적인 느낌인데, 당시에는 운명적 부름이라는 생각이 들었어요. 작가로 선택받았다, 이런 생각을 하게 된 거죠.

이종탁　그래서 어떻게 했나요.

이지성　바로 행동에 들어갔어요. 그날부터 매일 책 한 권씩을 읽고 베껴 썼습니다. 하루 한 권 이상 책을 읽지 않으면 밥과 잠을 허락하지 않는다는 자기 규칙을 세웠죠. 남들은 임용고시 준비할 때 시험과는 무관한 짓을 하니 주위에서 돌았느냐고 해요. 한때는 교대에 다니는 것도 무의미한 것 같아 아버지께 자퇴하겠다고 말씀드린 적도 있어요. 그러다 빗자루로 흠씬 얻어맞고 다음 날 학교에서 노트 필기를 했지만 말입니다. 뭔가 그림이 되려면 그 길로 산으로 들어가 습작 생활을 해야 할 것 같은데, 제 스토리는 좀 찌질하죠?

스토리가 쌈박하지는 않아도 이때 도서관에서 바람처럼 다가온 느낌은 이지성의 인생에서 희망으로 가는 결정적 터닝포인트가 된다. 부모 기대에 부응하느라 마음에도 없는 교대로 진학해 별 의미 없는 학교생활을 하고 있던 중 삶의 희망을 발견했기 때문이다.

교대를 졸업하면 교사가 되는 게 정상적인 코스다. 아버지의 엄명에 따라 자퇴의사를 거두어들이고 학교에 다닌 이지성은 그러나 교사가 될 수 없었다. 전 학년 평균 학점이 2.2로 임용고시를 볼 성적이 안 되었기 때문이다. 대학원에 진학할까 했으나 경쟁률이 1.7대 1, 이지성이 뚫기에는 너무 좁은 문이었다. 결국 선택한 길은 대학 편입이었다. 지방대 법대는 당시 모집 인원 2명에 지원자가 2명, 응시만 하면 100퍼센트 합격이었다. 아버지는 임용고시 공부를 더 하기 바라는 마음에서 편입하라고 했으나 이지성의 마음은 콩밭에 가 있었다. 법대를 다니면서 그는 오로지 책 읽고 글 쓰는 데만 매달렸다.

졸업 후 군에 입대해서도 마찬가지였다. 화장실에서, 청소도구

세상에 복수해야지, 나를 비참하게 만든
이 세상에 복수해야지 하는 마음이 간절했습니다.
복수라고 해서 무슨 폭력적인 생각을 한 것은 아니고
아름다운 복수를 꿈꿨습니다.

함 옆에서 책 읽다가 정신줄을 놓기 일쑤였다. 책 때문에 고참들로부터 고문관 소리를 들었지만 그는 되레 내무반에서 자유롭게 책을 보지 못하는 분위기를 참을 수 없었다고 한다. 어느 날 겁도 없이 대대장을 찾아가 "우리 부대는 사병들에게 책도 못 읽게 한다고 언론사에 투고하겠다"고 했더니 내무반장을 통해 "이지성이 책 보는 것은 놔두라"는 지침 아닌 지침이 내려오기도 했다고 한다.

제대할 무렵 생각지도 않았던 교사의 길이 열렸다. 김대중 정부에서 교사 정년을 단축하면서 초등학교 교사들이 대거 명예퇴직을 하자 신규 교사가 많이 필요했다. 이지성은 "1200명을 뽑는 임용고시에 지원자가 1100명, 그러니 몽땅 합격인데, 나는 그중 903등을 했다"고 기억했다. 제대 후 보름 만에 교단에 설 수 있었지만 취직의 기쁨은 크지 않았다. 월급날이 되면 마음속에서 "너 이지성, 이렇게 사니까 행복하니?" 하고 묻는 소리가 들리는 듯했다. 그때마다 그는 "나는 지금 집안형편 때문에 현실과 타협했을 뿐"이라며 스스로를 다독였다고 한다. 희망의 불씨는 언제나 가슴속에 간직하고 있었던 것이다.

이종탁 그렇게 해서 성공했을 때 기분이 어떻던가요.

이지성 꿈에 그리던 베스트셀러 작가가 되었습니다. 그런데 왜 그런지 공허하게 느껴집니다. 인세가 많을 때는 월 1억 원도 들어오는데 기쁘지가 않아요. 성공한 사람들이 왜 자살하는지 이해가 되더군요. 하루는 부산의 어느 대기업에서 강연을 하고 KTX를 타고 서울로 오는데 나 자신이 너무 추잡스럽게 느껴지는 거예요. 두둑한 강연료에 선물까지 받았는데 내가 이러려고

이지성

작가가 됐나 하는 자괴감이 밀려들어요. 내가 자기계발서를 쓸 때는 가난한 사람들에게 빈곤의 고리를 끊도록 도와주려 한 것이지, 부자를 더 큰 부자로 만들어주기 위한 것은 아니지 않나 하는 생각이 들더라고요.

이종탁 그래서 어떻게 했나요.

이지성 그때부터 1년간 강연을 일절 안 나갔어요. 그리고 저의 팬들이 만든 카페에 가입해 1년에 책 365권 읽기 같은 주제로 특강을 했어요. 그러니 기분이 좀 좋아지고, 기부하는 마음도 살아나더군요. 그래서 빈민가에 인문고전 도서관 100개 짓기, 아프리카와 아시아에 병원 100개 짓기 같은 프로젝트를 시작하게 됐습니다. 『리딩으로 리드하라』는 제가 필생의 공력을 들여 쓴 책인데, 이 책에서 나오는 인세 일부를 이 프로젝트에 넣었습니다.

『리딩으로 리드하라』는 동서고금의 위인이나 지도자들의 사례를 예시하며 인문고전 독서에 지혜의 길이 들어 있다고 역설하는 내용이다. 이 책에서 그는 인문고전은 짧게는 100~200년, 길게는 1000~2000년 이상 된 '지혜의 산삼'이라고 표현한다. 천재의 두뇌에 직접 접속하는 게 처음에는 어렵게 느껴지지만 어느 순간 기막히게 재미있으면서 독자의 두뇌를 혁명적으로 변화시켜준다고 설명한다.

이종탁 인문고전이 좋다는 것을 알고는 있지만 실제 읽는 사람은 많지 않습니다. 어렵잖아요.

이지성 그건 우리가 너무 쉬운 책만 읽어서 그렇습니다. 미국에선 사립학교 초등생들도 플라톤의 『국가론』을 읽고 독후감을 씁니다. 우리는 TV 드라마만 보기 때문에 어렵다고 느끼는 겁니다. 교육이 잘못된 겁니다.

이종탁 『리딩으로 리드하라』에 보니 저자 본인도 세상에서 제일 싫어하는 책이 인문고전이라고 고백했던데요.

이지성 저도 물론 그랬죠. 제가 인문고전을 처음 읽은 게 성인이 되어서니까요. 아무리 읽어도 무슨 말인지 몰라 머리에 쥐가 나더군요. 그때 나는 좋은 대학도 못 나왔는데 천재들이 쓴 책을 읽어 머리를 좀 바꿔보자 하는 심리가 있었어요. 일종의 열등감에서 시작한 것이죠. 그래서 모른다고 포기하지 않고 맹렬히, 전투적으로 읽었습니다. 그게 주효했죠. 자꾸 읽다 보니 두뇌가 바뀌는 느낌이 와요. 한번 어려운 책을 이해하고 나니 일반적인 책은 무척 쉽고 글도 잘 써집니다. 마치 군대에서 특수 훈련을 받고 나면 일반 훈련은 아무것도 아닌 것처럼요.

책 읽기는 그렇게 맹렬하게 훈련해서 터득했다 치고, 책 쓰기는 어떻게 하는 걸까.

이종탁 책의 주제가 힐러리에서 이건희까지 다양합니다. 이렇게 다른 분야의 글을 어떻게 쓰는지 궁금합니다.

이지성 저는 주요 인물에 대해 관심을 갖고 자료를 모으고 연구를 해왔습니다. 우리나라에 존재하는 힐러리에 대한 책, 자료는 다 읽었을 거예요. 이건희 회장에 대해서도 그렇고요. 고 정주

이지성

영 회장에 대한 책을 준비하고 있는데 이분에 대한 자료도 오래 전부터 모아왔죠.

이종탁   그런 소재는 어떻게 얻나요.

이지성   일간신문을 6개 구독하고 주간지, 월간지도 봅니다. 한 달에 대략 100만 원어치 책을 삽니다. 그러다 보면 쓰고 싶은 책이 매일같이 생깁니다. 현재 구상 중인 책만도 수십 권입니다. 쓸 만하다 싶은 소재는 머릿속에 분류해 넣어놓고 기회 있을 때마다 채워나가는 게 제 방식이죠. 컵에 비유하자면 물을 조금씩 채워가다 마지막 한 방울이 넘칠 때, 그때 쓰는 겁니다.

이종탁   그런 덜 채워진 컵이 컴퓨터에 여러 개 저장돼 있겠군요.

이지성   아닙니다. 컴퓨터에 넣어놓고 꺼내 쓰는 방식은 쓰지 않습니다. 자료는 글의 배경이 될 뿐 중요한 것은 메시지거든요. 그걸 기억해두었다가 내 식으로 써야 합니다.

이종탁   그 많은 것들을 다 기억한단 말입니까.

이지성   노력하니까 어느 정도 되더라고요. 그런 두뇌 시스템이 만들어지기까지 10년 이상 걸렸죠. 제가 베스트셀러 작가들은 어떻게 글을 쓰나 연구를 했어요. 한국, 영국, 미국, 일본의 베스트셀러 작가 60명이 글쓰기에 관해 인터뷰한 기사를 오려서 코팅해놓고 매일 읽었는데 저 나름대로 내린 결론이 컵 이론입니다. 글은 머리가 아니라 가슴으로 써야 한다, 그래야 감동을 준다는 거죠. 컵에 든 자료를 내 안에서 일체화해 써야 합니다.

이종탁   베스트셀러 작가가 되었지만 문장이 유려하다는 말은 안 나오는 것 같습니다.

이지성   저는 문장을 일부러 다소 거칠게 씁니다. 독자들이 읽고 이건 나의 얘기다, 나를 위한 얘기다 하고 느껴야 하는데 여기에는 거친 문장이 오히려 적합하기 때문이죠. 그걸 저는 서민체라고 부릅니다. 서민체는 쉬워야 한다, 빨리 읽혀야 한다, 재미있어야 한다, 이 세 가지가 충족돼야 합니다. 자갈치 시장의 아줌마가 제 책을 보고 이렇게 빨리 읽은 적이 없었다며 메일을 보내온 적이 있습니다. 서민체는 저의 경쟁력입니다.

글쓰기에 대한 얘기가 나오자 어느새 말투에 자신감이 배어 있다. 일부러 거친 문장을 구사한다는 게 말처럼 그렇게 쉽지는 않을 것이다. 자료를 차곡차곡 모으되 그걸 보지 않고 글을 쓴다는 것도 쉬 믿어지지 않을 정도다. 말콤 글래드웰의 이론처럼 한 분야에 1만 시간 이상을 투자해 아웃라이어가 된 때문인지 모르겠다.

그가 주로 쓰는 책, 자기계발서 자체에 대한 비판에 대해 그는 어떤 반론을 가지고 있을까.

"자기계발서는 서양에선 500년의 역사가 있어요. 일본에서도 메이지 유신 때부터 시작됐습니다. 벤저민 프랭클린의 직업 중 하나가 자기계발서 작가였어요. 후쿠자와 유키치의 『학문의 권유』, 새무얼 스마일즈의 『자조론』, 이런 책이 다 자기계발서입니다. 우리나라의 자기계발서는 IMF 외환위기 이후 시작돼 이제 20년도 안 되었어요. 이런 마당에 자기계발서가 뻔한 내용을 말하는 것 아니냐는 비판은 이해가 부족해서 나오는 말이라고 생각합니다."

이종탁 책에 담긴 메시지가 다 아는 이야기인 것은 사실 아닙니까.
이지성 자기계발서는 뻔한 내용을 복습하기 위해 읽는 겁니다.

이지성

다 알고 있는데 일상에 치여 잊고 지내다가 맞아 그래, 하며 다시 정립하기 위한 것이죠. 문학이나 철학 책은 작가가 결론을 내려주지만 자기계발서는 책을 읽은 독자가 자기 삶에서 실천으로 결론을 내려야 합니다. 저는 독자들에게 솔직하게 말합니다. 실천하지 않으려면 그만 읽으라고. 그런데 이도 저도 않고 비판만 하는 것은 받아들일 수 없다는 겁니다.

이종탁 그래도 작가라면 독자의 영혼을 울려야 하지 않나요.

이지성 이렇게 얘기하고 싶어요. 문학 서적 읽고 실업자에서 억대 연봉자로 바뀐 사람이 있는지, 자기만 알던 사람이 아프리카에 우물 파고 병원 짓는 경우가 있는지 묻고 싶어요. 제 책 읽고 영혼이 흔들렸다는 사람 많습니다. 자살하려다 새 삶 찾고, 백수에서 사장으로 변했죠. 그런 면에서 문학작품보다 서민에게 실질적으로 도움 되는 일을 했다는 자부심이 있습니다.

자기계발서를 읽고 삶을 성공적으로 바꾼 사례를 그는 여럿 제시한다. 이지성의 공식 멘티 1호로 꼽히는 정회일은 서울 강남에서 영나한('영어연수! 나는 한국에서 한다'라는 뜻)이라는 영어학원을 운영한다. 이지성과 함께 『독서천재가 된 홍대리』라는 책을 내 이름을 알린 그는 이지성으로부터 독서 가르침을 받고 실천한 끝에 거리의 실업자에서 학원 원장으로, 다른 실업자를 지도하는 멘토로 거듭났다고 스스로 밝힌다.

이지성의 팬 카페인 '폴레폴레'에서 멘토로 활동하는 황희철도 사업에 실패해 장기매매를 하려다 자기계발서를 읽고 일어선 경우다. 생명보험회사에 취직해 높은 실적을 거두고 퇴직 후 창업해서는 사업체 3개를 가진 기업가로 성공했다고 한다. 청주의 40대 이혼 여성은 이지성의 『꿈꾸는 다락방』을 읽고 감동해 실천한 끝에 연봉 10억 원을 받는 화장품 판매왕이 되었다고 한다. 이런 성공 사례가 자기계발서 작가로서 이지성이 갖는 자부심의 원천이다.

자기계발이 꼭 서민에게만 필요한 것은 아닐 것이다. 이지성은 한때 재벌 오너 2세의 독서 멘토 역할도 했다. 신세계 정용진 부회장의 어머니 이명희 여사가 이지성의 EBS 강연을 보고 아들과 연결시켜주면서 정용진의 인문고전 지도를 맡은 것이다. 두 사람의 이색 만남이 알려지면서 세간의 흥미를 끌었으나 둘의 관계가 오래가지는 못했다.

이종탁 평소 독서 지도는 어떻게 합니까.

이지성 저는 성공한 사람들의 결과물, 그러니까 전기 위인전을 365권 읽으라고 강조합니다. 그게 독서 1단계죠. 2단계는 자기 업무에 관련된 책을 100~150권 읽는 겁니다. 한 분야에 20년, 30년의 노하우를 가진 사람이 쓴 책을 100권 읽으면 2000년, 3000년 내공이 쌓이는 거예요. 그다음 인문고전으로 넘어갑니다. 2단계를 하면 수신제가(修身齊家)에 회사(會社)까지 됩니다. 치국평천하(治國平天下)의 능력을 길러주는 것은 인문고전입니다.

이종탁 책에 대해 정의를 내린다면 무어라 말하겠습니까.

이지성 책은 미래죠. 현재를 보려면 리모컨이나 마우스를 찾으면 됩니다. 하지만 미래를 보려면 책을 읽어야 합니다.

교보문고 설립자인 고 신용호 회장이 남긴 "사람은 책을 만들고

이지성

책은 사람을 만든다"는 명언과 일맥상통하는 말이다. 독서가 오늘의 베스트셀러 작가 이지성을 만들었다는 얘기다. 그가 제2, 제3의 이지성을 독서 지도를 통해 발굴하겠다는 포부를 갖게 된 배경이기도 하다.

지금 20대를 사는 젊은이라면 눈앞의 현실이 온통 가시밭길인데 한가롭게 책 따위 읽어서 무엇에 쓰겠나 하고 생각할 수도 있다. 누구나 이지성처럼 글 써서 먹고사는 길로 나갈 수도 없다. 하지만 막막하고 앞이 보이지 않을수록 책에 길을 물어야 한다고 이지성은 강조한다. 무심코 책장을 넘기다 갑자기 무릎을 치는 문장을 만나기도 하고, 어느 날 우연히 글자 하나가 망치로 머리를 때리는 듯한 충격으로 다가오기도 한다는 것이다. 그런 짜릿한 경험, 죽기 전에 한번쯤 맛봐야 하지 않을까.

박／노／자

약력

1973년 러시아 상트페테르부르크 출생 | 본명 블라디미르 티호노프 | 상트페테르부르크 대학
극동사학과 조선사 전공 | 고려대 3개월 유학 | 모스크바 대학 한국고대사학 박사 | 경희대 전
임강사 | 노르웨이 오슬로 대학 한국학 교수 | 한국인 '박노자'로 귀화 | 저서 『당신들의 대한민
국』 『박노자의 만감일기』 『왼쪽으로, 더 왼쪽으로』 『당신을 위한 국가는 없다』 등

러시아 출신으로 노르웨이에 사는 박노자 교수는 한국인보다 한국을 더 잘 아는 외부인으로 정평이 나 있다. 그가 한국이란 나라에 관심을 갖고, 인연을 맺고, 거주한 기간은 다 합쳐봐야 고작 십수 년이다. 그러나 한국에서 평생을 살아온 한국인도 깨닫지 못하는 한국과 한국인의 문제를 그는 유리병 속 들여다보듯 훤히 꿰뚫고 있다. 한국의 역사, 정치, 종교, 문화, 한국인의 관념과 정서까지 속속들이 파헤치고 예리하게 진단한다.

박노자는 스물여덟 살이 되었을 때 "「산유화」의 저자는 누구인가"와 같은, 여느 외국인에게는 엄청나게 어렵지만 그에게는 식은 죽 먹기처럼 쉬운 귀화 시험을 치러 공식적, 합법적으로 한국인이 됐다. 그때부터 한국을 지칭할 때 '우리'라는 표현을 거리낌 없이 쓸 수 있게 되었지만 공교롭게도 '우리 국민'이 되기 직전 외국으로 떠나야 했다. 한국에서 비정규직으로 일한 계약 기간 3년이 다 되었는데 더 이상 그를 받아주는 곳이 없었기 때문이다.

2000년 그가 생면부지의 땅 노르웨이로 간 것은 순전히 그곳에 정규직 일자리가 있어서였다. 노르웨이에 지인이 있거나, 노르웨이가 부자나라여서 이주를 선택한 게 아니다. 과거 한국의 광부가 독일에 취업하러 가듯 그도 그저 취업 이주를 한 것이다.

그렇게 오슬로 대학 동양학부 교수가 된 지 10년도 넘었지만 그는 그곳에서도 타자(他者)다. 노르웨이에선 일정 기간 거주하면 별도의 귀화 시험 없이 국적을 주지만, 그와 그의 가족은 노르웨이 국민이 되기를 거부한 채 한국 국적을 유지하고 있다. 그는 '급진적 사회주의자'로서 국적 따위에 큰 의미를 두지 않는다고 말하지만 '노르웨이에 사는 러시아 출신의 한국인'이라는 독특한 정체성에 관심을 갖지 않을 수 없다. 러시아와 한국, 노르웨이는 그에게 어떤 의미가 있을까. 그의 눈에 비친 3국 3색은 어떤 빛깔이며, 한국의 오늘에 대해서는 어떤 진단을 내릴까. 세미나 참석차 한국에 출장 온 그를 만난 뒤 이메일로 보충 인터뷰를 했다.

첫 질문은 문학에 관한 것으로 시작했다. 그가 세미나에서 '밀실을 이야기하며 광장을 암시한다'는 제목으로 최인훈의 『광장』과 김영하의 『빛의 제국』을 분석 발표한 것에 대한 질문이다. 그는 이 두 소설이 한국적 상황의 본질을 가장 잘 드러내는 작품이라고 지적했는데, 이 또한 한국에 사는 사람들이 미처 인식하지 못한 포인트다. 그의 설명을 들어보자.

"광장은 공적 영역을, 밀실은 개인의 사적 영역을 의미합니다. 한국은 근대화 과정에서 광장이 부재한 나라입니다. 국가라는 게 개인 영역의 확장에 불과했어요. 개인은 있어도 시민은 없는 나라가 된 것입니다. 소설 『광장』에 보면 주인공이 남한 경찰의 구타 때문에 월북을 합니다. 폭력에 맞서기보다 도피하는 거죠. 북에 가서도 체제에 맞서기보다 순응합니다. 『빛의 제국』에는 북에서 남파된 간첩이 나옵니다. 그런데 아내도 남편이 간첩인 줄 눈치채지 못합니다. 개체 간 소통이 안 되는 후기 자본주의 사회의 단면이지요. 『광장』에선 고문이 나오지만 『빛의 제국』에 오면 고문할 필요가 없습니다. 대신 완벽한 감시망이 있어요. 「PD수첩」작가의 이메일을 국가가 열어보는 것과 같은. 국가는 강화되고 개인은 약화되는 사회라는 점에서 어제와 오늘의 한국을 대변한다고 할 수 있습니다."

박노자

이종탁 한국 사회의 가장 큰 문제를 광장과 소통의 부재라고 보시는 건가요.

박노자 많은 문제 중의 하나입니다. 계급 구성원 사이에도 소통이 안 되는 게 현실이니까요. 그러다 보니 계급적 이해관계에 대한 공유가 없습니다. 연대의식이 부족한 거죠. 기륭전자 노조가 장기 투쟁할 수밖에 없었던 이유입니다.

질문 두 가지를 던졌을 뿐인데 이념 색채가 확 드러난다. 조금 더 분명한 이야기를 이어가보자. 그는 세종로 이순신 동상에 반대한다. 그런 광장에는 큰 칼을 찬 군인 대신 노동자 연대를 외친 전태일의 동상이 있어야 한다는 것이다.

이종탁 이순신 자리에 전태일을 세우자는 주장, 한국 사회에서 공감을 사기는 어려울 것 같습니다.

박노자 그렇겠죠. 한국에선 진보 커뮤니티가 유럽에 비해 너무 미약하니까요. 진보의 정치적 비중이 적어 사회 여론을 이끌 힘이 없습니다. 그래도 저는 전태일이 연대의 화신이라는 점을 강조하고 싶습니다.

이종탁 전태일 이후 한국 노동자들의 지위도 향상되고 민주화도 이뤄지지 않았습니까.

박노자 제도적 민주주의가 갖춰진 것은 의심할 여지가 없습니다. 하지만 민주주의는 여러 측면에서 생각해봐야 합니다. 표현의 자유가 있느냐, 정치의 장에서 대안이 존재하느냐, 이념을 달리하는 여야가 있느냐 하는 점 등을 짚어봐야 합니다. 공정

선거는 이뤄졌지만 표현의 자유는 과거로 돌아갔잖아요. G20 포스터에 쥐를 그렸다고 처벌하는 것은 유신독재 시절과 다를 바 없어요. 한국만큼 병영화된 사회는 드물 거예요.

이종탁　노르웨이 생활은 어떤가요. 그곳에 사신 지도 이제 10년이 넘었습니다.

박노자　노르웨이에서 두 아이가 태어났습니다. 큰아이는 초등학생이고, 둘째는 돌이 지났습니다. 아이는 아빠가 배관공이면 좋겠다고 합니다. 배관공은 집에 일찍 들어오는데 아빠는 그렇지 않다는 거죠. 노르웨이선 배관공, 전기공의 임금이 교수인 저보다 많습니다.

이종탁　월급이 얼마나 되는지 여쭤봐도 될까요.

박노자　명목 임금이 6만 크로네 조금 넘는데, 이중 절반이 세금으로 나가고 여기에 노조 가입비를 빼면 다달이 3만 1000크로네 정도 받습니다. 우리 돈 620만 원 정도인데 그곳 물가가 두세 배 비싸다는 점을 감안해 구매력 기준으로 환산하면 300만~400만 원쯤 될 겁니다. 배관공은 이보다 조금 더 높고요. 분배의 정의가 어느 정도 실현된 사회입니다.

이종탁　그래서 노르웨이에는 우리 같은 교육 문제가 없는 모양이군요. 그런데 학생들이 열심히 공부하지 않으면 소위 국가 경쟁력은 어떻게 되나, 이런 생각이 드네요. 이것도 한국적 사고인가요?

박노자　고급 인력을 효과적으로 활용하는 것 같습니다. 노르웨이는 무료 교육에 대학 입시가 없다는 거 아시죠? 내신을 가지고 입학시킵니다. 오슬로 대학의 일부 학과는 경쟁률이 2대 1이

박노자

되기도 하지만 대부분 학과는 그냥 들어갑니다.

먼 나라의 상상 초월 이야기를 듣다 보니 질문이 꼬리를 물고 이어진다. 내친 김에 샛길로 조금 더 들어가보자.

이종탁 그럼 수학 능력이 안 되는 대학생도 있을 것 아닙니까.
박노자 20~30퍼센트는 도중에 그만둡니다. 공부가 적성에 안 맞으면 배관공을 하는 거죠. 그러다 공부에 관심 생기면 다시 대학 다니고. 그래서 대학에는 30~40대 학생도 많습니다. 진짜 경쟁은 박사 과정부터죠. 국가에서 월급을 주는 장학생이 되니까요.

입시 경쟁에 시달리는 한국의 청소년이나 자녀 등록금을 대느라 허리 휘는 학부모들이 보면 부럽기 짝이 없는 나라다. 공부하고 싶으면 공부하고, 일하고 싶으면 일하고, 어느 쪽이든 개인이 선택하면 국가에서 지원한다는 얘기 아닌가. 1인당 국민소득이 세계 제일이면서 교육 복지가 탄탄한 나라, 우리에겐 말 그대로 이상향이다. 핀란드, 스웨덴과 함께 우리가 닮고 싶어하는 북유럽의 부자 3국의 모습이다.

그러나 박노자에게 노르웨이 생활은 불안의 연속이다. 아빠가 외국인이라는 사실이 드러나면 아이가 친구들에게 따돌림당할 것 같아 노심초사한다. 그래서 아이 친구들 앞에서는 노르웨이어를 문법에 맞게 정확하게 말하려고 무척 신경 쓴다.

이런 타향살이 콤플렉스가 아니어도 그의 눈에 비친 노르웨이

사회는 선망의 대상이 전혀 아니다. 그가 보기에 노르웨이 아이들은 두세 살 때부터 일종의 '유아 자본가', '재산가'로 키워진다. 파괴적 성향의 장난감을 누가 더 많이 수집하는지 경쟁하는 분위기다. 유치원에서 대학까지는 소비자형 인간으로 길러진다. 노동과 생산의 의미를 배우고 느끼기보다 자본과 소비를 즐길 뿐이다.

한번은 그가 아이들 놀이 시간에 닌텐도 게임기를 갖고 놀게 한 교사에게 따지듯이 물었다.

"이게 건전한 놀이 문화라고 보시나요?"

그랬더니 교사는 "그런 것 싫어하는 아이도 있나요?" 하며 대수롭지 않게 응대하더란다. 실제 그 학급에 닌텐도를 싫어하는 아이는 없었지만 모두가 좋아한다고 해서 마약이 약이 되는 것은 아니라는 게 그의 생각이다. 박노자에게 노르웨이는 "닌텐도 같은, 자본의 돈벌이 수단인 마약으로부터 내 아이를 지켜줄 그 어떤 방패도 보이지 않는 나라"이며, "그런 곳에서 아무런 행복감도 느낄 수 없다"고 말한다.

이종탁 행복이 무엇이기에 그렇죠? 왜 행복감을 못 느끼는 건가요.

박노자 인간은 다른 사람들과 함께 어떤 공공의 꿈을 실현할 때 행복감을 느낍니다. 예컨대 김진숙(민주노총 지도위원)은 크레인 위에서 여간 고생이 심하지 않았을 텐데도 동지들과 같이 정의로운 싸움을 하니까 행복한 것 같습니다. 웃는 모습을 보면 확실히 그렇게 느껴집니다. 하지만 원자화된 부르주아 사회에서는 그런 행복을 체험할 수 없습니다.

이종탁 "노르웨이에서는 자본주의와 질적으로 다른 새 사회를 건설하려는 욕망이 보이지 않는다"고 분석하신 글을 본 기억이 납니다. 그런 노르웨이에서 아이들 교육은 어떻게 할 생각인가요? 혹시 다른 나라로 유학 보낼 생각인가요?

박노자 여름에 아이들을 데리고 쿠바에 갈 생각입니다. 그러니까 질적으로 다른 사회를 아이들에게 안내하긴 하겠지만 강요할 생각은 없습니다. 청년기부터 새 사회 건설에 대한 생각이 생기면 스스로 실천 통로를 찾을 수 있겠지요.

이종탁 아빠가 배관공이었으면 좋겠다는 아이의 생각, 그게 노르웨이의 보편적 인식인가요.

박노자 저는 모든 것을 아이의 선택과 결정에 맡기는 게 최선이라고 생각합니다. 배관공으로 성실하게 살면 뭐가 나쁩니까. 본인이 보람을 느끼면 되지요. 단, 직업군인이나 금융업자 등 살인적 체제 운영에 직접 관여하는 사람만 되지 말았으면 좋겠습니다.

자본주의 사회에 젖어 있는 사람이라면 상상조차 할 수 없는 답이 줄줄이 이어진다. 그가 겉과 속이 한결같은, 뼛속까지 사회주의자임을 새삼 확인하게 된다.

이종탁 노르웨이에서 한국 사회를 어떻게 그렇게 잘 보는지 궁금합니다.

박노자 한국어를 다양하게 쓰는 게 도움이 되는 것 같습니다. 매일 한국 책과 인터넷 신문을 읽고, 편지나 블로그 글, 학술논문 등의 형태로 한국어 작문을 합니다. 이렇게 하다 보면 언어에 대한 친화성이 생기는데 그게 비결이라면 비결이겠죠. 한국어와 삶을 공유하면 되는 것 아니겠습니까.

박노자의 부인은 바이올리니스트 백명정이다. 경남 마산이 친정인 백명정은 1992년 러시아에 유학 가 레닌그라드 국립음악원에서 석사 과정을 밟던 중 박노자를 만나 1995년 결혼했다.

이종탁 　지난번에 전화를 걸었더니 사모님이 "여보세요" 하고 받더군요. 가정에서 한국말을 쓰는 것 같은데, 아이들에게도 한국말을 가르치나요?

박노자　그렇습니다. 집에서는 거의 한국말을 쓰죠. 아이들에게도 능력 되는 대로 한국말을 가르칩니다. 아이들이 제대로 못 하지만요.

이종탁　학교에선 노르웨이 말로 수업을 할 것 아닙니까. 그럼 하루에도 몇 개 나라 말을 쓰는 셈인데, 노르웨이 말은 언제 배웠나요?

박노자　오슬로 공항에 내릴 때만 해도 저는 노르웨이 말을 한 마디도 할 줄 몰랐습니다. 학교에서 처음 2년 남짓은 영어로 강의 했죠. 신규 채용되는 교수들은 2년 동안 영어 강의가 허용되고, 그 뒤 노르웨이어로 강의하는 게 원칙이니까요. 그동안 저는 외국인을 위해 개설된 무료 어학 코스에 다니며 노르웨이어를 배웠습니다.

박노자를 보면서 가장 부러운 대목이 다중언어 능력이다. 한국인은 중학교에서 대학까지 10년간 영어를 배워도 외국인과 마주치면 입도 뻥끗 못하는 사람이 적지 않다. 그런데 박노자는 모국어인 러시아어에 한국어, 영어, 노르웨이어까지 4개 국어가 자유롭다. 영어는 중학생(한국식으로 보면 초등학교 4년) 때 처음 접했는데, 어휘가 러시아와 상통해 거의 모국어처럼 사용한다. 노르웨이어는 어휘나 문장 구조가 영어와 비슷해 어려움 없이 배웠다고 한다. 여기에 일본 역사를 공부하면서 익힌 일본어와 중국 고전을 공부하면서 배운 중국어와 한자, 노르웨이에서 새로이 익힌 독일어까지, 이들 3개 국어는 회화는 능숙하지 않아도 읽는 데는 전혀 문제가 없다. 이렇다 보니 세계 어디에 가서 누구를 만나도 의사소통하는 데 어려움이 없다.

영어와 노르웨이어는 그렇다 치더라도 말의 구조가 기본적으로 다른 한국어는 어떻게 배웠을까. 무지막지한 훈련을 통해 기초를 탄탄히 다졌다는 사실이 흥미롭다.

그가 상트페테르부르크 대학(구 레닌그라드 대학) 극동사학과(조선사 전공)에 다닐 때 담당 교수는 북한 노동신문 사설을 통째로 외워 쓰도록 시켰다고 한다. 노동신문을 한 번이라도 본 사람이면 이게 얼마나 엄청난 일인지 안다. 김일성 부자에 대한 찬양을 끝도 없이 늘어놓는, 재미없고 딱딱하고 장황하기 이를 데 없는 게 노동신문 사설이다. 러시아어를 공부하는 한국 학생이 과거 소련 공산당 기관지이던 프라우다 사설을 외워서 쓴다고 생각하면 쉽게 상상이 된다. 하지만 박노자는 "당시엔 무척 가혹한 학습법이었지만 덕분에 지금도 노동신문 사설 몇 대목은 외울 수 있다"고 했다. 이 영향인지는 모르겠으나, 박노자의 한국어 문장이 문어체여서 읽기 불편하다고 불평하는 독자도 더러 있다.

한국어를 고급스럽게 구사할 수 있게 된 것은 한문학 덕분이다. 대학 때 그는 한시의 시마(詩魔)에 시달려 부운(浮雲: 떠다니는 구름), 고봉(孤蓬: 외롭게 떠다니는 다북쑥), 공담(空潭: 인기척이 없는 못)과 같은 말들을 늘 머릿속에 넣고, 이백(李白)이나 왕유(王維), 이퇴계의 시를 읊조리면서 다녔다고 한다. 젊은 한국인 중에 이러는 사람이 몇 명이나 될까. 그가 한국인보다 한국말을 더 잘하고 글을 더 잘 쓰는 데는 다 이유가 있는 것이다.

이종탁 러시아에서 한국으로, 또 노르웨이로 뿌리 없이 떠다니는 부평초 같다는 생각은 안 해보셨는지요. 어느 인터뷰에서 한국에 자리만 있으면 언제든 들어오고 싶다고 하셨던데요.

박노자 저야 당연히 한국으로 들어가고 싶죠. 공부하기 위한 자료도 주로 한국에 있으니까 더욱 그렇죠. 하지만 아무래도 가족이 있는 만큼 신중하게 판단할 수밖에 없습니다. 제 아내가 한국에서는 초등학교 비정규직 음악 교사였는데 노르웨이에서 인생 처음으로 정규직이 됐거든요. 저 개인의 만족을 위해 가족을 희생시킬 수 없잖아요. 또 국내 대학에서 정규직 교수가 되면 간접적으로 비정규직 강사들을 착취하는 꼴이 될 것이니 손쉽게 가지 못할 것 같기도 합니다.

박노자나 그의 부인이나 한국에서 얻지 못한 정규직 일자리를 노르웨이에서 얻은 것이다. 이들 부부에게 우리나라는 비정규직의 나라, 남의 나라는 정규직의 나라인 셈이니 기막힌 모순이 아닌가.

이종탁 한국인으로 귀화하게 된 이유를 『당신들의 대한민국』에

박노자

밝혀놓았더군요. '한국인과 운명을 같이하고 싶다', '국적과 혈통을 동일시하는 한국인에게 과연 한국인이 핏줄로만 결정지어지는 것이냐고 묻고 싶다', 이 두 가지 생각 때문이라고 했습니다. 지금 생각은 어떤가요. 책 제목에서 보듯 한국은 아직도 당신들의 나라인가요.

박노자 귀화 신청할 때 생각과 달라진 것은 없습니다. 한국의 정치·사회문제에 개입하려면 국적 취득을 통해 운명을 같이하는 게 바람직하다고 지금도 생각합니다. 다만 한국의 다(多)종족화 과정이 시작 단계여서 일정 정도 타자, 즉 '당신들의 나라'로 보이는 건 사실입니다. 보다 다양한 외부 출신들이 국내로 틈입(闖入)해야 다종족화 과정이 촉진될 수 있을 겁니다. 그 과정이 오래 걸릴 수밖에 없다는 점은 십분 이해합니다.

이종탁 노르웨이 국적을 취득하지 않는 이유는 한국 국적을 그만큼 소중히 여긴다는 뜻인가요? 아니면 언젠가 한국에 들어올 때를 대비하는 건가요?

박노자 글쎄, 저는 급진사회주의자이므로 한국이든 노르웨이든 국가 그 자체를 자본의 총체적 도구이자 우리 계급의 적으로 생각하고 있을 뿐입니다. 한국이라는 국가에 대해 배타적 충성을 느낀 적은 없습니다. 그런데 국가가 아닌, 기륭전자 노동자 같은 이들이 사는 한국이라는 나라에 대해서는 당연히 정을 느끼고 언젠가 거기에 몸을 두고 싶습니다. 이 부분에 있어 '국가'와 '나라'를 구분했으면 합니다.

공권력을 행사하는 주체로서의 국가에는 반대하지만 민중의 삶의 터전이라는 의미에서의 나라에는 동질감을 느낀다는 뜻으로 들린다.

이종탁　두 아이의 국적 문제는 어떻게 하실 생각인가요? 국가를 계급의 적이라 여기더라도 현실적으로 어느 나라에 속하는 국민일 수밖에 없지 않을까요.

박노자　노르웨이에서도 원칙상 이중국적은 불허됩니다. 한국만큼 엄격하지는 않습니다. 그래서 아이들은 지금 한국 여권만 갖고 있습니다. 본인들이 성인이 되어 한국이든 노르웨이든 원하는 국적을 자유로이 선택하면 될 듯합니다. 저는 이 문제에 개입할 의사가 없습니다. 저도 부모의 개입을 받지 않고 자유롭게 선택했으니까요.

이종탁　떠나온 나라에 대해서는 어떻습니까. 고향에 대한 향수도 있을 것 같은데요.

박노자　자본주의화된 러시아에 대해 느끼는 감정은 분노뿐입니다. 과거 소련에선 학교 옆에 유도 도장, 그 옆에 역도 도장, 그 옆에 도서관 하는 식으로 공공시설이 많았어요. 독서 문화가 활발했고, 가난해도 서로 비슷한 처지여서 행복했죠. 그런데 지금 러시아는 지옥입니다. 사람 살 곳이 못 됩니다. 제 아버지는 작년에 돌아가시고 어머니는 연금으로 생활합니다. 연금이라고 해봐야 월 7000루블(미화 200달러 정도)로 겨울에 외투 하나 살 수 없는 액수고, 언제 수돗물이 끊길지 모르는 슬럼 아파트에서 연명하는 신세예요. 이런 나라를 보고 정말이지 실탄이라도 던지고 싶은 심정이었습니다. 제 여동생은 핀란드로 이민 갔어요.

박노자

러시아 이야기가 나오자 목이 메는 듯 말의 속도가 느려진다. 억양의 높낮이가 심해지면서 차분하던 말투에 감정이 묻어나온다. 고향 잃은 망명 지식인의 애절함이 느껴진다.

그러고 보니 노르웨이에서의 박노자 생활이 어떤지 대강 짐작이 간다. 그는 그곳에 살면서 행복감이나 사회적 일체감, 친화감은 거의 못 느낀다고 한다. 딱 두 가지 예외가 있는데, "한국사 관련 작업을 하거나, 소련에서 보냈던 어린 시절을 회상할 때 행복하다"고 털어놓는다.

어린 시절을 회상하며 행복감을 느끼는 것은 대개 60대 이상의 노인들이다. 불혹(不惑)이 채 안 된 나이는 과거를 회상하기보다 현재의 성과를 거둬들이는 시기다. 그런데도 회상을 좋아한다는 것은 타자 생활의 고달픔이 그만큼 크기 때문일 것이다.

어린 시절 그는 블라디미르 티호노프로 불렸다. '박노자(朴露子)'는 귀화할 때 스승인 미하일 박 교수의 성(姓)에, 러시아의 아들이라는 뜻의 이름을 붙여 작명한 것이다.

그는 원자력 발전소 엔지니어인 아버지와 생물학 교수인 어머니 사이에서 태어났다. 부모가 다 유대인이었고, 인텔리겐차여서 늘 책을 가까이 하면서 자랐다. 동네 도서관을 이곳저곳 다니며 찰스 디킨스나 쥘 베른 같은 세계 명작을 읽었고, 공산당 정권이 반동적 철학이라고 낙인찍은 니체나 쇼펜하우어도 탐독했다.

한국과 인연이 된 것은 우연의 요소가 크다고 해야 할 것 같다. 고등학생 때 텔레비전에서 북한 영화 「춘향전」을 보면서 '코레야'라는 나라를 처음 알게 되었고, 한국 고전소설을 읽으면서 한국이란 나라에 관심을 갖게 됐다. 그러나 거기까지였다. 당시 소련

청년들 사이에선 불교에 심취하는 게 유행이었다. 블라디미르도 그중 한 명이어서 대학은 불교와 관련된 학과에 가고 싶었다. 그런데 인도학과나 티베트학과는 경쟁률이 15대 1이나 되는 데다 "뇌물을 안 주면 입학이 안 된다"는 소문이 있어 경쟁률 5대 1인 조선사 전공으로 방향을 틀었다. 일종의 하향 지원인 셈인데, 이게 그의 인생에서 결정적 터닝포인트가 됐다.

한국에 오게 된 것도 예상치 못한 외부 변수가 작용한 결과다. 상트페테르부르크 대학 조선사 전공 학생들은 1년간 평양 김일성종합대학으로 어학 실습을 가기로 돼 있었다. 그런데 이즈음 소련이 한국과 외교관계를 맺었다. 북한과 소련의 관계는 악화됐고, 두 나라 사이의 대학생 교류 프로그램은 전면 취소됐다. 평양행이 좌절된 블라디미르는 때마침 모교와 자매결연을 맺은 고려대학교로 방향을 틀었다.

그렇게 해서 서울에 도착한 게 1991년 9월, 그의 나이 열여덟 살 때였다. 감수성이 가장 예민할 때인 10대 후반에 겪은 서울 경험은 블라디미르의 인생을 송두리째 바꿔놓았다.

당시 소련은 페레스트로이카라는 이름 아래 사회주의에서 자본주의로 맹렬히 달려가고 있었다. 반면 한국은 군부독재 터널을 빠져나와 민주화 문턱에 들어서고 있었다. 소련에서는 한국의 박정희와 이병철, 정주영을 예찬하는데, 한국의 운동권 학생들은 러시아 혁명을 이야기하며 고리키와 레닌을 닮고 싶어했다. 그가 보기에 한국은 자본주의화돼가는 소련의 실체를 모르는 것 같았고, 소련은 한국 경제성장의 그늘에 대해 무지한 것 같았다.

그는 "페레스트로이카의 허구성을 확인한 나로서는 어떤 체제나

인간은 다른 사람들과 함께 어떤 공공의 꿈을
실천할 때 행복감을 느낍니다.

어떤 거대담론도 그대로 신뢰할 수 없다는 결론에 도달했다"고 말했다. 한국과 소련은 완전히 다른 사회였지만 개인을 무시하고 인권을 짓밟는 측면에서는 마찬가지라는 것을 알게 됐다는 것이다.

"한국에서의 경험은 내게 억압의 보편성, 기만의 보편성, 고통의 보편성, 억압에 대한 투쟁의 보편성을 가르쳐주었다. 경계선을 뛰어넘는 것은 지배 담론이 강요하는 온갖 상식과 통념과 정설들을 일정 부분 벗어날 수 있다는 것을 뜻했다. 완전한 자유가 실재하지 않아도 이런 경험이 자유를 향해서 가는 것 아닌가."

지식인으로서 완전한 자유를 누리는 게 박노자의 꿈이라고 하면, 고려대 유학 생활은 그의 인생에서 희망으로 가는 결정적 터닝포인트가 되는 셈이다.

고려대에서 석 달간의 짧은 유학을 마치고 그해 12월 귀국했을 때 블라디미르의 조국 소련은 지구상에서 없어진 뒤였다. 자본주의화된 러시아에서 그는 이문열, 황석영의 소설을 러시아어로 번역하거나, 여행 가이드, 통역 같은 일을 하며 한국 공부를 계속했고, 1996년 모스크바 대학에서 고대 가야사 연구로 박사학위를 받은 뒤 다시 한국으로 왔다.

그러니까 박노자는 10대 후반부터 20대 후반에 이르는 청년기에 이름과 국적, 직장과 거주지를 몽땅 바꾸며 동서양을 넘나든 셈이다. 그의 청춘 또한 누구 못지않게, 아니 누구보다 더 아팠음에 틀림없다.

입시와 취업난에 치여 희망의 끈을 잃어버린 한국의 청년들에 대해 그는 어떻게 생각할까. 급진사회주의자의 대답은 다분히 투쟁적일 것이라고 예상하면서 질문을 던져봤다.

박노자

이종탁 요즘 한국의 젊은이들은 교수님이 유학 와서 본 대학생의 모습과 완전히 딴판입니다. 비싼 등록금 내고 대학 다녔는데, 일자리는 없고 부모님 볼 면목이 없어 절망해하고 있습니다. 어떻게 해야 할까요. 어른들은 이들에게 무어라 말해줘야 하나요?

박노자 지금 같은 한국식 체제에서는 고학력 젊은이들을 다 받아들여 좋은 직장을 줄 여력이 전혀 없습니다. 앞으로 갈수록 공부는 무의미해지고, 경제적으로는 각박해질 것입니다. 체제를 바꾸기 위한 정치 사회적 투쟁이 아니면 이 세대를 살릴 길이 없습니다. 먼저 투쟁의 당사자인 그들부터 적극적으로 나서야 합니다. 1960년 4월 학생 혁명은 한국 현대사의 전환점이었는데, 이제 학생들은 반독재 혁명이 아니라 반(反)신자유주의 혁명에 나서야 할 때입니다.

문제의 근본이 신자유주의 체제에 있다고 보는 것이다. 특히 대학마저 신자유주의의 폐해에 노출돼 있는 것은 그가 보기에 최대의 비극이다. 한국 대학에 대한 그의 독특한 단상을 들어보자.

"평소 나는 학벌에 관심이 없다. 러시아 최고의 국립대학을 다녔지만 졸업 후 동창회에는 한 번도 간 적이 없다. 하지만 고려대에 대한 느낌은 다르다. 겨우 석 달 다녔을 뿐이지만 소련에서 학사, 석사, 박사를 한 기간을 합쳤을 때보다 더 추억이 많다. 신라사 강의나 시조 수업, 안암골 뒷골목에서의 막걸리 폭음, 지하 운동권 모임에서의 지적 도전, 이런 것을 경험하면서 너무나 얌전하고 제도권적인 레닌그라드 대학을 떠올리곤 했다."

한 여자 선배는 박노자 앞에서 "평생 가난한 노동자와 부대끼면서 살고 싶다"고 말했다. 망해가는 소련의 대학생들은 부자로 사는 게 꿈인데, 한국에서는 빈민운동, 노동운동을 하면서 가난하게 살고, 감옥 갈 각오를 한 사람들이 실제로 있었다.

박노자는 "이것이야말로 잊을 수 없는 체험이었다"며 "한국의 운동권 학생들을 대단히 존경하게 됐으며, 이상주의가 무엇인지 한국에서 알게 됐다"고 감격스러워했다.

하지만 공산주의 국가에서 온 청년의 신선한 감동은 오래 가지 못했다. 그가 노르웨이로 이주한 지 6년째 되던 2006년 고려대학교 안암동 캠퍼스에 가보았더니 '100주년 기념 삼성관'에 '포스코관', '이명박 라운지', '이학수 강의실'이 들어서 있었다. 교수나 학생 모두 별 거부감 없이 받아들이고 있다는 게 그로서는 엄청난 유감이다. 고려대 학생들이 전통의 그 '대듦의 정신'을 발휘해 학교와 재벌의 유착관계에 저항해야 한다고 그는 생각한다. 그래야 신자유주의 체제를 바꿀 수 있다는 것이다.

한국에서 신자유주의 철폐를 부르짖는 정치 집단은 진보신당이다. 박노자가 진보신당 당원인 이유다. 지난 4월 총선에서 진보신당 비례대표 후보로 출마하기도 했다. 진보신당이 정당법에 규정된 최소득표(2퍼센트)를 하지 못해 국회 진입에 실패했지만 그가 한국 정치에 직접 뛰어들었다는 점만으로도 세간의 주목을 받기에 충분했다. 이에 대한 그의 심경을 들어보자.

이종탁   출마하게 된 이유는 무엇입니까.

박노자   어떻게 해서든 노동계급의 정치세력화에 이바지하고 싶었고, 선거를 하나의 기회로 삼아 공공성 위주의 사회, 비자본주의적 사회 대안을 대중화시키고 싶었습니다.

이종탁 국회의원이 되었다면 어떤 일을 먼저 하고 싶었는지요.

박노자 비정규직의 양산을 막기 위해 비정규직 사유 제한 등을 골자로 하는 법안의 제정 가능성을 모색했을 것입니다. 그다음 병역거부자들을 위한 대체복무제 신설 방안을 도모했을 것입니다.

이종탁 만약 당선되었다면 가족과 직장 등 노르웨이 생활은 어떻게 할 생각이었는지요.

박노자 학교 내규대로 휴직을 했을 겁니다. 저희 학교에는 교수가 국회의원이 된 전례가 있거든요. 제 아내는 직업이 있어 아마 아이들과 함께 오슬로에 남았을 것이고, 제가 가능한 한 자주 갔을 것입니다.

그의 정치적 신념이 한국에서 다수의 공감을 얻기는 어렵다. 하지만 과격하다고 해서 불온시해야 할 이유는 없다. 사상의 자유와 표현의 자유는 완전하게 보장돼야 마땅하다. 그는 먼 이국땅에서 한국의 앞날을 나름의 시각과 방식으로 걱정하는 대한민국 국민이다. 피부색이 다르고, 정서가 다르다고 그를 타자화(他者化)하는 것은 우리 사회의 후진성을 나타낼 뿐이다. 선진 사회라면 박노자를 우리 안에서 끌어안아야 한다.

Part 2

성공으로 가는
터닝포인트

안철수

조 국

고승덕

한승헌

안 / 철 / 수

약력

1962년 부산 출생 ┃ 부산고, 서울대 의대 학사·석사·박사 ┃ 단국대 의대 학과장 ┃ 안철수연구소 창업 ┃ 펜실베이니아 대학 와튼스쿨 경영학 석사 ┃ 카이스트 교수 ┃ 포스코이사회 의장 ┃ 대통령 직속 미래기획위원회 민간 위원 ┃ 국가정보화전략위원회 위원 ┃ 서울대 융합과학기술대학원 원장 ┃ 저서 『CEO 안철수, 영혼이 있는 승부』 『CEO 안철수, 지금 우리에게 필요한 것은』 등

"안철수는 우리 시대 보석 같은 존재다. 보석같이 투명하고 보석같이 빛이 난다. 바람 불어도 흔들림이 없고, 눈비가 와도 변색하지 않는다. 앞으로 놓고 보아도, 뒤집어놓고 보아도 흠집이라곤 찾을 수 없다. 보석 중에서도 진기한 보석, 그가 바로 안철수다."(「주간경향」, 2009년 10월 13일)

언론이 유명인사를 이처럼 직설적으로 호평하는 것은 위험천만한 일이다. 고결한 사람으로 기술(記述)했다가 나중에 비리가 드러나면 망신스럽기 짝이 없다. 그런데 안철수에 관한 인물 탐구형 기사를 쓰는 언론은 이런 위험을 기꺼이 무릅써왔다. 위험도가 제로에 가깝다고 보았기 때문이다. 적어도 그가 정치인으로 변신할 조짐을 보이기 전까지는 그랬다.

시골의사 박경철은 안철수를 청춘 콘서트에서 만나기 훨씬 전 어느 신문사 요청으로 인터뷰한 뒤 이렇게 적었다.

"정돈되고 정갈하며 투명한 사람, 이 이상의 상찬을 못하는 것이 아쉬울 만큼 그는 인격적으로 인터뷰어를 매료시켰다."

다른 한 인터뷰어는 "그는 현실의 엄친아였다. 심지가 곧았고, 품성이 뒷받침됐으며, 콘텐츠가 있었다. 심지어 겸손했고, 인간적인 매력까지 갖췄다"고 썼다. '엄마 친구의 아들', 즉 공부 잘하고 착하고 매너도 좋은 완벽한 남자라는 말이다.

안철수가 TV 예능 프로그램 「무릎팍도사」에 나와 자신의 인생 역정을 이야기하자 시청자들은 "이런 사람이 지도자가 돼야 한다", "안철수를 대선 후보로 밀자"고 아우성을 쳤다. 아무도 현실성이 있다고 보지는 않았다. 그런데 어느 날 갑자기 그의 정치 참여, 대선 출마가 말이 아닌 실제 상황으로 전개되면서 얘기는 달라졌다. 언론은 중립적이고 신중한 태도를 취하기 시작했다. 하지만 부정적 보도는 좀처럼 나오지 않는다. 아무리 털어도 먼지 안 나오는 보석이기 때문일까.

안철수와 세 번의 인터뷰를 하면서 가장 고민한 부분은 다름아닌 그의 바른 생활 이미지였다. 그의 말과 생각이 너무나 교과서적이어서 활자로 나타냈을 때 읽는 이에게 흥미와 감동이 제대로 전달될지 걱정스러웠기 때문이다. 첫 번째 인터뷰는 2009년 10월, 두 번째는 그로부터 1년 뒤인 2010년 10월, 세 번째는 2011년 7월에 있었다. 이렇게 3년에 걸친 만남에서 가장 인상적인 것은 그의 말의 일관성이다.

"누가 저보고 항상 똑같은 말을 한다며 발전이 없다고 해요. 과거와 다른 말을 하지 않는 게 신기하다는 겁니다. 하지만 자기 정리가 돼 있으면 같은 말이 나올 수밖에 없지 않겠어요?"

2009년 첫 인터뷰 때 그가 한 말이다.

보통 사람들은 여기서는 이 말, 저기서는 저 말을 내뱉기 십상이다. 시류에 따라, 상황에 따라 말을 바꾸다 보면 어느 자리에서 무어라 말했는지 스스로 기억하지 못하는 경우도 적지 않다. 하지만 안철수는 언론 인터뷰나 강연, 또는 책에서도 같은 상황을 설명할 때 언제나 같은 말을 한다. 얼핏 생각하면 굉장히 쉬운 것 같지만 인터뷰를 많이 하는 유명인사들에게는 굉장히 어려운 일이다.

이종탁 늘 그렇게 정리하고 삽니까?

안철수 제가 의사의 길을 접을 때 고민을 많이 했어요. 그러면서 내 모습을 관찰할 기회를 가졌습니다. 그때 느낀 게 내가 나 자신에 대해서도 잘 모르고 산다는 것이었어요. 내 인생에서 성공이란 무슨 의미인지, 무엇이 만족스러운 삶인지 찬찬히 생각하게 됐어요. 그러니까 생각이 정리되더군요. 그 뒤부터는 변함이 없어요.

안철수가 늘 생각을 정리하고 산다는 점을 유의해서 볼 필요가 있겠다. 그가 정치 참여 여부를 놓고 오랫동안 고민하는 것으로 비춰지자 "우유부단하다", "너무 잰다" 또는 "손에 물 안 묻히고 무임승차하려한다"는 등의 비난이 일각에서 나왔다. 그를 모르고 하는 말들이다. 생각이 정리되지 않으면 정리될 때까지 장고하는 게 안철수 방식이다.

그가 낮에는 의대 교수, 밤에는 컴퓨터 백신 개발자 생활을 7년간 하다가 의대 교수직을 포기할 때 6개월간 고민한 적이 있다. 바둑 배울 때는 바둑 책을 50여 권 사서 읽고 난 뒤 비로소 바둑돌을 잡았다고 한다. 운전면허 시험을 볼 때는 문제집을 대강 풀어보는 정도가 아니라 교재를 다 외운 다음 응시해 필기 만점을 받았고, 운전대를 잡을 때는 먼저 지도를 보고 길을 익히고 주차장 위치까지 확인한 뒤 시동을 거는 사람이 안철수다. 스스로 "나는 무척 꼼꼼한 사람이어서 문제를 대할 때마다 개론에서 출발해 각론을 섭렵한 후 핵심에 다가서는 스타일"이라고 말한다. 다른 사람이 '고민 중'이라고 하면 속마음은 정해놓고 주위를 떠보기 위한 제스처일 경우가 많지만 안철수의 '고민 중'은 말 그대로 정리되지 않았다는 뜻이다. 그의 남다른 삶의 선택방식을 좀 더 들어보자.

이종탁　성공의 개념은 무엇이라고 보나요?

안철수　세상에서 성공이라고 하면 부, 지위, 명예 같은 것을 얘기하잖아요. 저는 사람마다 환경이 다르고 생각이 다른데 이런 것을 공통적으로 적용할 수는 없다고 봅니다. 사람마다 성공의 개념이 달라야 한다는 거죠.

이종탁　그럼 교수님의 성공은 어떤 것입니까.

안철수　삶의 흔적을 남기는 것입니다. 크로마뇽인이 그린 벽화를 후대 사람들이 보고 '아, 그때 누군가 살아 있었구나' 하고 알게 되듯이 나(我)라는 존재가 있는 것과 없는 것의 차이를 만들었으면 좋겠다는 게 제 바람입니다. 책을 써서 남기는 것도 흔적이고요, 나의 말과 행동으로 누군가의 생각이나 사회 제도가 바뀐다면 그것도 좋은 흔적이라고 생각합니다. 저는 이것을 영어로 메이크 어 디퍼런스(make a difference)라고 합니다.

이종탁　의사 생활을 계속했어도 흔적은 남길 수 있었을 것 아닙니까. 컴퓨터 백신 전문가로, 또 대학교수로 변신한 이유는 무엇인가요?

안철수　흔적은 결과를 말하는데 저는 결과 지향적인 사람이 아닙니다. 제가 기독교 신자는 아니지만 결과는 하늘이 주는 것이라 생각합니다. 사람은 모든 변수를 포함해 결과의 가능성을 높이기 위해 노력하는 존재예요. 직업을 바꾸게 된 것은 새로운 일이 더 의미 있고, 재미있으며 잘할 수 있을 것이란 생각 때문이었어요. 그 분야에서 흔적을 남기는 게 최선의 선택인 거죠.

이 대답이 안철수의 도전과 변신을 이해하는 데 핵심이다. 그는

안철수

2010년 3월 서울대 관악 초청 강연에서도 같은 말을 반복한다.

"어떤 선택을 하면 내가 정말 의미를 느낄 수 있고, 재미있게 임할 수 있고 잘할 수 있는지 그것만 보는 게 맞다고 생각했어요. 그런 관점에서 생각해보니까, 의대 교수 일도 저한테는 의미 있는 일이었고 재밌게 할 수 있고 나름대로 잘할 수 있는 일이었어요. 하지만 컴퓨터 바이러스 백신 만드는 사람은 우리나라에서 저 혼자였거든요. 그러면 의미가 더 크죠. 재미로 따져도 더 재미있었던 것 같고요. 그런 식으로 생각을 하니까 마음 정리가 되었어요."
(안철수, 『안철수 경영의 원칙』, 21쪽)

결국 어떤 일이 의미 있고 재미있으며 잘할 수 있느냐, 그래서 인간 안철수의 흔적을 남길 수 있느냐 하는 점이 중요하다. 이에 대한 생각이 정리되면 그는 설령 그것이 손해 보는 길이라 해도 마다하지 않고 선택한다. 20년 공부한 의학도의 길을 버릴 때도 그랬고, 컴퓨터 프로그래밍을 1만 시간 이상 하다가 회사를 차릴 때도 그랬다. 회사 최고경영자(CEO) 생활을 10년 정도 해 자리 잡을 때쯤 미국 유학을 떠났고, 돌아와 카이스트를 거쳐 서울대 교수로 변신할 때도 마찬가지다. 안정된 자리를 버리고 앞날이 불투명한 새로운 영역에 도전할 때 리스크는 있게 마련이지만 변신의 요건에 부합한다는 판단이 서면 결심에 흔들림이 없다.

이런 소신이 확고하기 때문에 앞으로 또 무얼 할 것이냐는 질문에 대한 그의 대답은 언제나 같다. "계획이 없다"는 것이다.

2011년 8월 인터뷰에서 그는 이렇게 말한다.

"저는 미래 계획은 안 세웁니다. 그냥 현재를 열심히 살면 그다음 선택이 나에게 주어지더라고요. 재미있는 게 제가 카이스트에서 기업에 대해 이야기하니까 어떤 분이 '학교에만 있어서 현실을 모른다'고 해요. 내가 10년간 사장을 하면서 은행 가서 어음 깡하고 다닌 걸 모르는 거예요. 한편으로는 다른 사람이 나를 오인할 정도로 내가 교수로서 인정받은 게 아닌가 하는 생각도 듭니다. 그런 게 현재를 충실하게 산 결과이자 보람이죠."

2010년 10월 인터뷰 때 미래 계획과 관련한 문답은 이렇다.

이종탁   어느 강연 자리에서 정계 진출과 관련한 질문에 앨 고어 (전 미국 부통령)의 말이라며 '네버 세이 네버(Never say never)라고 답하는 걸 보았습니다. 종전에는 절대 No라고 했는데 이제 가능성을 열어두는 쪽으로 바뀐 건가요?

안철수   그건 아닙니다. 영어가 단어 몇 개로 핵심을 말하는 수가 있어 인용해본 것뿐입니다. 다만 몇 년 뒤 내가 무엇을 하게 될지 앞일은 나도 모른다는 의미는 담겨 있습니다.

2009년 10월의 인터뷰에선 이렇게 이야기했다.

이종탁   정부에서 하는 일이 답답하게 느껴질 때 내 손으로 해보고 싶다는 생각은 들지 않습니까.

안철수   내가 한다고 잘할 수 있을 것이란 확신이나 자신이 없습니다. 성공 확률이 낮다고 보는 거죠. 그러니 예나 지금이나 그런 마음은 먹지 않습니다.

이종탁   이제 잠재적 대권 후보가 됐잖아요. 일본의 하토야마 전

안철수

총리나 중국의 후진타오 주석처럼 우리도 이공계 출신 정치 지도자가 필요하다고 생각하지 않습니까.

안철수 저에게 대권 운운하는 것은 조금도 기분 좋은 말이 아닙니다. 황당한 얘기죠. 많은 사람이 '듣보잡'이라고 할 거예요.

듣보잡은 '듣도 보도 못한 잡놈'이라는 뜻으로 인터넷상에서 쓰이는 속어다. 바른 생활 사나이에게서 이런 속어가 자연스럽게 나온다는 게 신기하지만, 어쨌든 분명한 것은 그가 오세훈 서울시장의 사퇴로 보궐선거가 공지되기 직전까지 정치 참여를 검토하지 않았다는 점, 그러면서도 앞일은 미지의 여백으로 남겨두었다는 사실을 확인할 수 있다.

서울시장 선거를 계기로 현실 가능한 대선 후보로 떠올랐지만 그전까지 안철수는 '한국의 빌 게이츠', '한국의 스티브 잡스'라 불리는 IT 전문가였다. 과학기술인이 꼽은 한국에서 가장 성공한 과학기술인이자, IT 미디어 분야에서 가장 영향력 있는 인물이었다. 지금 전 세계 변화의 아이콘이 돼 있는 SNS(소셜네트워크서비스)의 위력을 국내에서 가장 먼저 예견한 이도 그다. 이에 대한 궁금증부터 풀어보자.

이종탁 TGIF(트위터, 구글, 인터넷, 페이스북)를 글로벌 흐름이라고 합니다. 교수님은 이 서비스를 얼마나 이용하는지요.

안철수 저는 트위터를 일찍부터 이용해왔습니다. 한국 내 순서로 따지면 아마 손가락으로 꼽힐 겁니다. 구글은 물론 아이폰, 페이스북 다 쓰고 있죠. 갤럭시S도 씁니다. 음성통화는 하지 않고 앱(어플리케이션)만 사용합니다. 말로 듣는 것과 직접 사용해보는 것은 많이 다르니까요. 아무래도 써봐야 이해가 빠르고 아이디어도 나오거든요.

그러나 트위터에서 안철수를 찾을 수는 없다. 그의 이름이 트위터에 떠도는 순간 많은 팔로어가 붙을 테지만 그는 익명으로 트위터를 한다. 한때 「주간경향」이 안철수의 트위터 계정을 찾아내 보도하자 곧바로 삭제해버린 적도 있다. 유명인사들이 팔로어 숫자에 신경 쓰면서 은근히 숫자 늘리기 경쟁을 하는 것과는 딴판이다.

이종탁   익명으로 하는 이유는 뭔가요.

안철수   트위터는 자기가 남에게 하고 싶은 이야기를 하는 거잖아요. 저는 그동안 강연 같은 것을 많이 해서 더 이상 드릴 말이 없어요. 팔로어가 생기면 지속적으로 관리할 자신도 없고요. 제가 여러 가지를 동시에 잘하기보다 하나에 집중해서 하고, 어느 정도 되면 다음 것으로 넘어가는 스타일이에요.

이종탁   익명이라 해도 누군가를 팔로할 것 아닙니까.

안철수   주로 단체를 팔로합니다. 테크크런치(미국의 IT 전문 뉴스 블로그)나 뉴욕타임스 같은 매체를 팔로하고요, 사람으로는 토머스 프리드먼(『뉴욕타임스』 칼럼니스트), 말콤 글래드웰(『아웃라이어』 저자), 존 그리샴(소설가), 존 도어(벤처캐피털리스트) 같은 분을 팔로합니다. 한국인으로는 안철수연구소의 김홍선 대표, 시골의사 박경철 씨 등이 있습니다.

이종탁   페이스북도 익명으로 하나요.

안철수

안철수 아뇨. 그건 실명으로 합니다. 얼굴 사진을 쓰지는 않지만 캐리커처를 넣고 제 경력도 적었어요.

이종탁 그럼 친구하자는 요청이 쏟아질 텐데 어떻게 하나요. 저만 해도 모르는 사람의 친구 요청을 받고 갈등한 적이 있거든요. 수락하자니 내키지 않고 거절하자니 예의가 아닌 것 같고 해서 말입니다.

안철수 저는 페이스북을 인맥 관리용으로 사용합니다. 그래서 오프라인에서 만난 사람이 아니면 친구 요청을 사양합니다. 온라인에서는 친구라는 단어를 남발하는 경향이 있는데 제 상식과는 안 맞는 것 같아요. 저는 모르는 사람의 친구 요청이 오면 "예전에 저랑 만난 적이 있는지요?" 하고 메일을 보냅니다. 혹시 내가 기억을 못할 수도 있으니까요. 그런데 그 메일을 보내는 걸로 대개 정리되더라고요.

이제는 온 국민이 아는 그의 내성적 성격이 여기서 또 한 번 드러난다. 여러 사람과 어울려 재잘거리거나 떠벌리는 것을 천성적으로 못하는 성격이니 파워 트위터리안이 되기에는 애초부터 부적합하다.

어릴 때부터 그는 낯가림이 심했다. 남 앞에 잘 나서지 못했고, 친구들과 잘 사귀지 못했다. 학교에서 말 한마디 하지 않고 있다가 집으로 돌아올 때도 있었다. 유난히 흰 얼굴 때문에 놀림을 받기도 해 다른 사람과 눈이 마주치지 않으려고 땅만 보고 걸어다닌 적도 있었다.

그가 좋아한 것은 혼자서 할 수 있는 것, 즉 책 읽기였다. 학교

도서관의 책을 섭렵했고 삼중당 문고를 몽땅 읽었다. 사람들과 부대끼는 것보다 소설을 읽으며 등장인물이 어떤 사건에 어떻게 반응하는지 상상하는 것에 더 재미를 느끼곤 했다.

독서 외에 좋아한 것은 혼자서 영화 보기였다. 한국 영화에서부터 할리우드 영화, 홍콩 영화까지 고등학교 3학년 때도 영화관에 다니면서 가상의 세계에 빠져들곤 했다. 훗날 그가 여러 개의 직업을 바꿔가며 할 수 있었던 것은 이런 간접체험으로 다져진 내면의 공력 덕분일 것이다.

내성적인 성격이라고 해서 사람들과의 관계를 가볍게 보는 것은 물론 아니다. 오히려 그는 사람을 신뢰하고 사람들로부터 신뢰받는 것을 무엇보다 소중하게 여긴다. 그의 어머니가 그에게 존댓말을 했듯이 그 역시 나이 어린 직원에게도 반말을 하지 않는다. 이런 관계를 그는 '수평적 리더십'이라고 표현한다.

"요즘 젊은이들은 수직적 리더십에 식상해 수평적 리더십을 원하는 것 같습니다. 하지만 어느 것이 절대 우위에 있다고 볼 수는 없습니다. 상황에 따라 정답이 다르겠죠. 상호 보완적 관계라고 봐야 할 것입니다."

수평적 리더십에서 가장 중요한 게 옆 사람이 무슨 생각을 하는지 알아차리는 것이다. 여기에 SNS만큼 유효한 것은 없다. 우리나라 국민 열에 아홉은 SNS라는 단어를 몰랐던 2010년 10월, 그가 "SNS는 사회를 바꿔가는 추동력이 될 것"이라고 자신 있게 예견한 것은 결코 우연이 아니다.

"현재 인터넷 영향력으로 치면 구글이 1위입니다. 검색 기능 때문이죠. 하지만 근래 들어 페이스북이 사용 시간 면에서 구글을

안철수

누가 저보고 항상 똑같은 말을 한다며 발전이 없다고 해요.
과거와 다른 말을 하지 않는 게 신기하다는 겁니다. 하지만
자기 정리가 돼 있으면 같은 말이 나올 수밖에 없지 않겠어요?

앞질렀습니다. 구글에는 잠시 접속해 검색만 하고 빠져나가지만 페이스북에서는 오래 놀기 때문이죠. 조만간 사용자 수에서도 페이스북이 구글을 능가하게 될 것입니다. 페이스북이 인터넷의 최강자가 된다는 것은 큰 의미가 있습니다. 얼마 전까지 상상도 못하던 일이 기정사실이 됐거든요. 사람은 사회적 동물이어서 SNS는 갈수록 강화되고 규모가 커질 것입니다. 정보가 곧 권력인 시대, 정보를 가진 개인이 사회 각 분야에 참여하면서 강력한 힘을 갖게 됩니다. 개인이 사회 구조를 바꿀 수 있는 토대가 되는 거죠."

말머리가 IT 쪽으로 흐르자 인터뷰 분위기는 사뭇 달라진다. 음성이 높아지거나 낮아지는 식의 감정 기복은 여전히 없다. 하지만 머릿속에 정리돼 있는 주제여서 그런지 말의 속도가 다소 빨라지고 자신감이 넘쳐난다. 설명이 실타래 풀리듯 술술 풀려나간다.

이종탁 지금의 변화 양상에 역사적 의미를 부여할 수 있다는 말이군요.

안철수 그렇죠. 테크크런치 뉴스를 보고 있으면 요즘이 90년대 말 인터넷이 하루가 다르게 발전하던 때와 비슷하다는 느낌을 받습니다. 모바일 커머스가 SNS와 결합하면서 엄청나게 많은 아이디어들이 생성되고, 또 빨리 움직이고 있어요. 눈이 돌아갈 지경입니다. 제2의 IT 혁명기라고 부를 만합니다.

이종탁 그 때문에 부담을 느끼는 사람도 있어요. 스마트폰이 나오면서 퇴근 후, 심지어 휴가 중에도 이메일을 체크하고 업무를 보아야 하는 구조로 바뀌었다는 겁니다. 이른바 모바일 스트레스라고 하는데요.

안철수 휴대전화가 처음 나왔을 때도 목에 줄을 매단 꼴이 됐다고 불평하는 말이 나오지 않았습니까. 스마트폰이 업무 시간과 휴식 시간의 구분을 불분명하게 만들어주는 측면이 있긴 하지만 그건 저항하고 불평할 게 아니라 자투리 시간을 활용할 수 있게 됐다고 적극적으로 생각하는 게 좋을 것 같습니다.

이종탁 TGIF는 모두 영어, 그러니까 미국에서 시작한 서비스입니다. IT 변화의 흐름에 우리는 왜 둔감했던 건가요.

안철수 대기업의 기득권 보호가 지나쳤기 때문입니다. 만약 아이폰을 일찍 들여왔으면 우리 기업이 그에 맞서는 제품을 더 일찍 만들어냈을 텐데 늦었어요. 기득권에 대한 과보호가 기득권 스스로에게 독이 된 거죠.

여기서 '기득권 과보호'라는 말은 그의 문제의식을 따라잡는 데 중요한 핵심 포인트다. 우리나라 경제 구조가 지나치게 대기업 중심이어서 심각한 부작용을 가져오고 있다는 게 그의 현실 인식이다. 대기업에 납품하는 중소기업이 삼성 동물원, LG 동물원 같은 동물원에 갇혀 죽을 때까지 벗어나지 못한다고 하는 신랄한 비판이 그것이다.

이종탁 이명박 정부의 '비즈니스 프렌들리' 정책이 그 구조를 심화시킨 것 아닙니까.

안철수 정부 출범 때 제가 시장 친화적 정책이나 규제 철폐 그 자체는 좋지만 규제만 철폐하고 감시 기능을 강화하지 않으면 불법적 약탈 행위를 방조하는 결과가 될 것이라고 말했어요. 축구에서 룰이 많으면 선수들이 기량을 발휘하지 못하니까 룰은 단순화하되 심판의 감시 기능은 강화하자는 거였습니다. 그런데 대기업에 특혜만 주고 그냥 놔두는 바람에 양극화만 심해졌습니다.

이종탁 계층 양극화에 이어 기업 양극화까지 문제가 심각하다는 말씀이네요.

안철수 역사적으로 보면 기득권이 과보호되어 권력층이 부패하고, 양극화가 심화되면서 계층 간 이동이 단절됐을 때 거의 예외 없이 나라가 망합니다. 기득권은 그걸 깨닫지 못하죠. 프랑스 혁명 당일에도 베르사유 궁전에서 무도회가 열렸잖아요. 이대로 놔두면 공멸하는 길밖에 없습니다.

안철수 입에서 망국(亡國), 공멸(共滅) 같은 언사가 거침없이 나온다는 게 기득권 세력들에게 충격적일지 모르겠다. 그러나 그의 대기업 비판은 어제 오늘의 이야기가 아니다. 몇 년 전부터 기회 있을 때마다 되풀이했지만 기득권 세력의 눈과 귀에 보호막이 씌워져 있어 보지 못하고 듣지 못했을 따름이다.

이종탁 현실 비판을 강하게 해도 교수님을 정면으로 공격하는 사람은 거의 없습니다. 오히려 강연에 초청하거나 자기편으로 영입하려고 합니다.

안철수 사실 굉장히 불편해하는 사람이 많을 겁니다. 제 느낌이 어떠냐면, 벌판에 초식동물이 나와 있는데 보는 눈이 너무 많아서 못 잡아먹고 있는 것 같아요.(웃음) 저는 사실 그렇게 강성도 아니고 좌파 우파 이념 논쟁에 빠진 사람도 아닙니다. 상식과 비상식, 이게 저에게는 제일 큰 잣대거든요.

자신을 '벌판의 초식동물'에, 재벌로 대표되는 기득권 세력을 '국민 눈치 보느라 잡아먹지 못하는 맹수'에 비유하는 어법이 기발하다. 그가 무얼 말하고자 하는지 머릿속에 한 폭의 그림처럼 들어온다. 상식과 비상식, 이 또한 어디서 많이 들어본 말이다. 그가 박원순 서울시장의 당선에 대해 '상식의 승리'라고 하자 일부 보수 진영에서 "그럼 나경원 후보를 찍은 사람은 비상식이란 말이냐"는 해괴한 논리로 공세를 퍼부어 잊을 수 없게 만든 바로 그 표현이다.

안철수 화법의 장점은 이렇게 평범한 언어로 비범한 의미를 만들어내는 데 있다. 누구나 알고 쓰는 대중의 어휘로 대중이 좀처럼 깨닫지 못하는 핵심적 가치를 짚어낸다.

"다른 사람과 비교하는 것은 큰 의미가 없다. 진정한 비교 대상은 외부가 아니라 어제의 나와 오늘의 나 사이에 있다."

"인생의 본질은 좋은 시기가 아니라 어려운 시기에 있다."

"현대의 인재는 좋은 답을 구하는 사람이 아니라 좋은 질문을 하는 사람이다."

대화나 강연 중간 중간에 이런 의미 있는 표현들을 자연스럽게 구사한다.

그가 특히 잘하는 것은 몰입과 집중이다. 집중을 하면 천둥이 쳐도 안 들린다는 말이 그에겐 과장이 아니라 사실이다. 그 스스로 "사람이 저마다 장점을 지니고 있는 존재라는 점에서 내가 유일하게 자신 있어 하는 부분이 있다면 집중력"이라고 말할 정도다.

어렸을 때 그는 "새는 알을 품어 새끼를 낳는다"는 말을 듣고는 부엌의 메추리알을 가슴에 품고 잠들었다가 이불만 더럽힌 적이 있다. 이를 회고하면서 안철수는 "꿈이 박살났다"고 농담을 했는데, 사실은 발명왕 에디슨의 어린 시절을 연상케 하는 일화다.

의과대학 다닐 때 겨우 몇 분간 책을 보았다고 생각했는데 시계를 보니 서너 시간이 훌쩍 지나 있어 놀란 적이 한두 번이 아니다. 의대 교수 때 매일 새벽 3시에 일어나 세 시간 동안 컴퓨터에 집중하다가 출근하는 생활을 7년간 계속한 것은 유명한 이야기다. 군에 갈 때 그 흔한 송별회는커녕 입대하는 날 새벽까지 바이러스와 씨름하는 바람에 가족들에게 입대 사실을 제대로 알리지도 못했다는 에피소드도 전해진다. 부인 김미경 서울대 교수는 "허둥지둥 지하철 타고 서울역으로 달려가기에 기차 태워 보내고 혼자 돌아오는데 무지 섭섭했다"며 "한번 몰두하기 시작하면 다른 생각을 못하는 사람"이라고 말한다. (「조선일보」, 2011년 8월 20일)

집중력이 뛰어난 사람은 대개 머리가 좋다. 안철수가 아무리 "나는 천재가 아니다"라고 부인해도 우수한 두뇌의 소유자임은 의심할 여지가 없다. 부산에서 병원을 하는 아버지가 서울대 의대 29년 선배, 그러니까 부자 동문이라는 점도 남들의 부러움을 사기에 충분한 조건이다.

하지만 안철수의 학교 성적은 초등학교 때 반에서 중간 정도에 불과했다. 1등을 한 것은 고등학교 3학년이 되어서였다. 다만 그 후 성적이 한 번도 떨어지지 않고 올라가기만 한 걸 보면 공부에서도 그는 대기만성형이라는 사실을 보여준다.

안철수

의대 대학원 다닐 때, 그는 일본의 수학자 히로나카 헤이스케의 자전적 수필집『학문의 즐거움』에서 평생 간직할 좌우명을 발견했다고 한다.

"어떤 문제에 부딪히면 나는 미리 남보다 시간을 두세 곱절 투자할 각오를 한다. 그것이야말로 평범한 두뇌를 지닌 내가 할 수 있는 유일한 방법이다."

미국 펜실베이니아 대학에서 경영학을 공부할 때 이 '곱절 노력'의 좌우명은 그대로 실천에 옮겨진다. 당시 그는 안철수연구소 CEO 직책을 그대로 유지하고 있어 회사 업무를 이메일로 보고받아 처리하면서 수업을 듣는 처지였다.

"출석부를 보니 제가 1번이었어요. 왜냐고 물었더니 알파벳 순이래요. 성이 A로 시작하고 이름이 C로 시작하니까.(웃음) 제가 특히 무서워했던 마케팅 교수님이 계시는데 항상 저부터 시키는 거예요. 미국에서는 수업 전날 읽을 교재를 100페이지 정도 주고 그것을 읽고 와서 토론하는 방식으로 진행돼요. 당시 제 영어 실력으로는 아무리 잘해도 한 시간에 열 페이지 넘게 읽기가 힘들었어요. 그러니까 100페이지를 읽으려면 열 시간이 필요한데 그러려면 밤을 새워야 되더라고요. 안 읽고 들어가면 거의 비인간적으로 창피를 당하기 때문에 그럴 용기는 없었고, 결국 이틀에 한 번 밤을 새워야 했죠."(『안철수 경영의 원칙』, 30쪽)

그의 표현에 따르면 '죽고 싶을 정도로 힘들었던' 유학 생활 2년이 끝나가던 무렵인 1997년 6월, 그 유명한 '맥아피의 제의'가 들어온다. 맥아피(McAfee)는 당시 세계 최대의 컴퓨터 바이러스 백신 회사였다. 맥아피의 빌 라슨 회장이 안철수를 실리콘밸리에 있는 본사로 초청하더니 뜻밖의 제의를 했다.

"V3를 우리에게 파시오. 당신 회사를 인수하는 조건으로 1000만 달러를 주겠소."

1000만 달러, 우리 돈 약 120억 원이라는 금액도 상상 이상인데다. 당시 안철수연구소의 재정난을 생각하면 달콤한 유혹이 아닐 수 없었다. 하지만 안철수는 일말의 갈등도 없이 거절했다. 그 이유를 훗날 이렇게 설명했다.

"상업적 이익만을 따지는 외국 기업에 회사를 팔면 우리나라 고객 모두가 피해를 봅니다. 우리 회사 직원들은 쫓겨나고 고객은 백신을 사는 데 비싼 돈을 지불해야 할 것입니다. 저에게는 돈보다 인간관계, 성취 욕구 등이 훨씬 중요했습니다."

만약 그때 1000만 달러에 눈이 멀어 회사를 팔았다면 오늘날의 안철수는 없다. 어떤 일이 있어도 흔들리지 않고 신뢰와 원칙을 지킨다는 안철수 브랜드의 진가가 맥아피 때문에 드러난 것이다.

이 이야기의 전파 경로를 더듬어보는 것도 의미가 있다. 안철수는 맥아피의 제의를 거절한 지 얼마 지나지 않아 귀국했고, 직원들에게 내막을 상세히 얘기하지 않았기 때문에 국내에선 아무도 모르는 상태였다. 그런데 서울의 한 기자가 미국에 출장을 갔다가 안철수가 맥아피의 제의를 거절하는 현장에 함께 있었던 삼성 SDS 사람을 만나 여담으로 듣고 기사로 쓰면서 알려지게 됐다. 이 사실이 화제가 되면서 안철수는 일개 기업 경영자에서 지도자급 인사로 국민들 사이에 인식되기 시작했으니, '1000만 달러 유혹의 물리침'은 그의 인생에서 성공으로 가는 결정적 터닝포인트가 된 셈이다. 인생의 본질은 좋은 시기가 아니라 어려운 시기에 있다는

안철수

그의 말이 다름 아닌 자신에게 꼭 들어맞는 예화가 된 것이다.

그 후 안철수의 행보는 '착한 성공'의 연속이다. 안철수연구소 창립 10주년이 되던 2005년, 주식 일부를 직원들에게 무상으로 나눠주면서 홀연히 사장 자리에서 물러난 것이나, 2011년 자신의 보유주식 절반을 사회에 기부해 재단을 만든 것은 그 성공의 결실에 다름 아니다.

성공은 노력을 수반하고, 노력은 인내를 수반한다. 놀고 싶은 욕망을 억누르고 정진해야 한다. 이는 누구에게나 변함없이 적용되는 보편적 공식이다. 그러나 안철수의 착한 성공은 여기서 한 가지 요소가 다르다. 욕망을 억누를 필요가 없다. 그는 평생 술 안 마시고 골프 안 치고 저녁 약속도 거의 하지 않는데, 그게 그에게는 욕망의 절제가 아니라 욕망대로의 삶이다.

"저는 늘 하고 싶은 대로 하고 살았어요. 참고 살거나 주위 시선을 의식했다면 이렇게 오랫동안 버틸 수 없었겠지요."

윤리적 인간의 전형이 있다면 그게 안철수 아닐까. 보면 볼수록 존경심이 우러나오지만 보통 사람은 흉내 낼 수도, 감당할 수도 없는 삶이다.

조 ⁄ 국

약력

1965년 부산 출생 ┃ 서울대 법대 및 동 대학원 ┃ 미 버클리대 박사 ┃ 울산대 교수 ┃ 동국대 교수 ┃ 서울대 교수 ┃ 참여연대 사법감시센터 소장 ┃ 참여연대 운영위원회 부위원장 ┃ 국가인권위원회 인권위원 ┃ 저서 『진보집권플랜』, 『조국, 대한민국에 고한다』, 『성찰하는 진보』, 『양심과 사상의 자유를 위하여』, 『위법수집증거배제법칙』, 『형사법의 성편향』 등 외모가 빼어난 연기자나 가수, 운동선수들이 인터뷰할 때 빼놓지 않고 하는 말이 있다.

"실력으로 승부할래요."

드라마나 영화, 노래, 혹은 운동경기 그 자체를 보고 평가하기보다 주인공의 외모에 더 관심을 두는 팬들의 성화를 지적하는 말이다. 겉치레로 하는 말처럼 들릴지 모르지만 그들 입장에서 보면 타고난 신체가 아니라 땀 흘려 이룬 성과로 인정받고 싶어하는 것은 당연한 욕구다.

대학교수는 어떨까. 학문은 인기를 좇는 영역이 아니다. 학문의 세계에서 수려한 외모는 불리하게 작용할 때도 있다. 얼굴 잘생긴 학자, 탤런트 같은 교수를 상상해본 적이 있는가. 영화 속의 멋있는 학자는 작은 키에 커다란 뿔테 안경을 쓴, 뭔가 허술해 보이지만 놀라운 예지력을 가진 사람일 뿐 장동건 같은 외모의 소유자는 결코 아니다. 외모와 학문은 아무 상관관계가 없지만 전문성이 뛰어난 학자는 외모가 뛰어나지 않을 것이라는 막연한 선입견이 우리 머릿속에 들어 있다. 조국 서울대 교수가 자신의 외모에 대해 '부담스럽다'고 하는 것은 그런 점에서 충분히 이해할 만하다.

조국이 트위터를 막 시작했을 때 일어난 에피소드다. 작가 공지영이 조국의 트위터 입성을 환영하면서 "제가 떤 사람이 안성기 씨 다음으로 조국 샘인데… 에잇 잘생긴 남자에게 떨어야 하는 더러운 세상"이라는 장난 글을 올렸다. 이에 『불멸의 신성가족』의 저자이자 경북대 교수인 김두식이 "헉, 공샘까지 이러시면 곤란하죠"라며 "며칠 전 인권위 친구가 '조국 교수님은 자기 외모가 오히려 부담이라고 해요' 하기에 제가 그랬어요. '차라리 이재용 씨 보고 아버지 돈이 부담이라고 해'라고요" 하고 응답했다. 절친한 사람들끼리 격의 없이 나누는 농담이지만 조국의 '미남본색'을 새삼 상기시켜준 일이다.

본인이 결코 유쾌해하지 않을 외모 이야기를 이처럼 꽤나 장황하게 늘어놓는 것은 그와 대면하는 순간 받은 첫 느낌 때문이다. 언젠가 그가 연구실 문을 박차고 나가 대중 앞에 선다면 외모에서 주는 이미지만으로도 뜨거운 바람을 일으킬 것 같다는 예감이 들어서다. 그를 만나서 던진 첫 질문은 그래서 몸(身)에 관한 것이다. 얼굴생김은 신문에 종종 실리는 사진으로 꽤 알려져 있지만 전신(全身)은 보기 어렵다. 사람들이 당연히 궁금해하지 않을까.

이종탁 실례지만 키가 얼마입니까.

조 국 181.5센티미터입니다. 이렇게 말하면 또 한 번 야유를 받을지 모르겠습니다. 키도 크다 이거지? 그래 너 잘났어 하는. 그렇다고 거짓말할 수도 없고. 대학 때부터 외모 얘기만 나오면 저는 뭐라 말해도 얻어터지게 돼 있습니다.(웃음)

이종탁 남들이 부러워하는 용모를 타고났잖아요. 부모님 유전자가 그런 모양이죠.

조 국 저의 증조할아버지 키가 8척이었어요. 아버지는 대학 다닐 때 별명이 네루였다고 합니다. 키는 저와 비슷하고, 코는 저보다 1.5배 크거든요.

이종탁 젊은 시절 여난(女難)이 많았겠습니다.

조 국 제가 대학 때 학생운동에 참여하고 있었는데요, 내 활동

조국

이나 생각에는 관심이 없고 외모에만 관심을 두는 여학생들이 적지 않았습니다. 운동권 내에서는 이를 부러워하면서 한편으론 놀리더라고요. 처음에는 가볍게 생각했는데 자꾸 반복되니까 힘들어집디다. 선배들이 저보고 '너는 너무 눈에 띄어 우리에게 피해를 준다'고 해요. 경찰의 검문검색에 걸리기 딱 좋다는 거예요. 또 제가 이국적이고 도회지 분위기여서 당시 활발하던 농활이나 빈민 활동에 안 어울린다는 겁니다. 귀족적으로 또는 부르주아적으로 생겼다 등등…… 그 때문에 스트레스를 많이 받았어요. 후배인 조광희 변호사는 제가 당시 외모 얘기만 나오면 비본질적인 것을 거론한다며 히스테리컬하다고 할 정도로 불편해했다고 회고하더군요. 나중에 받아들였습니다. 어떡하겠습니까. 성형수술을 할 수도 없잖아요.(웃음) 기왕 이럴 바엔 외모를 '활용'하자고 생각하게 됐죠.

이종탁 **외모를 '활용'한다는 게 무슨 뜻이죠?**

조 국 나의 외모만 보고 좋아하는 사람, 내가 쓴 글을 안 읽고 그냥 멋있다고 생각하는 사람에게도 내 생각을 전달하자는 거죠. 운동이라는 게 사회적 영향을 미치려고 하는 건데, 대중 민주주의에서는 대중의 변화가 가장 중요하거든요. 저와 아무 인연이 없지만 외모에 호감을 가진 대중들이 저의 말에 귀를 기울여 생각까지 바꾸게 된다면 좋은 일 아닙니까.

이렇게 듣고 보면 서울대 교수에게도 외모가 경쟁력이 되는 셈이다. 이는 조국이 자신의 정체성을 학자이면서 동시에 지식인으로 규정하고 있기에 가능한 일이다. 사회의 진보를 위해 참여하고 활동하는 게 지식인의 역할이자 도리라고 그는 믿는다. 교수, 특히 서울대 교수 중에서는 아주 드물게 트위터를 열심히 하는 것도 같은 이유에서다. 사회적 이슈가 있을 때 지식인으로서 필요한 목소리를 내 대중과 소통하는 것이다.

예를 들어 리영희 선생이 타계했을 때 "리 선생은 70~80년대 이성의 무기를 들고 수많은 우상과 싸우셨고, 그곳에서 피를 흘리셨다. 그는 나의, 우리 모두의 '사상의 은사'셨다"라는 글을 올렸다. 「PD수첩」사건이 2심 재판에서 무죄가 났을 때는 "언론보도에서 부분적 오류나 허위가 있다 하더라도 이를 형사 처벌해서는 안 된다는 것이 민주헌정국가 법 이론의 상식이자 기초, 이 점을 법원을 통해 확인하면서 안심해야 하는 현실이 법학자로서 안타깝다"는 글을 올렸다. 트위터 계정의 자기소개 글에 '학문과 앙가주망(사회참여)은 나의 운명'이라고 써놓은 바로 그대로 실천하고 있는 셈이다.

사안에 따라 정치에 직접 개입하는 것도 주저하지 않는다. 10·26 서울시장 보궐선거를 앞두고 야권 후보 단일화를 위한 장충체육관 경선이 있었을 때 박원순 지지를 공개적으로 선언한 것이나 4·11 총선 때 야권후보 지원유세에 나선 게 그 예다. 그는 트위터를 통해 젊은이들을 장충체육관으로 불러들였고, 이는 시민 후보 박원순이 제1야당 후보를 누르는 견인차가 됐다.

이종탁 학자가 굳이 공개적으로 특정 후보 지지 선언을 한 것은 무엇 때문입니까.

조 국 야권의 정치지형을 바꾸고 그 기세를 몰아 전체 정치판을 바꿔보고 싶어서죠. 박변(박원순 변호사)에 대한 개인적 신뢰

조국

가 있습니다. 또 진보개혁 진영 전체에 대한 바람이 있습니다. 정권 교체를 하는 데 민주당 없이는 안 되지만 민주당만으로는 한계가 있습니다. 민주당을 포함해서 통합수권정당이 만들어 져야 한다, 그러려면 서울시장 선거에선 민주당 후보가 아니라 시민 후보가 돼야 한다는 생각이었습니다.

이런 그의 정치 신념이 활자화되어 나온 책이 『진보집권플랜』 이다. 오마이뉴스 오연호 대표와의 대담을 정리하는 형식으로 된 이 책에서 그는 진보개혁 진영이 정권을 잡으려면 이러저러해야 한다는 전략 전술을 꽤 구체적으로 언급했다. 그 뒤에 나온 '지식 인 조국'의 정치 활동은 거의 모두 그 책의 연장선에 있다. 제목부 터 색깔이 선명한 이 책을 그는 어떻게 쓰게 됐을까.

"이명박 정부의 난폭 우회전을 보면서 진보인사들은 너나 할 것 없이 분노를 느끼죠. 다음번에는 꼭 권력을 가져와야 한다고 주먹 을 불끈 쥡니다. 그런데 생각만 그럴 뿐 현실에선 잘 안 될 것이라 는 비관과 냉소, 패배주의가 깔려 있었죠. 야권이 분열하고 분당 하면서 감정이 나빠졌기 때문입니다. 그래서 저는 정치인이 아니 라 평범한 사람들의 마음을 움직여보자는 생각을 하게 됐습니다. 촛불 집회에 한두 번 나왔거나, 나오고 싶었는데 이런저런 이유로 한 번도 못 나온 사람, 이런 사람들의 마음에 불을 질러보자는 것 이었습니다. 이들 사이에 우리가 힘을 내야 한다, 포기하지 말고 한번 해보자, 이런 바람이 불면 자연스레 정당으로 옮겨갈 것으로 생각했습니다."

그가 이 책을 준비하던 2010년 여름만 해도 야권의 전망은 결코 밝다고 할 수 없었다. 하지만 1년 뒤 박원순 서울시장이 압도적으로 당선되면서 여당이 초조해지고 야당이 느긋해지는 쪽으로 정치 환경이 크게 바뀌었다. 이 정치지형의 변화에 '보통 사람들의 마음에 불을 지른' 조국의 공로가 얼마나 되는지 정확히 측정하긴 어렵겠지만 적어도 무관하다고 할 수는 없을 것 같다. 『진보집권플랜』은 그 자체로 적지 않게 팔렸지만 출간 후 저자가 직접 전국을 돌면서 진보개혁 진영의 집권 필요성을 설파하는 일종의 정치 강연을 한 배경도 있다.

요즘 유행하는 북 콘서트 형식의 강연을 사실상 처음 시도한 사람이 다름 아닌 조국이다. 그는 "강연 요청이 오면 그 지역 정당과 시민사회단체가 공동 주최할 것을 요구하고, 그 조건만 충족되면 청중이 50명밖에 안 되어도 갔다"며 "직업 정치인은 아니지만 그런 활동을 통해 나의 메시지를 전하고 싶었다"고 말했다.

언제부턴가 우리는 대중적 인기인이 나타나면 그 사람 이름 뒤에 '현상'이라는 말을 붙인다. 안철수 현상, 박원순 현상, 거슬러 올라가 노무현 현상이 그것이다. 『진보집권플랜』 출간 이후 조국이 차기 대권주자로 부상하면서 '조국 현상'이라는 단어도 등장했다. 「나는 꼼수다」의 PD로 유명한 시사평론가 김용민은 『조국 현상을 말하다』라는 책을 내기도 했다. 연예인이나 정치인도 아닌 대학교수가 책 제목이 되어 연구 대상이 된 사례가 조국 말고 또 있을까. 그런 점에서 『진보집권플랜』 출간은 조국 인생에서 성공으로 가는 결정적 터닝포인트다.

이 책 출간 이전의 조국과 이후의 조국은 큰 차이가 있다. 출간 전 조국이 지식인 사회에서 주목받는 정도였다면 출간 후 조국은 일반 대중이 열광하는 '정치 스타' 대열에 올랐다. 그가 그 같은 성공 포인트를 기대하거나 예상해서 책을 펴냈다고 볼 수는 없다. 정치인으로의 변신을 결심하지 않은 만큼 '정치 스타'가 된 걸 두고 성공이라고 표현하는 것이 본인은 마뜩지 않을 수도 있다. 하지만 세상을 바꾸고자 하는 의지가 누구보다 강한 지식인으로서 '정치 스타'가 되었다는 것은 정치적 파워의 확대를 의미한다. 여론을 움직이고 대중을 동원하고 정치권에 영향력을 행사하는 데 이 파워는 크면 클수록 좋은 것이다.

그가 2012년 총선 또는 대선에 출마하지 않겠다는 의지를 분명히 하면서 조국 현상의 열기는 다소 식었지만 그의 독특한 이름 두 글자가 갖는 잠재력은 누구도 무시할 수 없다. 『조국 현상을 말하다』의 저자 김용민은 조국 현상이 꽃피는 시기를 2012년이 아니라 2017년으로 전망한 바 있다. 이에 대한 본인의 느낌, 육성을 들어보자.

이종탁 　조국이 보는 조국 현상, 어떻게 설명하시겠습니까.

조　국　(다소 쑥스러운 표정을 지으며) 추상적인 말로 하자면 '진보의 진보', 즉 진보의 가치, 의식, 문화가 외연을 확장해나가는 과정에서 발생한 일이라고 할 수 있겠죠. 진보의 유연화, 개방화 같은 거죠. 안철수 현상은 진보의 문제는 아니잖아요. 조국 현상은 우리 사회 범진보의 희망사항이 저를 통해 표출되고 인격화한 것이다, 이렇게 생각합니다.

이종탁 　그렇다면 조국 현상은 꺼져야 하는 게 아니라 널리 퍼져야겠네요.

조 국 　조국 현상의 의미가 제가 정의한 것처럼 '진보의 진보'라면 당연히 확장되어야 하죠. 그런데 저 개인의 출마와 관련한 문제라면 꺼져야 마땅합니다. 제가 출마할 생각이 있었다면 그 부분에 대해 조건절로 이야기했겠죠. 이러이러하면 어떻게 하겠다는 식으로요. 아니면 모호하게 하거나 또는 노코멘트하거나. 하지만 저는 조건절 없이 단문으로 이야기해왔거든요.

이종탁 　『진보집권플랜』에 보면 오연호 대표는 교수님에게서 권력의지를 보았다고 써놓았더군요. 그거 사실이 아닌가요.

조 국 　오 대표는 그렇게 보았을 수도 있겠죠. 하지만 권력의지라는 말의 정의가 좀 다른 것 같습니다. (음, 하며 조금 생각하다) 제가 매우 정치적이죠. 정치적 활동을 하고 있습니다. 과거에도 그랬고 지금도 그렇죠. 세상을 바꿔야겠다는 생각이 강하다는 점에서 권력의지가 있다고 한다면 있는 거죠. 하지만 정치 활동을 하는 것과 정치인이 되는 것은 다른 이야기입니다. 오 대표는 저보고 거주지(방배동)인 서초에 출마하라고 제의했는데 그건 제 역할이 아닙니다. 제가 이름값이 조금 올랐다고 평생 정치에 헌신한 사람의 자리를 뺏는다면 인간에 대한 예의가 아니라고 생각합니다. 그 점에서 저는 권력의지가 없는 거죠. 정당 정치인을 전선에서 적과 맞서 싸우는 보병 전투병에 비유한다면 저는 후방에서 빵빵 때려주는 포병입니다. 이 역할에 만족합니다. 여기서 한걸음 더 나간다면 제가 지지하는 정당이나 정치인 지원 유세를 하는 정도입니다. 진보 진영의 확장적 구조조정에 기여하는 것, 여기까지가 저의 권력의지인 셈이죠.

조국

자칫 오해를 부를 수 있는 대목이어서 그런지 대답이 길고 상세하다. 그 역시 폴리페서(정치 politics와 교수 professor의 합성어로 주로 국회의원과 교수직을 겸임하는 정치인을 일컫는 말) 논란을 의식하지 않을 수 없는 것이다.

이종탁   사실 정치인이 되라는 권유는 꾸준히 받고 있지 않습니까. 정당으로부터 실제 제안을 받은 적도 있다고 들었습니다.

조 국   제가 정치적 상품성이 있다고 보아서겠죠. 선후배 동료 중 자금 대줄 테니 나가라고 하는 이도 있습니다. 하지만 저는 학자와 지식인으로서의 몸을 가지고 있습니다. 정치인이라면 지성 이전에 야성이 있어야 하는데 그게 없는 거죠.

그는 이런 야성을 '정치 근육'이라고 표현했다. 싫든 좋든 매일 사람 만나고, 모임이라면 초등학교 운동회까지 일일이 찾아가 얼굴 내밀고, 말도 안 되는 민원 다 들어주는 그런 기질이 자신에게는 없다는 것이다. 무슨 말인지 이해는 가지만 그게 정치인이 반드시 갖춰야 할 필수 덕목인지는 의문이다. 설령 그런 '근육'이 꼭 필요하다 해도 정치에 입문한 뒤 키워갈 수도 있는 것 아닌가.

사실 조국에게 그런 근육이 아주 없다고 할 수도 없다. 트위터 공간에서 마주치는 안티들의 공세에 대응하면서 알게 모르게 맷집이 생긴 것이다. 예를 들어 그의 정치 활동을 두고 '입진보다', '얼굴마담이다' 하는 비난과 야유가 나오면 "입이라도 진보라고 불러줘서 감사합니다", "얼굴이라도 진보라고 해줘서 감사합니다" 하고 받아넘긴다. 즉자적으로 반응하지 않고 유연하게 대처하는 것,

그 또한 정치 근육의 하나가 아닐까.

언제부턴가 그에게는 '강남좌파'의 대명사란 딱지가 붙어 있다. 정치평론가 공희준은 "강남좌파란 결국 상류층이고 서클"이라며 "조국이 서울대 교수직을 포기하고 강북의 서민 주택으로 이사하지 않는 한 신뢰할 수 없다"며 신랄하게 비판한다. 이런 야유성 비판에 대해 조국은 "항변하지 않겠다"는 입장이다. 사회적 지위나 직업, 소득 수준, 어느 면으로 보아도 기득권층의 일원이라는 현실적 정체성을 부인할 수 없다는 것이다.

마르크스는 존재가 의식을 결정한다고 했다. 그렇다면 강남 기득권층이라는 존재에서 좌파라는 의식이 나올 수 있는 걸까. 이걸 그는 어떻게 설명할 수 있을까.

"대학 다닐 때 운동권 선배들에게 들은 말이 있습니다. '겉만 빨갛고 속은 하얀 사과가 되지 말고, 겉도 속도 빨간 토마토가 되어라'는 거였죠. 그런데 사실 웬만해서는 토마토 되기 힘들잖아요. 많은 이가 사과와 토마토 사이를 왔다 갔다 하죠. 저도 그렇습니다. 사실 이는 동서고금을 막론하고 지식인의 운명이지요. 강남과 좌파는 모순 아니냐고 하는데 때때로 실생활에서 진보의 가치에 부합하는 삶을 살지 못한다는 한계가 있는 것이지 모순은 아니라고 생각합니다. 사과가 토마토 되려고 노력하는 것이고, 사람마다 각기 다른 역할이 있기도 하니까요. 강북 서민 주택으로 이사 가라고요? 그거야말로 '위장 서민 쇼'가 아닐까요."

사과 같은 삶이 드러나는 지점 가운데 하나가 자녀 교육문제다. 조국의 딸은 외국어고등학교를 거쳐 이공계 대학에 진학했다. 외국에서 오래 산 경험 때문에 외고를 거쳐 외국 대학 진학을 계

무엇이든
부딪혀야죠.
그래야 기존의
것을 바꾸고
사회를 바꿀 수
있습니다.

획했다가 막판에 국내 대학으로 방향을 튼 개인적 사정은 있지만 결과적으로 외고의 설립 취지에 맞지 않는 진학 사례다. 이에 대해 그는 "나의 진보적 가치와 아이의 행복이 충돌할 때 결정하기 쉽지 않았다"며 "결국 아이를 위해 양보하게 되더라"고 말했다. 말(겉)과 행동(속)이 일치하는 토마토가 되지는 못했지만 자신의 한계를 솔직하게 인정한 것이다.

그는 자신의 이념 지형을 '중도좌파', '절충주의자'라고 고백한다. 시장의 중요성을 인정하는 자본주의자이지만, 그 자본주의가 치명적 모순을 내포하고 있음을 알고 모순 해소를 위한 노력을 포기하지 않는다는 점에서 사회주의자이기도 하다는 것이다. 시민의 자유에 대한 국가의 간섭에 반대한다는 점에서 자유주의자이나, 국가와 법의 속박을 벗어난 탈근대적 자율공동체를 꿈꾼다는 점에서 아나키스트이기도 하다. 남북한의 교류 협력을 통한 통일을 주창한다는 점에서 민족주의자이나, 민주와 인권이 민족보다 우월한 가치라고 믿는다는 점에서 국제주의자이기도 하다. 역사 발전의 근본동력이 인민이라고 믿는 점에서 민주주의자이나, 인민이 우중(愚衆)이 될 수 있음을 알고 지성적 비판의 의미를 또한 소중히 여기기에 엘리트주의자로 보일 수 있다고 인정한다(조국, 『성찰하는 진보』, 284쪽). 이쪽저쪽 편리한 대로 취한다는 비판이 나올 수도 있지만 사안에 따라 때로는 사과를, 때로는 토마토를 취하는 좌파 실용주의자라고 해도 좋을 것 같다.

"제가 국가보안법 폐지론자입니다. 그런데 노무현 정권에서 법 폐지 대신 개정하자는 절충안이 나왔을 때 찬성했습니다. 국가보안법 7조(찬양 고무)만 폐지하면 국보법 사건의 90퍼센트는 없어지거든요. 그런데 그 개정안을 단지 패배주의라 비난하며 난리치는 바람에 죽도 밥도 안 되었습니다."

『진보집권플랜』에서 제시한 그의 정책 비전은 실제로 온건하다. 한 예로 진보 진영에서 교육 모순의 해결책으로 제시하는 전국 국·공립대 통합 선발제를 그는 '근본주의적 발상'이라며 반대한다. 국·공립대학을 통합 선발하자는 것은 서울대의 우월적 지위를 없애자는 뜻인데, 지역 국립대학 대폭 강화, 학력 차별 금지법 제정 등과 같은 제도적 보완 없이 서울대를 없애면 다른 사립대학이 서울대 학벌을 대체할 뿐 문제는 그대로 남는다는 것이다.

한미 자유무역협정(FTA)에 대한 생각도 여느 진보인사들과는 꽤 차이가 있다. 미국과 맺은 협정 내용이 우리에게 불리해 반대할 뿐 FTA 자체를 거부하지는 않는다. FTA 자체가 '악'은 아니며 그 대상, 내용, 시기가 문제라는 생각이다. "우리나라가 통상국가인데 무역을 하지 않으면 무엇으로 먹고살겠느냐"는 논리다. 미국에 대해 숭미(崇美)도 반미(反美)도 아닌, 우리의 필요에 따라 이용하는 용미(用美) 정신이 필요하다고 주장한다.

이렇게 '홍(紅)'만이 아니라 '전(專)'도 중시하는 그의 이념과 주장을 가만히 뜯어보면 조국의 성장 과정과 오늘날의 정체성을 정확히 반영한다는 느낌이 든다. 큰 부잣집은 아니어도 그 시절 대학을 나온 인텔리 부모에게서 우수한 두뇌를 물려받았고, 초·중·고교에서 줄곧 최상위 성적을 올리며 한 번의 실패도 없이 한국 최고 서열의 대학에 최연소(17세) 입학한 사람이 조국이다.

대학 때는 그 시절 많은 학생들이 그렇듯 운동 서클에 들어가 노동자와 빈민의 삶에 대해 고민했고, 울산대학교에서 최연소(만

26세 11개월) 교수가 됐다. 사노맹(남한사회주의노동자동맹) 사건에 연루돼 국가보안법 위반혐의로 6개월간 옥살이를 한 시련의 시기를 빼면 미국 버클리 대학에서 법학박사 학위를 받고 귀국해서 울산대, 동국대를 거쳐 서울대로 자리를 옮길 때까지 큰 굴곡은 없는 인생이다. 그가 대학을 마칠 때 졸업앨범 편집위원으로 편집 후기에 쓴 거친 글이 수십 년 세월이 흐른 지금에도 그의 이념적 정체성을 시사해준다.

"학우여! 이 학사모가 번쩍거리는 신분 상승의 도구 됨을 거부하자! 이 학사모는 민중의 권익 옹호를 위한 무기이며, 마침내 다가올 정의롭고 해방된 이 땅을 위한 거름이어야 한다."

태생적으로 토마토가 될 수 없지만 시선은 늘 토마토를 향해 있는 양심적 지식인, 그게 조국의 본디 모습 아닐까.

'조국의 본질'은 젊은이를 향해 보내는 그의 메시지에서도 묻어난다. 그는 요즘 20대를 보면 영화 「브루클린으로 가는 마지막 비상구」가 생각난다고 한다. 1950년대 출구가 안 보이던 미국의 절망적 사회처럼 지금 우리는 대학 문을 나서는 졸업생들에게 분노와 좌절만 안겨주는 사회에 살고 있다는 것이다.

"저는 범생 같은 삶을 살다 보니 신중함이 몸에 배어 있습니다. 그렇지만 대학 입학 이후 사법시험 공부 쪽으로 가지 않겠다는 결단을 내렸습니다. 법대생으로 예외적 선택을 한 거죠. 젊은이라면 새로운 것을 만들어보려는 도전정신과 창의성이 있어야 합니다. 무엇이든 부딪혀야죠. 그래야 기존의 것을 바꾸고 사회를 바꿀 수 있습니다."

요즘 유행하는 말로 '쫄지 말라'는 얘기다.

조국

그의 연구실 출입문에는 흥미로운 사진이 한 장 붙어 있다. 정장을 차려입은 사람과 아무것도 걸치지 않은 나신(裸身)의 남자가 서로를 이상한 눈빛으로 쳐다보며 지나가는 사진이다. 벌거벗은 남자 옆에는 If everybody is thinking alike(모든 사람이 똑같이 생각한다면), 정장한 남자 옆에는 then somebody isn't thinking(어떤 사람은 생각하지 않고 있다)이라는 영문이 쓰여 있다. 곱씹어보면 남들과 다르게 생각하라, 창의적으로 도전하라는 뜻이다. 연구실을 드나드는 학생들에게 강렬한 메시지를 주기 위한 조국 나름의 아이디어 전시물인 셈이다. 연구실 책상 위에는 수북이 쌓인 전공서적들 사이로 시집 한 권이 오롯이 놓여 있다.

이종탁　딱딱한 법을 연구하는 분이 시를 좋아한다고 해 놀랐습니다.

조　국　대학원을 졸업한 뒤 시를 통 안 읽었는데 40대 중반 들면서 뭔가 답답함을 많이 느꼈습니다. 그때 제 속을 꿰뚫어본 벗이 '넌 이성 과잉이야. 감성이 더 풍부해져야 해. 무의식과 본능에 귀를 기울여!' 하며 시집을 선물로 주기에 읽어보았는데 기분이 좋아지는 겁니다. 시를 읽으면서 답답함이 치유되는 느낌, 행복감을 느끼게 됐죠.

이종탁　그 많은 트위터 글은 또 언제 다 쓰는지 궁금해하는 사람이 적지 않습니다.

조　국　그건 제 나름의 규칙이 있습니다. 그걸 정해놓지 않으면 중독이 생기겠더라고요. 처음 트위터할 때 내가 올린 글이 어떻게 반응하나 보다가 해야 할 일을 못한 경험이 몇 번 있거든요.

그 후 세운 규칙은 이렇습니다. 아침 7, 8시에 신문 보면서 주목할 만한 것을 몇 개 다다다닥 올립니다. 종이신문을 먼저 보고 그 기사를 인터넷에서 찾아 웹으로 올리는 거죠. 그다음 식사 후에 차 마시면서 체크해서 올립니다. 하루 세 번 정도 체크하죠. 대신 방학 때는 일절 하지 않는다는 게 원칙입니다. 이 기간을 하안거, 동안거(승려들이 여름과 겨울 한곳에 머물며 외출하지 않고 수행에만 전념하는 것)라 이름 붙였죠.

트위터 공간에서 잠수하는 것을 승려들의 묵언수행에 빗대 말하는 화법이 재미있다.

이종탁 트위터의 부작용은 못 느낍니까.

조 국 팔로어가 늘어나고 영향력이 생기니까 트위터에 종속된다는 느낌을 받을 때가 있어요. 사람도 잘 안 만나게 되고 이걸로 때우려 하죠. 또 무슨 사안이든지 재미있고 단순하게 140자로 압축하다 보니 내 안의 샘물이 고갈된다는 느낌이 듭니다. 규칙도 그래서 세우게 됐어요.

이종탁 교수님의 트위터 글이 여론 형성에 큰 영향을 미칩니다. 혹시 교내에서 "교수가 무슨 트위터냐" 하는 식의 눈총을 받지는 않습니까.

조 국 과거와 달리 지금은 대학사회에서 학문적 업적을 생산하지 않고 사회적 발언만 하고서는 배겨나기 힘듭니다. 저는 이 부분에서 학계의 기준을 통과했다고 생각합니다. 그래서 그런지 눈총 주는 분은 없습니다.

조국

그가 한국형사법학회에서 주는 정암 형사법학술상 수상자이며 한국형사정책학회의 『형사정책』 편집위원장이라는 점, 한국 법학자로는 드물게 해외 저널에 꾸준히 영어 논문을 발표하고 있으며, 대개 정교수 때 받는 정년보장 심사를 부교수 때 일찌감치 통과했다는 점 등을 떠올리면 학자 조국에 대한 학계의 평가가 어떤지 짐작할 만하다. 여기에 2006년 「경향신문」이 창간 60년을 맞아 선정한 '한국을 이끌 60인', 2010년 「동아일보」가 창간 90년을 맞아 선정한 '2020년을 빛낼 대한민국 100인'에 뽑힌 이력이 있다. 진보·보수언론 양쪽으로부터 차세대 리더 지식인으로 평가받고 있는 것이다.

조국의 앞날은 어떻게 될까. '조국(祖國)이 부르면 조국(曺國)은 간다'는 우스갯말이 있다. 노사모 대표를 지낸 노혜경은 "이름을 처음 들었을 때 운명적인 이름이라고 느꼈다"며 "그 이름을 지니고 살면서 선출직에 대해 생각하지 않는다는 건 있을 수 없는 일"(김용민, 『조국 현상을 말한다』, 174쪽)이라고 했다.

조국은 인터뷰 내내 "만약 정치인으로 변신하더라도 그것은 내가 지식인으로서 사회에 참여하는 마지막 선택이 될 것"이라며 "지금은 변신할 준비가 되어 있지 않다"는 점을 강조했다. 정치권에 들어갈 때는 충분히 근육을 키워서 가겠다는 것, 그래서 장외에 있을 때는 각광받는 우량주였다가 장내에 들어가서는 속절없이 무너져 내린 선배 교수의 전철을 밟지 않겠다는 것이다. 결국 정치인 조국의 등장은 시간문제가 아닐까. 그 시점이 2012년은 아니라 해도.

고／승／덕

약력

1957년 광주 출생 │ 경기고, 서울대 법대 수석 졸업 │ 사법시험 20회 최연소 합격 │ 행정고시
23회 수석 합격 │ 외무고시 13회 차석 합격 │ 수원지법 판사 │ 예일·하버드·컬럼비아 로스쿨 │
미국 4개 주 변호사 │ 세계 최대 로펌 B&M 근무 │ 이화여대 법학과 겸임교수 │ 18대 국회의원
│ 저서 『포기하지 않으면 불가능은 없다』 『고변호사의 주식강의』 등

서초동 검찰청 청사 앞 포토라인에 선 고승덕은 무표정한 얼굴을 지어 보였다.

"오늘 검찰에서 있는 그대로를 말씀드리겠습니다. 이번 일이 깨끗한 정치, 신뢰받는 정치로 한 단계 도약하는 계기가 되길 바랍니다."

준비해온 멘트를 하는 동안 카메라 플래시가 쉴 새 없이 터졌다. 역사의 현장을 언론이 어떻게 놓칠손가. 집권 여당의 간판을 바꿔버리고, 입법부 수장의 검찰 기소를 불러온 헌정 사상 초유의 돈봉투 사건, 그 사건의 주역이 검찰에 출두하는 장면이다.

고승덕으로서는 '사건의 주역'이라는 수식어가 유쾌하지 않을 것이다. 당내에서 그의 폭로를 좋아할 사람이 몇이나 되겠는가. 돈봉투가 유독 고승덕에게만 갔을 리 없다고 보는 게 상식이라면, 적지 않은 국회의원들이 내심 뜨악한 기분일 것이다.

고승덕은 착잡할 뿐이다. "과거 이런 일이 있었다"는 식으로 신문 칼럼에 지나가듯 썼다가 다른 인터뷰에서 그 대목을 콕 찍어 물어보기에 대답해준 게 뜻밖의 파장을 몰고 왔기 때문이다. 신문에 칼럼을 쓴 것은 2011년 12월, 다른 인터뷰가 있은 것은 이듬해 1월로 한 달의 간격이 있다는 점을 상기하면 그에게 적극적 폭로의지가 있었던 것은 분명 아니다. 그렇다고 인터뷰에서 거짓말을 할 수도 없어서 별 경계심 없이 이야기한 것이 커져버렸다. 그로서는 웃을 수도, 울 수도, 또한 화를 낼 수도 없으니, 할 수 있는 것은 무표정뿐이다.

포토라인에 선 고승덕을 뉴스를 통해 보면서 두 가지 생각이

들었다.

'저분이 국회에 들어간 뒤 이만큼 언론의 주목을 받은 적이 또 있었나?' 하는 다소 엉뚱한 생각과, '오늘의 저 장면이 정치인 고승덕에게 플러스가 될까, 마이너스가 될까?' 하는 점이다. 결국 고승덕은 몇 달 뒤 있은 19대 총선에서 새누리당의 공천을 받지 못했고 출마를 포기했다.

사실 고승덕은 국회의원이 된 뒤보다 되기 전에 더 지명도가 높았던 몇 안 되는 사람이다. 다른 의원들이 금배지를 달고 나서 유명해졌다면, 고승덕은 금배지 때문에 덜 유명해진 경우다. 국회로 가기 전 그는 전국적 스타였다. 연예인이 아니면서 웬만한 연예인 이상으로 전파를 많이 탄 인기 방송인이었다. 「코미디 전망대」에서 「솔로몬의 선택」에 이르기까지 TV 출연만 수백 회에 이른다. TV에 나와 수더분하게 웃는 그의 얼굴은 많은 국민의 머릿속에 한 장의 필름처럼 각인돼 있다.

그가 18대 국회에 들어간다고 했을 때 기대와 우려의 시선이 공존한 것은 그래서 당연했다. 한쪽에선 "또 한 명의 촉망받는 인재가 망가지는 것 아니냐"고 걱정했고, 다른 한쪽에선 "고승덕이라면 낡은 정치에 참신한 새바람을 불어넣을 것"이라며 성원했다.

어느 쪽 시선이 옳았던 걸까. 지나간 상황이라고는 해도 단정적으로 말하기에는 이른 것 같다. 그가 국회의원이 되어 카메라에 가장 비중 있게 나온 장면이 포토라인이라는 점을 들어 망가졌다고 보는 이도 있겠고, 낡은 관행에 쐐기를 박고 깨끗한 정치의 물꼬를 텄으니 성공적이라고 평가하는 사람도 있겠다.

그렇다면 초선의원으로서 본인이 느낀 소회는 어떨까. 사법시

고승덕

험을 준비할 때 단 1초도 허비하지 않고 공부에 매진한 것으로 유명한 그는 우리나라 국회가 "가장 비능률적이고 가장 비생산적인 곳"이라고 혹평한다. 그의 공부 인생은 뒤로 돌리고 의정 이야기부터 들어보자.

이종탁 국회의원이 되기 전에는 직업이 7, 8개쯤 되지 않았습니까. 의원이 된 뒤 그걸 다 어떻게 했죠?

고승덕 중국 서커스를 보면 접시 여러 개를 한꺼번에 돌리는 묘기가 있잖아요. 떨어뜨리지 않고 돌리려면 정신없이 움직여야 합니다. 제가 그렇게 일하며 살아온 것 같아요. 국회의원이 된 뒤 그걸 다 정리하고 나니까 머리가 맑아져요. 그 점에서는 정신건강이 좋아졌습니다.

이종탁 국회의원 생활해보니까 어떻습니까.

고승덕 처음 출마한다고 했을 때 많은 사람들이 걱정했습니다. 정치판이라는 게 혼자 용을 쓴다고 되는 게 아니라고 말이죠. 그런데 막상 일을 해보니 꼭 그렇지만은 않아요. 국회의원 각자 하기 나름이라는 생각이 듭니다. 다만 일할 여건이 안 돼 있다는 문제는 있어요.

이종탁 어떤 점에서 여건이 안 돼 있다는 거죠?

고승덕 국회가 하는 일이 법 만드는 거잖아요. 의원이 직접 만들기도 하고 정부가 만든 법안을 심의해 통과시키기도 합니다. 어느 경우든 사안 하나하나에 대해 충분히 대화하고 토론해 공감대를 가져야 하는데, 가만히 있다가 밀어붙이는 식으로 처리되는 경우가 많아요.

국회에 처음 들어간 초선의원이 아니라면 이런 문제의식을 갖기는 어려울 것이다. 자꾸 보다 보면 국회 운영이란 원래 그런가 보다, 하고 여길 테니까. 그런 점에서 물갈이는 좋은 일이다.

이종탁　예를 들면 어느 경우가 그랬습니까.

고승덕　18대 국회 첫해 가을이었어요. 민생법안 110여 개에 대해 논의가 진행 중이었는데 정부에서 법안을 다 만들어놓고 움켜쥐고 있다가 갑자기 뭉텅이로 내놓는 거예요. 미리 제출하면 국회에서 따지고 들어 골치 아프니까 검토할 시간을 주지 않으려고 의도적으로 그런 거죠.

이종탁　정부가 꼼수를 부린다는 말이네요.

고승덕　그렇죠. 제가 국회에 들어가 보니까 우리나라는 3권 분립이 안 돼 있다는 생각이 들어요. 3권 분립이라면 입법, 사법, 행정이 적절한 견제와 균형을 이루는 것을 말하지 않습니까. 그런데 우리는 행정부 권한이 너무 강합니다. 같은 대통령 중심제인 미국에서는 정부에 법안 제출권 자체를 주지 않습니다. 모든 법안 발의는 의회만 할 수 있어요. 우리는 반대로 법안의 90퍼센트 이상을 정부에서 만듭니다. 국회는 심사해서 통과시켜주는 일을 주로 하죠.

입법부를 통법부(通法府)라고 비하하는 말이 나오는 이유다. 미국에선 대통령이 의원 개개인에게 전화를 걸어 법안 통과에 협조해달라고 요청하는 게 상례로 돼 있다는, 우리와의 구조적 차이도 여기에서 비롯된다.

고승덕

이종탁　정부가 의정활동을 방해하는 게 있나요.

고승덕　저 같은 여당 의원에게도 정책 자료를 잘 주지 않습니다. 그러니 야당 의원은 어떻겠습니까. 제가 산업은행의 리먼브라더스 인수 시도와 관련해 이런저런 자료를 요청했더니 '상임위에서 의결하지 않는 한 줄 수 없다'고 해요. 카드회사들의 수수료 산정과 관련한 자료도 공정위에 요청했다가 거절당했어요. 수수료 산정의 근거가 되는 원가 자료를 보자고 했더니 카드사 영업 비밀이라며 안 주는 겁니다.

이종탁　국정감사를 활용할 수 있지 않습니까.

고승덕　국감은 20일로 기간이 정해져 있어요. 이 기간에 끝내려다 보니 기관 한 곳에 하루가 할당됩니다. 의원 한 명에게는 15분이 주어지고요. 이런 구조로는 실효성을 기대할 수 없죠.

지금의 국회 시스템이 정부를 견제하기 어려운 구조라는 지적은 다소 의외다. 그보다 우리는 국회의원이 쓸데없이 많은 자료를 요구해 정부 업무를 방해한다는 반대의 사실에 익숙해 있다. 정부보다 국회에 더 부정적인 것이다.

이종탁　국회는 잘못이 없나요. 정부 쪽에선 법안을 제출해도 국회에서 제대로 심의를 하지 않는다고 늘 불만이던데요.

고승덕　물론 책임이 크죠. 국회가 안 열리니까 법안을 심사할 수가 없는 겁니다. 제가 정무위원회 법안심사소위원회 위원이었습니다. 정무위에 들어오는 모든 법안이 소위의 심사를 거치게 돼 있어요. 그런데 1년에 소위 열리는 날이 열흘도 채 안 됩니다. 여야가 정쟁에 매달려 싸우다 보니 본연의 임무인 법안 처리는 뒷전인 거죠. 그래도 국회의원에게는 무슨 벌칙이 없습니다. 회의에 빠졌다고 누가 뭐라 하는 사람도 없고요. 그러다 나중에 시간에 쫓기게 되면 법안을 제대로 보지도 않고 처리하게 됩니다. 국회는 제가 일해본 곳 중에서 가장 비능률적이고 가장 비생산적입니다.

이종탁 본인도 무슨 내용인지 잘 모르는 법안에 찬성 투표를 한 적이 있습니까.

고승덕 많죠. 물리적으로 다 검토할 시간이 없으니까요. 본회의에 오기 전 해당 상임위에서 충분히 검토했을 것으로 믿고 투표하는 수밖에 없습니다.

국정감사 때 보면 대정부 질의를 하는 국회의원이 "대체 누가 이런 말도 안 되는 법을 만들었느냐"고 호통치는 경우가 있다. 그때마다 자기들 손으로 통과시켜놓고 왜 저럴까 의아해했는데, 고승덕의 증언을 들으니 납득이 된다.

이종탁 어떻게 하면 일하는 국회를 만들 수 있을까요.

고승덕 상시국회 제도로 바꿔야 합니다. 상임위 회의를 무조건 주 1회 연다고 못박아놓으면 의사 일정을 가지고 여야가 밀고 당기고 할 필요가 없잖아요. 법원 재판도 주 1회는 열리는데 민생을 다루는 국회가 그 정도는 열려야 하지 않겠습니까. 또 여야 입장이 첨예하게 갈리는 쟁점 법안은 처음부터 상임위에서 다루지 말고 본회의로 넘기는 게 좋겠어요. 거기서 시시비비를

고승덕

가리면 되거든요. 그러면 몇몇 쟁점 법안 때문에 상임위의 다른 민생 법안도 묶이는 문제를 막을 수 있습니다. 사실 방송법이나 금산분리법 같은 쟁점 법안은 전체의 5퍼센트도 안 되거든요. 대부분의 법안은 여야 입장이 다를 게 없어요.

이종탁 방송법 말씀하셨는데 당시 파동 때 어디 있었나요. TV에 안 비치던데요.

고승덕 법안이 통과되기 바로 전날 밤 본회의 의장석 앞에 담요를 깔고 누워 있었습니다. 교대로 본회의장을 지키도록 돼 있었는데 그날이 제가 맡은 날이었죠. 천장을 쳐다보고 있노라니 '이게 뭔가. 이러려고 내가 국회의원이 됐나' 하는 착잡한 생각이 들더군요.

국회로 간 고승덕의 유명세가 오히려 후퇴하게 된 이유가 이제야 드러난다. '고시 3관왕'의 정치인은 파이팅이 없다. 본회의장에서 목에 핏대를 세워가며 소리를 지르거나, 책상 위로 몸을 날리며 몸싸움을 하지 않는다. 그렇다고 거물 정치인의 뒤를 따라다니는 측근도 아니니 비중 있는 대접을 받을 일도 없다.

고승덕이 역점을 둔 일은 정책이다. 그런데 국회의원의 정책 활동은 권력 암투만큼 흥미 있는 뉴스가 아니다. 대권 후보의 말 한마디는 대문짝만 하게 보도되어도 정치인의 정책 제안은 신문 귀퉁이에도 나기 어렵다. 이래저래 고승덕은 정치부 기자들의 관심 대상이 아니다. 그의 이름을 신문 정치지면에서 찾아보기 어려웠던 까닭이다.

고승덕은 "정책을 개발하는 국회의원은 멸종 단계에 와 있다"고 지적한다. 해봐야 알아주는 사람도 없으니 대부분 정책보다는 인간관계 쌓는 데 시간을 보낸다는 것이다.

"우리 정당의 정책 기능은 국민이 알면 놀랄 정도로 허술합니다. 일상적인 민생 정책을 다루는 기구 자체가 없거든요. 당정협의가 있다고 해도 정부에선 야당이 문제 삼을 만한 법안이나 정책만 올립니다. 국민이 기성 정당에 등을 돌린 것은 정치가 민생을 외면했기 때문이잖아요. 그러면 정책은 없이 감성에만 호소하는 것은 곤란합니다. 정당이 살 길은 길게 보면 정책에 있어요."

좋은 정책은 심도있는 연구에서 나온다. 연구라면 누구보다 경쟁력있는 사람이 고승덕이다.

고승덕이 공부의 신(神), 즉 '공신'으로 처음 인정받은 것은 광주 무등중학교 3학년 때다. 초등학교 때부터 공부를 잘하기는 했지만 중학교 입시가 없었기 때문에 어느 수준인지 가늠을 못하고 있었다. 그런데 고등학교 입학을 앞두고 치른 모의고사에서 전국 1등을 한 것이다. 이후 경기고와 서울대 법대를 거치면서 공신 중에서도 으뜸인 '원조공신'이 됐다.

그가 세운 공부 기록은 인구에 회자된다. 대입 예비고사에서 한 문제 차이로 전국 수석을 놓쳤지만 서울법대를 졸업할 때는 수석을 했다. 대학 1~3학년 때 국가고시 3개를 모두 합격해 고시 3관왕의 타이틀 보유자가 된 것은 오늘날 고승덕을 있게 한 유명세의 원천이다. 그것도 사법시험은 최연소, 외무고시는 차석, 행정고시는 수석으로 합격했으니 가히 꿈의 기록이다. 고승덕 이후 고시 3관왕은 몇 명 더 나왔으나 대학 재학 중 3관왕은 지금까지 아

고승덕

무도 깨지 못한 신화로 남아 있다. 미국에 유학 가서는 미국의 수재들이 간다는 하버드, 예일, 컬럼비아 로스쿨을 거쳤고, 뉴욕 등 4개 주 변호사 시험에 합격했다. 귀국해서는 증권고시라 불리는 펀드매니저 자격증을 단번에 따냈다. 시험이란 시험은 보기만 하면 척척 붙는 천하제일 공신, 이런 별명이 조금도 과장이 아니다. 대체 그의 두뇌는 어떻게 생겼을까.

정말 궁금한 것은 하나도 패스하기 어려운 고시를 무엇 때문에 3개씩이나 도전했으며, 또 어떻게 합격할 수 있었나 하는 점이다. 사실 이 의문에 대한 해답이 인간 고승덕을 이해하는 알파이자 오메가다.

이종탁 워낙 공부를 잘했으니 천재라는 말 많이 들으셨죠?

고승덕 제가 제일 듣기 싫어하는 말이 그 말입니다. 저는 머리 좋다고 생각한 적이 없거든요. 살면서 나보다 기억력이나 이해력이 좋은 사람을 수없이 보았습니다. 제가 이룬 것은 남들보다 세 배 네 배 노력했기 때문입니다.

원조공신이 머리가 안 좋다고 하면 범인(凡人)들에게 위로가 될까. 물론 그가 남들 위로받으라고 본심과 다른 말을 하는 것은 아니다. 겸양의 언사도 아니다. 남들이 어떻게 받아들이든 상관없이 그는 자신의 머리가 좋은 편이 아니라고 굳게 믿고 있다. 이 점에 대해 여러 차례 물어보아도 대답은 한결같다. 성적이 나빠 부모님이 학교에 호출된 적도 있다는 게 그가 제시하는 근거 가운데 하나다.

"고등학교 2학년으로 올라간 3월에 국영수 시험을 쳤는데 수학에서 40점을 받았어요. 세 과목을 합치니 꼴등에서 몇 번째인 거예요. 담임선생님이 아버지를 호출해서는 '이 성적으로는 서울에 갈 대학이 없다'고 핀잔을 주었어요. 아버지는 아들이 서울에 와서 바보가 되었다며 허탈해했죠."

고승덕은 그때부터 수학을 파고들어 6개월 만에 따라잡으면서 전교 1, 2등을 다투는 우등생으로 변했다. 고등학교 3학년 때는 아예 예비고사 전국 수석과 서울대 수석 입학을 목표로 공부할 정도였으니 성적이 나빴던 것은 아주 잠깐의 기간이다.

이종탁 고시는 왜 3개씩이나 한 겁니까? 어차피 다 써먹지도 못할 텐데요.

고승덕 대학에 처음 들어갔을 때 술도 마시고 미팅도 하면서 한 학기를 보냈어요. 술을 진탕 먹고 아침에 머리가 깨질 듯 아픈 적도 있었죠. 그 당시 흔했던 놀고대학생, 먹고대학생이 된 겁니다. 그러다 첫 학기가 끝날 무렵 절제 없는 생활을 반성하면서 고시를 보기로 결심했죠. 3학년 때 사법시험에 붙었는데 동기생들은 이때부터 고시를 준비하더라고요. 나 혼자 놀 수 없어서 불어학원에 등록해 불어 공부하는데 불현듯 외무고시가 떠올라요. 무작정 공부를 하는 것보다 목표가 있으면 좋을 것 같고, 새로운 세계에 도전하고 싶은 마음도 있었죠. 그렇게 외시를 준비하는데 외시 과목이 줄어들었어요. 그러니 시간이 남더라고요. 남는 시간을 활용하는 차원에서 행정고시도 마저 보자, 이렇게 마음먹었죠.

고승덕

그 당시 고승덕이 치른 시험 일정을 되짚어보면 이렇다. 1978년 3월 사법시험 2차, 그해 9월 행정고시 1차, 1979년 봄 외무고시 1·2차, 그해 11월 행정고시 2차. 이걸 한 번의 실패도 없이 내리 합격한 것이다. 아무리 공신이라 해도 죽어라 공부하지 않으면, 아니 운이 따라주지 않으면 불가능한 일 아닐까.

이종탁　그때의 엄청난 공부 방법이 지금까지 화제입니다.

고승덕　고시 준비를 하다 보니 제일 먼저 느끼는 게 시간 부족이었어요. 시간 활용 방안을 생각한 끝에 낮과 밤을 바꿔 살기로 했습니다. 밤에 정신집중이 잘되기 때문이죠. 밤에 일어나 공부하다가 날 밝으면 잠을 잤어요. 야행성이 되고 보니 공부 외의 것은 생각하지 않아도 됐죠. 머리, 수염 같은 외모에 신경 쓰지 않아도 됐습니다. 나의 24시간은 공부 아니면 잠, 두 가지뿐이었죠.

고승덕 고유의 공부 브랜드가 된 '콩나물 기르기' 전략이나 '비빔밥 공부'도 이때 실행됐다.

콩나물 기르기 전략이란 집에서 콩나물 길러 먹는 방식을 원용한 공부법을 가리킨다. 밑이 뚫려 있는 시루에 콩을 담고 물을 부으면 물은 밑으로 다 빠진다. 하지만 이걸 매일 반복하다 보면 콩에 뿌리가 나고 자라 콩나물이 된다. 공부도 처음에는 밑 빠진 독에 물 붓기 같지만 반복하다 보면 자기 것이 된다는 뜻이다.

비빔밥 공부란 그가 어머니에게 부탁해 특제 비빔밥을 만들어 먹은 것을 말한다. 밥 먹을 때 반찬 집으려고 젓가락질을 하면 그 시간에 책을 볼 수 없다. 큰 사발에 밥과 반찬을 비벼서 숟가락으로 떠먹으면 밥알이 사발로 떨어지더라도 책을 읽을 수 있다. 여기에 반찬을 잘게 썰고, 질긴 고기는 가루로 만들어 씹지 않아도 넘어가도록 만든 밥이 특제 비빔밥이다.

시간관리부도 썼다. 08:15 눈뜸, 08:28 잠자리에서 일어나 화장실 감, 08:46 아침식사, 09:15 공부 시작, 08:45 물 먹으러 일어섬, 09:50 공부. 이런 식으로 눈뜰 때부터 잠자는 순간까지 분 단위로 기록한 뒤 하루 중 의미 없이 보내는 시간을 찾아내 줄이는 것이다.

고교 입시에서 미국 변호사 시험까지 23년간의 공부 인생을 적은 그의 수기 『포기하지 않으면 불가능은 없다』란 책을 읽다 보면 "세상에 이럴 수가" 하는 탄성이 절로 나온다. 사람이 할 수 있는 노력의 최대치가 있다면 그는 그걸 100퍼센트 다 하고, 추가로 더 한 사람이다. 그가 왜 "나는 천재라는 말을 제일 듣기 싫어한다"고 하는지 이해가 된다. 공부의 신이 알고 보면 노력의 신인 것이다.

고승덕의 인생 좌우명은 극기상진(克己常進)이다. 그가 만든 말인데, 자신을 이기고 앞으로 계속 나아간다는 뜻이다. 고시 공부할 때부터 늘 이 좌우명을 새기며 살아왔다고 한다. 공신에게도 공부는 재미없었지만 더 나은 내일을 위해 인내하며 버텨왔다는 것이다.

극기상진이 공부에만 적용되는 것은 아니다. 인생에서 성공하기 위해서는 앞을 보고 나아가야지 뒤를 돌아보아서는 안 된다는 게 그의 생활 철학이다. 못난 과거, 아픈 과거는 마음의 그릇에서 빨리 퍼내야 한다. 시험에서 낙방한 뒤 "다시 하면 잘할 것 같은

고승덕

인생은 항상 시작입니다. 나이는 생각일 뿐입니다.
앞으로도 변함없이 도전하고 노력할 것입니다.

데" 한다거나, 애인과 헤어지고 난 뒤 "좀 더 신경 썼더라면" 하고 아쉬워해봐야 소용없는 일이다. 과거 실패의 책임을 집안 형편으로 돌리는 것은 더욱 어리석다. "우리 아버지가 사회적 영향력 있는 사람이었다면", "나는 왜 하필 이렇게 가난한 집에 태어나서"라며 신세 한탄을 하는 사람은 절대 성공할 수 없다는 것이다.

"과거는 좋은 것이든 나쁜 것이든 인생에 별로 도움이 되지 않는다는 공통점이 있다. 과거는 무엇이건 빨리 잊을수록 좋다."

사실 이는 다른 누구보다 고승덕에게 절실한 말이었다. 이력으로만 보면 고승덕의 인생은 실패나 좌절이라고는 모르는 승승장구의 연속인 것 같지만 그에게도 남들 못지않은 시련이 몇 차례 있었다. 그중 하나가 스물여덟 살에 겪은 사고다.

1985년 수원지법 판사로 근무하던 그는 현장검증을 가다가 고속도로에서 큰 교통사고를 당했다. 목숨은 건졌지만 얼굴을 심하게 다쳐 코와 입 주위를 꿰매는 수술을 다섯 시간에 걸쳐 받아야 했다. 입원실에 누워 있다 보니 '내가 판사 생활에 안주하다가 벌을 받았나' 하는 생각이 들면서 모든 것이 허망하게 느껴졌다. 인생의 전환점이 왔다는 생각에 판사를 그만두고 미국 유학을 결심했다. 사회적 지위와 안정된 생활이 보장된 '과거'를 펴내고 미지의 세계로 뛰어든 것이다. 그런데 이게 고승덕 인생에서 성공으로 가는 터닝포인트가 된다.

"그때 사고가 나지 않았다면, 그래서 판사 생활에 안주했다면 내 인생은 법원에서 마감했을 겁니다. 사고를 계기로 법원을 떠나면서 맨땅에 헤딩하는 기분으로 새로운 인생에 도전할 수 있었고, 그 뒤 많은 것을 경험하면서 오늘에 이르게 됐죠."

고승덕

아픈 과거를 잊고 위기를 기회로 만든 또 다른 사례는 주식 연구다. 외환위기 전 주식투자를 했다가 큰 손실을 입은 그는 증권사 잘못을 입증하기 위해 주식 공부를 시작해 이 방면의 전문가가 됐다. 『고변호사의 주식강의』 시리즈 3권과 『주식실전포인트』라는 베스트셀러 책을 냈고, 주가 움직임을 나름대로 분석해 설명할 수 있는 이론을 만들어내기도 했다.

그는 "내 인생은 퓨전 인생"이라고 말한다. 변호사이면서 방송, 강의, 주식 연구, 저술, 경영 자문, 그리고 종교와 봉사에 이르기까지 다양한 방면에서 '자신을 이기고 앞으로 나아가는' 생활을 하고 있다는 것이다. 대체 어디까지 나아갈 것이며 그 끝은 어디일까.

"인생은 항상 시작입니다. 나이는 생각일 뿐입니다. 앞으로도 변함없이 도전하고 노력할 것입니다."

극기상진의 인생에 시작은 있어도 끝은 없다는 얘기다.

그는 사람이 사는 방법에 따라 A, B, C, D 네 등급 인생이 있다고 구분한다. 해야 할 일도 제대로 하지 않는 사람은 실패할 운명(Drop)으로 가고, 시키는 것만 겨우 하면 보통 사람(Common)으로 살게 된다. 시키는 일을 남보다 잘하려고 애쓰면 나은 인생(Better)으로 살고, 시키지 않아도 알아서 하는 사람은 가장 우수한 존재(Ace)로 인정받는다. 이런 내용으로 청소년들을 상대로 500회 강연을 한 뒤 나온 책이 『고승덕의 ABCD 성공법』이다.

"착하고 성실하게 열심히 살면 성공한다? 나는 감히 그렇지 않다고 말하겠다. 착하고 성실하게 사는 것은 성공과 거리가 멀다. 성공이란 나아지고 달라지는 것이다. 성공을 바란다면, 나은 인생을 원한다면, 남들보다 나은 방법으로 살아야 한다. 선함과 성실

함은 사람의 당연한 도리일 뿐 남들보다 나은 방법은 아니다."

그는 남들보다 나은 방법을 노력함수라는 공식으로 제시한다. $E=tc^2$. E는 노력(Effort), t는 시간(time), c는 집중도(concentration) 의 영문 머리글자다. 노력의 양은 시간과 집중도라는 두 가지 변수로 측정되는데, 투입한 시간에 비례하고 집중도의 제곱에 비례한다는 공식이다. 이 함수를 구성하는 변수에는 지능지수도 없고 재산이나 환경도 없다. 오로지 후천적 노력만 들어 있다. 성공은 노력의 양에 비례하므로 이 노력함수는 곧 성공함수라는 게 고승덕의 이론이다.

그는 "대한민국은 아직 천국이다"라고 말한다. 우리 주위에는 인생 목표를 낮게 잡고 노력하지 않는 D급이 여전히 많기 때문이란다. D급 인생에겐 노력하지 않고도 적당히 버틸 수 있는 나라여서 천국이고, B급, A급 인생에겐 조금만 노력해도 더 많은 차이를 낼 수 있는 나라여서 천국이라는, 말하자면 역설이다.

비빔밥 공부에 ABCD 성공법 이론까지 듣다 보면 나도 모르게 숨이 가빠오는 것 같다. 나는 ABCD 중 어느 등급일까. 마무리는 소소한 이야기로 해야겠다.

이종탁 시간 남을 땐 주로 무얼 합니까.

고승덕 자투리 시간에 할 일을 늘 쌓아둡니다. 그런 시간이 나면 전화를 하거나 자료집을 보죠.

이종탁 허투루 보내는 시간은 여전히 없는 거네요. 취미생활은 없나요. 보통 사람들이 좋아하는 화투놀이 같은 것은 어떤가요.

고승덕 수영장에서 개 헤엄치는 것을 좋아합니다. 그러고 나면 기분이 좋아져요. 아내와 밤 12시쯤 마트에 가서 장 보는 것도 즐거운 시간입니다. 고스톱은 분위기에 맞춰 1년에 세 번쯤 하게 되는데 그때마다 홍싸리와 흑싸리가 헷갈리더군요.

한／승／헌

약력

1934년 전북 진안 출생 ┃ 전주고, 전북대 ┃ 서울지검 검사 ┃ 변호사로 「분지」 사건 변호 ┃ 김대
중내란음모사건으로 수감 ┃ 국제앰네스티 한국위원회 전무이사 ┃ 민주헌법쟁취국민운동본부
상임공동대표 ┃ 민족문학작가회의 이사 ┃ 감사원장 ┃ 한국외국어대 이사장 ┃ 사법제도개혁추진
위원회 위원장 ┃ 연세대 법무대학원 초빙교수 ┃ 전북대, 가천대 석좌교수 ┃ 법무법인 광장 고문
변호사 ┃ 저서 『한 변호사의 고백과 증언』 『저작권의 법제와 실무』 『한승헌 변호사의 유머산책:
산민객담』 등

한승헌 변호사의 삶은 '시국과 함께'다. 시국에 웃고, 시국에 분노하고, 시국과 부딪히고 시국에 갇히면서 평생을 살아왔다. 여기서 시국(時局)이란 '현재 당면한 국내외 정세'를 뜻한다. 그러니까 정세에 따라 양지와 음지를 극에서 극으로 오간 게 한승헌의 인생이다. 때론 차디찬 감옥에서, 때론 비서가 승용차 문을 열어주는 고위관직에서 어제를 보내고 오늘을 맞았다. 그렇게 굴곡진 인생을 살다 보면 한번쯤 때 묻은 길로 가고 싶은 유혹을 느낄 만도 하지만 희수(喜壽)를 넘긴 그의 여정에 오점 하나 보이지 않으니 문자그대로 표상 같은 삶이 아닐 수 없다.

존경받는 원로는 사회를 떠받치는 기둥이다. 원로가 지나온 길을 더듬어보고 그 연륜을 새기는 것은 미래를 위한 사회적 양분이된다. 시국이 엄중할수록 사회 원로를 찾게 되는 이유다.

한승헌을 만나러 그가 근무하는 로펌의 고문 사무실에 들어섰을 때 첫눈에 들어온 것은 문서 더미다. 사방의 벽에 책이 빽빽이 꽂힌 것으로도 모자라 소파에도 겨우 한 사람 엉덩이 붙일 면적만 빼고는 자료들이 산더미처럼 쌓여 있다. 말끔하게 정리된 사무실에서 짧막한 회의 또는 전화 몇 통으로 밥값을 하는 여느 고문과는 다르다는 인상을 준다. 감사원장을 마치고 이곳으로 온 뒤사건을 직접 맡지는 않는다고 했는데, 사무실 풍경만 보면 여전히 현역 같다.

이종탁 언젠가 인터뷰 기사를 보니까 "새해는 정리의 해로 삼겠다"고 하셨더군요. 한 해 동안 얼마나 정리하셨습니까.

한승헌 그때 그렇게 대내외에 선포를 했지요. 사무실 책도 정리하고, 살림도 정리하고, 생각과 인생까지 정리하려고 했습니다. 그때는 자서전도 마무리한 뒤였기 때문에 한가(閑暇)할 줄 알았거든요. 그런데 아니더군요. 이런저런 행사에도 나가고 강의도 하고, 글도 좀 쓰다 보니 '정리'에는 실패했어요. 제가 조상 때부터 한가(韓哥)였는데 한가하지 못했어요.

첫 답변에서부터 특유의 유머감각이 배어나온다. 시국 얘기를 할 때 한승헌의 눈빛은 형형하고 표정은 진지하다. 군살 하나 없이 깡마른 그의 얼굴이 펴질 틈이 없다. 하지만 그런 외양을 보고 한승헌을 꽉 막힌 엄숙주의자로 생각한다면 오판이다. 그는 남을 웃기는 데 선수다. 사람 목숨이 왔다 갔다 하는 재판정에서, 머리칼 쭈뼛 서는 치열한 시국 현장에서 말 한마디로 분위기를 바꿀 줄 아는 보기 드문 재능의 소유자다.

유머라고 하면 음담패설이나 인터넷에 떠도는 우스갯소리 모음을 떠올리기 쉽다. 하지만 한승헌의 유머는 대부분 체험에서 나온 창작물이다. 건전하면서 품격이 있다. 예를 들면 한국외국어대학교 이사장 취임식에서 그는 "여러분, 알고 보면 저도 외대 출신입니다"라고 말한다. 사람들이 속으로 "어, 저분은 외대 출신이 아닌데 무슨 말이지?" 하며 귀를 쫑긋 세울 때 이렇게 말한다. "외대 출신, 외부 대학 출신이죠."

김대중 대통령 집권 초기 청와대에 갔을 때였다. 한 인사가 "청와대는 감옥과 같은 곳"이라고 대통령의 고충을 이야기하자 그가 즉석에서 되받았다.

"아니죠. 다릅니다. 감옥은 들어갈 때 기분 나쁘고 나올 때는 기분 좋은 곳인데, 청와대는 반대로 들어올 때는 기분 좋은데 나갈 때 기분이 안 좋은 곳이잖아요."

김 대통령을 비롯해 모두가 폭소를 터뜨린 것은 물론이다. 그의 유머감각을 잘 아는 DJ가 재야에 있을 때 "우리가 정치 자금도 궁색한데 한 변호사 뒤를 따라다니며 유머를 받아 적어 책으로 내서 돈 좀 많이 벌어보자"라고 농담처럼 말한 적이 있는데, 실제 그는 두 권의 유머 책을 내 10쇄 이상을 찍는 대단한 성과를 거두기도 했다. 당대 최고의 유머 작가로 인정받은 셈이다. 내친 김에 유머와 관련한 궁금증부터 물어보자.

이종탁 끊임없는 유머가 어디에서 만들어지는지 궁금합니다. 평소에 연구를 하시나요.

한승헌 연구를 하면 논문이 나오지 유머가 나오지는 않습니다. 답답한 세상, 정색하고 살아야 하는 세상에서 해방되고 싶은 본능이 내 안에 잠재돼 있다고나 할까요. 내 어머니가 촌부로서 학교도 안 다닌 분이지만 재담을 잘하셨어요. 어머니의 그런 DNA를 물려받았는지 모르겠어요.

품격 있는 유머를 구사하는 사람은 정작 자신은 웃지 않고 말한다는 특징이 있다. 한승헌에게 "유머가 많으십니다" 하고 인사를 건네면 "제가 가난한 농부의 아들로 태어나 엄마 젖만 먹고 자랐는데 무슨 유모가 있었겠어요?"라고 일부러 정색을 하고 받아넘긴다.

이종탁   요즘 유머가 경쟁력이라고 합니다. 어느 자리에 가서도 좌중을 웃기는 사람을 보면 부럽거든요.

한승헌   유머는 일상의 삭막함을 치유해줍니다. 게다가 평화적이고 원가가 안 들며 아무리 즐겨도 면세라는 장점이 있죠. 선진국에선 아무리 격조 있는 행사라 해도 주최 측이 단상에 올라가 1~2분 안에 웃기는 말을 꼭 던지곤 합니다. 그렇게 분위기를 잡은 뒤에 본론으로 들어가는 거죠. 그에 비하면 우리는 상하를 막론하고 너무 엄숙 일변도입니다. 우선 정치인들이 유머를 제대로 활용할 줄 알아야 하는데, 여의도 쪽을 보면 유머와는 너무 거리가 멀거든요. 유머의 만인화, 이게 저의 바람입니다.

그러면서 한승헌은 두 가지 이야기를 들려주었다. 그가 KTX를 타고 전주를 가다가 깜박 모자를 놓고 열차에서 내렸다. 아차 싶어 코레일에 전화를 걸었더니 익산역에 보관 중이니 찾아가라고 했다. 다음 날 역무실에 찾아가 모자를 건네받은 그는 이렇게 외쳤다고 한다.

"아, 마침내 모자 상봉을 했도다!"

또 하나, 그가 사회복지공동모금회 회장을 할 때였다. 청와대에서 고액 기부자들을 초청해 오찬을 하는 자리에서 그가 말했다.

"제가 어원 연구를 한 결과를 말씀드리겠습니다. 기부를 영어로 도네이션(donation)이라고 하는데 이건 우리말 '돈 내시오', '더 내시오', '다 내시오'에서 나온 말입니다. 그러니까 도네이션의 어원국답게 앞으로도 기부를 많이 해주시기 바랍니다."

그의 유머 사례는 이 밖에도 무궁무진하다. 유머집에 실린 예

한승헌

화가 아니어도 그의 입에서는 날마다 새로운 유머가 나온다. 그를 처음 보는 사람은 거의 예외 없이 "인상이나 직업이나 성향으로 보아 딱딱한 사람으로 알았는데, 의외로 재미있는 분"이라는 반응을 보인다. 그럴 때 그는 "그러니까 제가 이중인격자 아닙니까"라고 말해 또 한 번 웃긴다.

사회적 지위가 올라가면 크고 작은 자리에서 한마디 해야 할 때가 많다. 공석이든 사석이든 마찬가지다. 아랫사람이 써준 글을 앵무새처럼 읽거나, 도덕교과서에나 나올 법한 언사를 지루하게 되풀이해서는 좋은 인상을 줄 수 없다. 주최 측도 면전에서는 "자리를 빛내주셔서 감사하다"라고 입에 발린 인사를 해도 속으로는 다시 부르고 싶지 않을 것이다.

반면 유머가 있는 사람은 어디 가도 환영받는다. 특히 사회적 지위가 있는 사람이 격조 있는 유머까지 구사하면 부드럽게 돋보인다. 한승헌을 한 번이라도 만났거나, 청중석에서 연설을 들어본 적이 있다면, 절대 잊을 수 없는 이유다. 오늘날 한승헌이 사회 원로로 존경받는 것은 인품과 학식, 덕망 덕분이지만 남다른 유머감각도 한몫했다고 하지 않을 수 없다. 그런 점에서 유머는 한승헌의 인생에서 성공으로 가는 결정적 터닝포인트인 셈이다.

되짚어보면 성공으로 가는 그의 인생 열차는 양지가 아니라 음지에서 출발했다. 사법시험(당시는 고등고시 사법과)에 합격해 검사가 되고, 5년 만에 사표 내고 나와 변호사가 되었을 때까지만 보면 양지의 삶이라 할 수 있다. 하지만 값진 보람과는 거리가 멀다. 그 길로 계속 갔다면 호의호식할 수는 있었을지 모르나 존경받는 사회 원로가 될 수는 없다. 그를 고난의 길, 그러나 궁극적으로는 보람 있는 삶의 길로 접어들게 한 최초의 계기는 1965년 '분지(糞地)' 사건 변호였다. 공안당국이 『현대문학』 3월호에 실린 남정현의 단편소설 『분지』에 터무니없는 용공 혐의를 씌워 작가를 기소하자 한승헌이 변호인 선임계를 내고 변호에 나선 것이다. 당시 중앙정보부는 "나는 새도 떨어뜨린다"는 말이 있을 만큼 무소불위의 권력을 휘두르던 기관이다. 분지 사건의 변호인이 된다는 것은 그 기관에 정면으로 맞선다는 것을 뜻했다. 그것이 얼마나 겁나는 일인지 삼척동자도 짐작할 만한 상황에서 그는 그 길을 가겠다고 결심했다.

그 후 중앙정보부 발표 사건은 한승헌의 단골 차지가 됐다. 남한의 문화 예술인과 유학생들이 동베를린의 북한대사관 공작원과 접선해 간첩 활동을 했다고 하는 동백림 사건, 정권의 부정부패를 고발하는 시를 썼다고 시인 김지하를 구속한 '오적' 사건, 서승, 서준식을 고문한 것으로 유명한 '재일동포 유학생 간첩단' 사건, 일본의 한국어 잡지 『한양』에 기고해 반국가단체를 이롭게 했다는 이유로 이호철, 임헌영, 정을병 등을 구속한 문인 간첩단 사건, 그 밖에 유신헌법 관련 사건, 대통령긴급조치 위반 사건 등 시국 사건 법정이 열릴 때마다 한승헌은 거의 예외 없이 변호인석에 자리했다.

시국 사건 재판은 정권의 주문에 따라 각본이 미리 짜인 상태에서 진행되기 일쑤였다. 그러니 변호인이 이길 가능성은 매우 희박했다. 박정희 정권 때 야당의원이던 김상현이 감옥에서 2년 복역하고 풀려나온 뒤 "한 변호사가 변호한 사람치고 징역 안 간 사람이 없다"고 농(弄)을 할 정도다. 한승헌은 "내가 변호한 사람치

음지와 양지는 서로 호환성이 있는 것 같아요.
어느 쪽이든 나를 단련하고 의지를 다지고
실력을 높이는 데 묘판이 됐으니까요.

고 석방 안 된 사람 있느냐. 최악의 경우 만기 석방으로 다 나왔다"고 맞받아쳤지만, 서슬 퍼런 상황에 대한 회한이 없을 수 없다.

이종탁 가장 기억에 남는 시국 사건은 어떤 것입니까.

한승헌 어느 사건인들 잊을 수 있겠습니까? 그래도 굳이 하나를 꼽으라면 1975년 4월의 민청학련(전국민주청년학생총연맹) 사건을 들어야겠지요. 박정희 대통령이 긴급조치 1호를 발동했는데 그것만으론 정권 유지를 못하겠다 싶었는지 하나를 더 발동한 게 4호예요. 그 4호 위반이라고 해서 민청학련 사건으로 조사받은 사람이 1000명이 넘었고 군법회의에 구속 기소된 사람만도 180명이었습니다. 피고인 수도 엄청났지만 고문에 의한 조작이나 재판 결과도 터무니없고 혹독했어요. 사형과 무기징역이 무더기로 선고되었으니까요.

민청학련 사건은 유신정권이 저지른 대표적 용공 조작 사례로 꼽힌다. 중앙정보부의 후신인 국가정보원은 2005년 진실규명위원회 조사를 통해 당시 사건을 "학생들의 반정부 시위를 공산주의자들의 배후조종을 받는 인민혁명 시도로 왜곡한 학생운동 탄압 사건"이라고 인정한 바 있다. 이를 근거로 사법부는 재심재판을 거쳐 사건 관련자들에게 무죄를 선고하고 국가가 손해를 배상해야 한다는 내용의 판결을 했다.

하지만 이건 30년 뒤의 일이고 당시는 어둠의 시절이었다. 1심 재판부는 피고인 7명에게 사형, 7명에게 무기징역을 선고했다. 사형과 무기를 빼고 긴급조치 1호와 4호에 걸려 형을 받은 203명의 형기를 합산하면 2000년이 넘는다는 계산이 나왔다.

이런 재판이 순조롭게 진행될 리 만무했다. 변호인의 변론이라고 정상적일 턱이 없다. 악몽과도 같은 당시 상황을 떠올리는 한승헌의 목소리가 나지막이 가라앉는다.

"재판은 소란의 연속이었어요. 법정에서 경고, 휴정, 항의가 잇따랐죠. 한번은 피고인들이 애국가를 봉창하자 재판부가 피고인 전원을 퇴정시켰어요. 그래놓고 나더러 변론을 하라고 하기에 피고인석을 가리키며 '나는 학생들을 변호하러 왔지 저 바닥의 빈 의자를 변호하러 온 게 아니다'고 버텨서 결국 피고인들을 불러들여 다시 변론을 한 적도 있어요. 어느 피고인은 검사가 '사형'을 구형하니까 '영광입니다'라고 했죠. 그때 잡혀간 사람들이 나중에 보니 정계나 사회에서 큰 역할을 하더군요. 역설적이지만 피고인 선발을 잘했더라고."

이종탁　사형이 무더기로 집행되었잖아요.

한승헌　1975년 4월 8일(한승헌은 이 날짜를 정확히 기억하고 있었다) 대법원에서 인혁당(인민혁명당) 재건위 사건의 판결이 선고되고 그중 8명에 대한 사형이 확정되었는데 18시간 만에 전격 집행이 됐어요. 내가 변호한 피고인 중에 경북대 총학생회장이던 여정남 군이 있었는데 그도 형장의 이슬이 되고 말았어요. 당시 나는 김지하 재구속 사건의 변호인을 사퇴하라는 중앙정보부의 요구를 거부했다가 반공법에 묶여 구치소에 수감돼 있었는데, 여 군이 저승의 문으로 끌려가는 것도 모르고 감방에서 잠을 자고 있었어요. 나중에 그 사실을 알고 어찌나 마음이 아팠는지, 지금도 잊을 수 없죠.

당시 공안당국은 민청학련의 배후에 인혁당이 있다며 그 연결고리로 여정남을 지목했다. 민청학련 사건으로 사형을 선고받은 다른 사람들은 형 집행정지로 풀려났지만 여정남은 인혁당 피고인 7명과 함께 형 집행을 당했다. 한승헌이 변호한 사람 가운데 끝내 석방되지 못한 딱 한 번의 예외이니 아무리 세월이 흐른다 해도 머릿속에서 지워질 수 없는 것은 당연하다.

그 무렵 한승헌은 어처구니없는 일로 구속됐다. 1972년 『여성동아』 9월호에 「어떤 조사(弔辭)」라는 제목으로 사형제도를 비판하는 내용의 에세이를 기고했는데, 3년 가까이 지난 1975년 3월에 갑자기 이 글이 간첩을 애도한 용공성이 있다며 당국에서 반공법 위반으로 붙잡아간 것이다. 누가 보아도 정권의 억지 행패임이 분명했지만 소위 공권력은 그를 0.75평의 좁은 독방 감옥에 아홉 달 동안 가둬놓았다. 그가 회고하는 감옥살이 첫날 밤이다.

"덜커덩하고 문 닫히는 소리와 동시에 독방에 던져진 몸이 됐다. 얼떨떨했다. 희미한 백열전구가 높은 천장에 매달려서 가냘픈 불빛의 신호를 보내고 있었다. 사방 벽을 둘러보았다. 낙서가 여기저기 남아 있었다. '하루속히 자유를 찾으세요'와 같은 위로의 말도 있었다. 밤이 깊어진 듯하여 잠자리에 들기로 했다. 좁은 공간에 뺑끼통(변기)까지 놓여 있으니 과연 감옥은 감옥이었다. 청결할 리 없는 침구를 깔고 덮고 자리에 누워보았다. 천장에 매달린 전구는 밤새 졸면서도 켜진 채로였다. 문득 집 생각이 엄습했다. 어머니와 아내, 어린것들은 얼마나 놀라고 불안한 심경일까. 그러

한승헌

나 어차피 겪어야 할 고난이라면 부끄럽지 않은 자세로 이겨내고 나가야지 하고 다짐했다.”(『한 변호사의 고백과 증언』, 194쪽)

감옥에서 의연하게 지내는 가장 좋은 방법이 독서다. 한승헌은 책 중에서도 저작권 분야의 책을 많이 읽었다. 향후 지식사회가 되면 저작권 문제가 부각될 것이라고 앞을 내다보기도 했지만, 다른 책에 비해 교도소 검열을 통과하기 쉬워서 선택한 측면도 있었다. 아무튼 이때의 공부 덕분에 그는 훗날 국내에서 손꼽히는 저작권 전문가가 된다. 문자 그대로 위기를 기회로 만든 본보기라 할 수 있겠다.

그런 면에서 한승헌은 재소자를 '국비장학생'이라 표현하기도 한다. “감옥 안에 있으면 결혼 청첩장도 안 오고 장례식장 조문 갈 일도 없으며 전화 받을 일도 없고, 나들이 갈 곳도 없다. 의식주를 정부가 보장해주는 데다 안전사고의 위험도 없다. 주는 밥 먹고 식기 닦아서 엎어놓고 운동하고 들어오면 달리 할 일이 없어 면학 분위기가 최고”라는 것이다. 그렇다고 감옥행을 자원할 일은 아니겠지만 다른 방도가 없을 때 주어진 환경을 최대한 자기계발에 활용하면 좋은 결과가 온다는 것을 시사한다.

이종탁 보통 사람들이 겪기 어려운 음지와 양지를 극과 극으로 오갔습니다.

한승헌 세속적인 기준으로 보면 삶의 현장을 음지와 양지로 구분할 수 있겠지요. 하지만 저는 음지에서 더 많이 다져진 사람입니다. 음지에서 자라고 영양섭취도 하고, 그러다 충전해서 양지로 나오기도 하고, 또 양지에 있다가 음지로도 가고, 냉탕 온

탕 바꿔가며 살았습니다. 음지와 양지는 서로 호환성이 있는 것 같아요. 어느 쪽이든 나를 단련하고 의지를 다지고 실력을 높이는 데 묘판이 됐으니까요. 그래도 전체로 보면 음지 생활이 더 진솔하고 값졌다고 할 수 있습니다. 제가 원서 내고 들어간 것은 아니지만 감옥이나 실업자 생활 같은 음지가 있었기에 세상을 바르고 깊이 있게 볼 수 있게 된 거죠.

훗날 돌이켜보면 값진 체험이었다고 생각되지만, 막상 직면했을 때는 결코 즐거울 수 없는 게 음지 생활이다. 1980년 5·18 민주화운동이 터졌을 때 한승헌은 남산 지하실로 끌려가 모진 고문을 당한 끝에 김대중 내란음모사건 연루자로 몰려 1년간 감옥살이를 또 했다. 그렇게 '전과 2범'이 되는 바람에 변호사 자격을 도합 7년 남짓 박탈당했고 먹고살 길이 막막해 부인 명의로 출판사(삼민사)를 차려 간신히 생활고를 해결한 적도 있다. 40대를 역경과 고난의 세월로 보냈다.

이종탁 여러 사람 고생시킨 사건들도 결국 진실이 드러나지 않았습니까.

한승헌 당시 시국 사건의 피고인들은 정권 탄압에 맞서 '후세의 역사가 심판할 것이다'라는 말을 자주 했어요. 나는 그때 후세의 역사? 하품 나는 이야기다, 하며 얼마쯤 자조적이었죠. 앞이 칠흑같이 캄캄한데 어느 세월에 그런 후세가 오겠느냐는 생각이었어요. 그런데 후세도 아닌 당대에 판결을 통해 무죄가 선고되고 역사가 바로잡혔으니 얼마나 다행인지 모릅니다. 대

한승헌

통령긴급조치 1호가 위헌이라는 대법원 판결이 나왔을 때 과거 내가 쓴 상고 이유서를 꺼내 읽어봤어요. 거기에 제가 긴급조치 위헌론을 분명히 지적해놓았더라고요. 유신헌법 자체에 문제가 있는데, 그 유신헌법에 비추어보더라도 긴급조치 4호는 발동 요건을 갖추지 못했으니 무효다, 라고 말입니다. 그런데도 당시 대법원은 피고인의 상고를 묻지 마 식으로 기각했어요.

이종탁 주로 돈 안 되는 시국 사건을 맡아오셨는데 생활하는 데 어렵지는 않았는지요.

한승헌 나보고 무료 변호사라고 하는 사람이 있는데 듣기 민망 합니다. 그런 분에게 제가 그럽니다. 제가 돈은 안 받았지만 수 표는 좀 받았다고요. 변호사가 모든 사건을 무료로 변론한다 면 먹고살 길이 없겠지요. 어려운 사람에게는 무료로 하고, 지 불 능력이 있는 사람에게서는 보수를 받았죠. 당시엔 저보다 더 어두운 음지에서 고난을 무릅쓰는 사람들이 많았습니다. 바른 세상을 위해 사서 고생하는 사람들, 그들에 의해 세상이 이만 큼이라도 나아지고, 역사가 진보하는 것이라고 저는 믿습니다.

이종탁 선생님이 사서 고생한 사례 아닙니까.

한승헌 저는 원서 쓰고 감옥 간 게 아니고 토정비결에 의해 강요 된 고생을 한 거예요. 그 시절엔 진짜 사서 고생하는 사람들이 많았어요. 제가 2008년 5월, 민변(민주사회를 위한 변호사 모임) 창립 20주년 행사에서 그랬어요. 우리가 남들과 뭐가 다르냐, 사서 고생하는 변호사들이란 점 아니겠느냐, 그러니 앞으로도 사서 고생 좀 더 합시다. 라고요.

'사서 고생한다'는 말은 우리에게 너무나 익숙한 고전이다. 옛날 어른들은 여기에 '젊어서'라는 말을 넣어 '젊어 고생은 사서도 한다'고 했다. 귀에 딱지가 앉을 정도로 많이 들은 말이지만 정작 이 말을 가슴으로 느껴서 행동으로 실천하는 사람은 많지 않다.

이종탁 　요즘 대학생들은 사서 고생은 고사하고 당장 취업이 안 돼 사회적 의식을 가질 만한 분위기가 안 돼 있다는 생각이 듭니다. 젊은이들에게 하고 싶은 말은 무엇입니까.

한승헌 　언제나 선배 눈에는 후배들이 철부지 같고 걱정스러운 게 사실이죠. 그래도 요즘엔 대체로 생활 환경이 좋아지고 더러는 유복하다 보니 젊은이들이 겉치레나 자기 일신의 안위, 편안한 것, 즐기는 것 등에 탐닉하는 경향이 있습니다. 젊은이라면 마땅히 가져야 할 사회적 관심이나 정의감이 희박해진 것 같아요. 물론 역사의 소명을 자각하고 치열하게 올바른 길을 걷고자 하는 젊은이도 있지만 그 수가 너무 적은 것 같아 안타깝습니다. 이들에게 자각을 주려면 학교 교육, 사회 교육이 제대로 돼야 하고, 무엇보다 기성세대가 바르게 살면서 본을 보여줘야 합니다. 그러기에 나이 든 세대가 먼저 자성을 해야겠죠. 젊은이를 향한 개탄이 우리 자신을 향한 개탄으로 부메랑이 되어 돌아옵니다.

옛날 어렸을 때 고생한 이야기를 자주 하는 노인을 가리켜 '꼰대'라고 한다. 이런 고약한 속어를 어떻게 아무 저항감 없이 사용하게 됐는지 알 수 없지만 젊은이들 사이에 꽤나 퍼져 있는 인식인 것은 분명하다. 입장 바꿔 생각해보자. 1934년생 노인의 눈에 21세기 세태가 얼마나 마음에 들까. 그래도 세대 이야기가 나오자 어른의 성찰을 먼저 거론하는 것을 보면, 적어도 그에게 그런 속어를 쓰는 것은 온당치 않은 것 같다.

사실 한승헌의 파란만장한 삶은 여느 노인들의 판에 박힌 이야기와는 차원이 다르다. 한 토막 한 토막이 깨어 있는 현대사의 증거이자 이 나라의 살아 있는 역사다.

그는 서예가 유희강(劍如 柳熙綱) 선생이 내려준 '산민(山民)'이라는 아호를 즐겨 쓴다. 그래서 『산민객담』이라는 제목의 책을 두 권이나 내기도 했다. "산민을 러시아 말로 하면 빨치산이 된다"고 유머를 날리는 그는 실제 전북 진안군 안천이라는 두메산골 태생이다.

보통의 아이들이 도시를 꿈꾸며 대처로 나가길 바랄 때 그는 순진하게도 부모님 농사일 도우며 농촌에서 사는 게 자식 된 도리라고 여겼다. 그래서 중학교 진학도 하지 않으려 했으나 아무리 가난해도 배워야 한다는 부모 말에 따라 교사가 되기로 마음먹고 전주사범학교에 응시했다. 그러나 체력 테스트에서 높이뛰기를 못해 낙방하고 말았다. 그 뒤 전주북중학교에 들어가 신문배달과 좌판 행상을 하면서 공부했고, 전북고등학교(뒤에 전주고등학교로 개칭)에 들어가서는 도장 명함집 기능공, 프린트 필경사 같은 아르바이트를 하며 학비를 벌었다.

주경야독의 생활이었지만 졸업식 때 졸업생을 대표해 답사를 할 만큼 성적은 좋았다. 대학 진학을 앞두고 적지 않은 고민이 됐다. 학교에선 서울대를 권유했고, 그도 가고 싶었지만 첩첩산중에서 외롭게 지내는 부모님을 생각하면 집에서 멀리 떨어진 부산(당시는 한국전쟁의 와중이어서 서울의 대학들이 임시수도 부산의 전시연합대학에 와 있었다)으로 갈 엄두가 나지 않았다. 결국 전북대학교에 입학 원서를 내면서 "절대 후회하지 않겠다"고 다짐을 했고, 그후 "그 다짐을 한 번도 어긴 적이 없다"고 한다.

지금도 전혀 없는 것은 아니지만 예전에는 서울대에 갈 성적이 되어도 이런저런 사정으로 지방 국립대나 사립대에 가는 학생이 꽤 있었다. 이들이 사회에 나와 각계에서 활동할 때 서울대 출신이라는 꼬리표의 위력을 실감하면서 당시 선택을 후회하는 경우가 적지 않다. 한승헌이 다짐을 단단히 했다지만 후회 없이 산다는 게 생각만큼 쉬운 일은 아니다. 그 역시 사법시험 구술시험에서 어느 시험관으로부터 "한 군은 전북대학에 재학 중이구먼. 가만있자, 전북대학이 어디에 있더라? 광주에 있던기?" 하는 말을 듣고 수험생 신분을 망각할 정도로 기분이 상한 적이 있다고 고백한다. 아마도 그가 학벌로부터 자유로워진 것은 사회적으로 당당해지면서일 것이다. 사법시험 패스라는 국가 공인 타이틀도 작용했겠지만 더 중요한 원천은 어떤 상황에서도 불의를 배격하고 정의와 명예의 길을 걸어왔다는 지식인의 자부심이다.

그는 애초부터 법조인을 꿈꾸었던 것은 아니라고 털어놓는다. 변호사는 네 번째 지망이었다. 첫 번째 지망은 일찍이 무산된 교사이고, 두 번째 지망은 방송국 아나운서로 KBS 입사시험을 보기도 했으나 실기 테스트에서 탈락했다. 세 번째 지망은 언론인이었으나 1950년대 중반 언론계의 병리적 풍토와 사이비 언론인의 비리 행태에 실망해 단념했다고 한다.

한승헌

하지만 훗날 그는 이 무산된 직업을 모두 체험하게 된다. 한국 외대 재단이사장과 중앙대 신문방송대학원 객원교수, 연세대 법무대학원 초빙교수를 역임하고, 전북대와 가천대 석좌교수로 있으니 가르치는 일은 충분히 한 셈이다. 또 텔레비전과 라디오 프로그램에 자주 출연했고 방송위원회 위원 및 시청자위원회 위원장을 하면서 방송국을 드나들었으니 직업적 아나운서에 못지않은 경험을 쌓은 셈이다. 언론인은 명실상부한 그의 직함이다. 일찍부터 신문, 잡지에 많은 글을 써온 그는 한겨레신문 창간위원장을 맡기도 했으며, 일간지 고정 필진으로 칼럼을 쓰기도 했다.

한승헌의 직함은 여기서 그치지 않는다. 그는 시인이며 문인이다. 저작권 관련 책에서부터 평론집, 산문집, 유머집, 시집 등 다양한 분야에서 30권 이상의 책을 냈고, 그중 일부는 일본에서 번역 출판되기도 했다. 음지와 양지를 극단적으로 오갔지만 결국 하고 싶은 일을 두루 경험했으니 더 이상 바랄 게 없는 인생이란 생각이 든다.

명망가들이 한번쯤 유혹에 빠지기 쉬운 길을 그가 끝내 가지 않은 게 있으니 정치권이다. 한승헌은 유력 정치인 김대중과 친분이 두터웠고, 사회적 신망도 높아 마음만 먹으면 공천과 당선은 따놓은 당상이라고 해도 과언이 아니었다. 하지만 그는 한 번도 정당에 가입하거나, 정치에 직접 참여한 일이 없다. 1995년 지방자치단체장을 처음 선거로 뽑을 때 전북지사에 출마해달라는 요청을 받았다. 그때 찾아온 야당 부총재에게 "나는 전북지사보다 애국지사가 되겠다", "전북지사보다 서울본사가 더 좋다"며 유머러스하게 거절한 일화가 전해진다. "정치는 내 적성에 맞지 않고 잘할 자신이 없기 때문"이라는 게 그의 설명이다. 정치에 발을 들여놓은 뒤 망가진 명망가가 한둘이 아니라는 점을 떠올리면 그의 소신이 무척이나 다행스럽게 느껴진다.

그가 정치를 경시하거나 피하는 것은 물론 아니다. 유신정권 때 시국 사건의 피고인과 변호인 관계로 만난 민주통합당 이미경 의원에 대해서는 후원회장을 맡아 물심양면으로 지원한다. 한명숙 민주통합당 전 대표와 박원순 서울시장의 후원회장을 맡기도 했다. 정치가 세상을 바꾼다는 신념 아래 정치 후원자의 역할만큼은 쉼 없이 하는 것이다. 이제 마무리 질문을 할 시간이다.

이종탁 그동안 여러 분야의 일을 하셨는데 가장 자랑스럽게 생각하는 직업은 무엇입니까.

한승헌 비록 4지망이었지만 변호사입니다. 변호사는 남을 위해, 세상을 위해 심부름할 수 있는 기회와 지위, 권능이 주어지는 직업이거든요. 물론 선생 기질도 살리고 싶어요. 지금 학점 나가는 강의를 하는 석좌교수치고 제가 전국 최고령 아닌가 모르겠어요. 많이 아는 것은 없어도 후진들에게 나눠주고 싶고 봉사하고 싶어요.

이종탁 요즘도 시를 쓰시나요.

한승헌 아니, 욕심처럼 그렇게 문학이 생산되지 않더군요. 쓰고는 싶은데 의욕한 대로 되지 않네요. 만물의 영장이라는 사람도 몇 분 안에 만들 수 있는데, 몇 줄로 끝낼 수도 있는 시는 아무리 머리를 써도 잘 안 돼요. 사람 만들기가 제일 쉬워, 잠깐이면 되니까. 허허.

한승헌

막판에 분위기를 가볍게 하기 위해 그가 유머를 날린 것이나, 얼굴색 하나 바꾸지 않고 말하는 통에 나는 금방 알아듣지 못했다. 잠깐의 시간이 지난 다음에야 "아, 예……" 하며 웃었는데, 노인의 언어감각을 따라가지 못하는 이런 둔감함이란.

Part 3

행복으로 가는
터닝포인트

박원순

윤무부

이길여

이세돌

박/원/순

약력

1956년 경남 창녕 출생 | 경기고 | 서울대 사회계열 제적 | 단국대 사학과 | 사법시험 합격 | 대구지검 검사 | 변호사 개업 | 역사문제연구소 초대 이사장 | 참여연대 사무처장 | 아름다운 재단 상임이사 | 아름다운 가게 상임이사 | 사법개혁위원회 위원 | 희망제작소 상임이사 | 필리핀 막사이사이상 공공봉사 부문 수상 | 제35대 서울시장 | 저서 『세상을 바꾸는 천 개의 직업』 『원순씨를 빌려드립니다』 등

"이 국장님 덕분에 이 자리까지 오게 되었잖아요. 도리어 제가 감사드려야죠."

취임식을 며칠 앞둔 2011년 11월 초 집무실을 찾았을 때 박원순 서울시장은 나의 축하인사를 받으며 이렇게 말했다.

내 덕분에 시장이 되었다는 게 무슨 말인가. 박원순 선거캠프에 있었던 것도 아니고, 기자 신분으로 특정 후보 지지운동을 할 수도 없는 처지였는데 뭐가 덕분이라는 걸까. 진지하게 하는 말은 물론 아니다. 상대에 따라 적절하게 멘트를 날리는 정치인의 인사법에 가깝다. 하지만 아주 근거 없는 이야기도 아니다. 박원순이 서울시장 출마를 결심하게 된 결정적 계기가 국정원 소송사건이고, 그 소송의 발단이 된 게 나와 가진 인터뷰이기 때문이다. 그때 인터뷰를 하지 않았다면, 그래서 국정원 소송 사태가 없었다면, 오늘날 박원순 시장은 없었을지 모른다. 지금이야 다 지나간 일이니까 가볍게 웃으며 이야기하지만 당시에는 많은 사람의 마음을 무겁게 한 사건이다.

국정원이 '대한민국'이란 이름의 원고가 되어 피고 박원순에게 2억 원의 배상을 해달라고 소송을 제기한 것은 2009년 9월 17일이다. 그해 6월 23일자 「주간경향」(당시 위클리경향)에 보도된 '이종탁이 만난 사람' 인터뷰에서 박원순이 국정원의 명예를 훼손하는 발언을 했다는 이유였다. 국가가 개인을 상대로 손해배상 청구 소송을 제기한 것은 헌정사상 초유의 일이다. 대체 박원순이 무어라 했기에 전대미문의 소송을 걸었던 걸까.

당시 시국은 정권 입장에서 심각한 위기감을 느낄 정도로 엄중

한 상황이었다. 노무현 전 대통령의 서거를 계기로 민심은 이명박 정부에 등을 돌리고 있었고, 교수와 학생, 문인과 종교인 등 각계각층의 인사들은 연일 민주주의 후퇴를 비판하는 시국선언을 쏟아내고 있었다. 인터뷰는 박원순이 이 선언의 대열에 동참하는 것을 주목해 이뤄졌다. 당시 기사를 인용해보자.

이종탁   한동안 현실정치에는 목소리를 내지 않았는데 이번에 시국선언을 한 이유는 무엇입니까.

박원순   아름다운 재단을 만들면서부터 중앙정부나 정치권력을 비판하는 일에서는 일부러 거리를 두려고 한 게 사실입니다. 시민사회도 이젠 포지티브한 모델을 만들어갈 필요가 있다는 생각 때문이었습니다. 21세기는 다양성과 창의성의 시대, 생태 가치가 존중되고 시민사회와의 거버넌스 협력체제가 구축되는 그런 사회가 될 것으로 생각했어요. 그런데 이명박 정부 들면서 이런 기대가 하나하나 어긋나더니 요즘은 모든 것이 다 무너지고 있는 느낌입니다. 10~20년간 쌓아온 민주적 가치를 일거에 허물어뜨리는 거예요. 책임 있는 사람으로서 가만히 보고만 있을 수 없는 상황입니다.

이종탁   무엇이 문제이며, 어떻게 해야 한다고 보십니까.

박원순   현 위기는 이명박 정부가 자초한 것입니다. 권위적이고 편향적이며 갈등 유발적인 정권의 행태 때문이지요. 따라서 매듭지은 자가 푸는 수밖에 없습니다. 통 크게 결단하고 폭넓게 수용해야 합니다.

박원순

박원순은 시국선언에 참가한 것 외에 개인적으로 시무구책(時務九策)이라는 제목으로 아홉 가지 변화를 이 대통령에게 촉구한 바 있다. 편협한 인사 정책 폐기, 좌우 갈등 조장 정책 폐기, 검찰과 국정원·감사원의 중립성 및 독립성 보장, 시민사회 고사 정책 폐기, 토목공화국 발상 폐기와 같은 것들이다.

이종탁 이 대통령이 수용할 조짐은 좀처럼 안 보이는데요.

박원순 이대로 가다간 파국 가능성도 있습니다. 경찰의 힘으로 언제까지 억누를 수 있겠습니까. 당분간은 가능하겠지만 계속될 수는 없습니다. 5~6공화국 때도 못 막았잖아요. 내년에 지방 선거를 치르고 하반기쯤 가면 정권이 레임덕에 빠질 수도 있어요.

이종탁 청와대에 충고해줘야겠다는 생각은 안 하십니까. (이렇게 질문한 것은 그가 이명박 대통령과 남다른 개인적 인연을 갖고 있다는 점을 염두에 둔 것이다. 이 대통령이 서울시장 시절 월급을 안 받겠다고 선언하자 박원순은 그다음 날 시장실을 찾아가 2억 6000만 원의 월급 전액을 아름다운 재단에 기부하도록 설득했다. 그 후 월 1회가량 이 시장과 만나 서울 숲 같은 생태 문제에 대해 자문해주면서 시정을 지켜볼 기회를 가졌다고 한다.)

박원순 개인적으로야 정정길 대통령실장을 비롯해 청와대 비서관 대부분을 압니다. 하지만 그게 무슨 소용 있나요. 이 정권이 출범했을 때 저는 실용정부로서 성공할 수 있겠다고 생각했어요. 정권을 넘겨준 진보 쪽도 이런 기회에 성찰하는 시간을 가지면 정치적으로 선순환할 수 있겠다 생각했지요. 그런데 그게 아니었습니다. 이 대통령이 배제의 정치를 하면서 모든 것이 막히고 끊겨버렸습니다.

이렇게 말하면서 그의 목소리 톤이 조금씩 높아져갔다.

"사회가 잘되려면 공무원만으로는 안 되고 중간 전달 기관이 있어야 해요. 풀뿌리 시민단체가 그 역할을 맡아야 합니다. 그런데이 정부에선 시민단체를 깡그리 무시합니다. 총체적 단절이에요. 저는 이 정부, 아마도 청와대나 국정원이겠지요, 배제의 정치를 총체적으로 지휘하는 사령부가 있다고 봅니다. 이렇게 민간사찰이 복원되고 정치와 민간에 개입이 노골화되면 이 정권의 국정원장은 다음 정권 때 구속되지 않으리란 법이 없지요. 이런 상황은 방지되어야 하고, 그러기 위해서는 지금 정부가 변해야 합니다."

이종탁 그게 무슨 말입니까. 근거가 있습니까. 그 말씀이 기사화되면 곤란해지지 않겠습니까.

박원순 이 말로 주목받으면 저로서는 바라는 바입니다. 지금 시민단체는 단체와 관계 맺는 기업의 임원들까지 전부 조사해 개별적으로 연락하는 통에 많은 단체들이 재정적으로 힘겨운 상태입니다. 총체적으로 지휘하는 곳이 없으면 일어날 수 없는 일이 여러 곳에서 발견됩니다. 명백한 민간사찰이자 국정원법 위반이에요. 우리 희망제작소만 해도 지역홍보센터 만드는 사업을 3년에 걸쳐 하기로 행정안전부와 계약했어요. 그런데 1년 만에 해약 통보를 받았습니다. 하나은행과는 마이크로 크레디트 같은 소기업 후원 사업을 같이 하기로 합의하고 기자회견까지 했어요. 그런데 어느 날 무산됐습니다. 나중에 알고 보니 국정원에서 개입했다고 합니다. 정권에서 인사하는 것 보세요. 참여정부 때 임명된 사람은 모조리 내몰고 있잖아요. 한예종 황지우 총장을 쫓아낸 것도 그렇고. 야만적이고 잔인한 일들이 도처에서 벌어지고 있습니다.

지금 다시 보아도 신랄한 내용이다. 국정원장이나 대통령이 본다면 심기가 불편하고도 남을 이야기다. 국정원장의 감옥행이나 대통령의 레임덕 가능성을 입에 올리고 있으니 이들을 모시는 아랫사람들로선 '이런 불경스러울 데가 있나' 하고 생각했을 법하다. 국정원이 행정안전부와 하나은행 배후에 국정원이 개입돼 있다는 박원순의 발언은 사실과 다르다며 소장을 낸 것은 이런 괘씸죄가 작용했을 터이다.

나중에 이 사건은 법원에서 원고(국정원) 패소로 결론 났지만 박원순이 입은 고초는 컸다. 박원순은 국정원이 민간단체를 사찰한 것으로 의심되는 15건의 사례를 추가로 공개하며 정면 대결에 나섰고, 희망제작소를 후원하던 기업들은 잇따라 지원의 손길을 거두어갔다. 국정원과 싸운다는 소식에 일반 후원자는 늘었지만 정상적으로 희망제작소를 운영하기에는 부족했다. 박원순의 마음속에 '이런 세상에서 시민활동을 계속한다는 것은 무의미하다'는 생각이 싹트기 시작했다. 그전까지 생각해보지 않은 길이 자연스레 떠올랐다.

결과적으로 인생의 전환점이 된 '이종탁이 만난 사람' 인터뷰를 할 때만 해도 그는 정치에 대해 명료한 입장이었다. 그때 대화를 다시 인용해보자.

이종탁　서울시장에 나갈 생각은 없습니까.

박원순　나는 그런 생각 해본 적 없는데 왜 자꾸 내 이름을 들먹이는지 모르겠어요.

본인 의사와 상관없이 이뤄진 여론조사에서 차기 서울시장 후보 중 한 명으로 지목된 데 대한 질문이고 답변이다.

이종탁　희망제작소에서 하고 있는 사업을 서울시장이 되어 하면 더 좋은 것 아닌가요. 시민운동가로서 시민들이 원하면 해야 하는 것 아닙니까.

박원순　그렇지 않아요. 자기가 하는 일에서 보람과 의미를 찾는 게 중요합니다. 저는 희망을 제작해야지요. 시국이 절망적이라고 하지만 그럴수록 희망을 키워야지요.

만약 국정원이 소송을 걸지 않았다면 오늘날 박원순 서울시장은 없었을 것이란 생각이 더욱 확고해진다. 박원순의 정치 입문을 이명박 정권이 원한 게 아니라면 그를 상대로 한 소송은 자충수인 셈이다.

국정원과 맞서기 전까지 박원순은 투사형 운동가는 아니었다. 그는 시민운동을 부드럽고 자연스럽게, 생활 속에서 흥미롭게 해나가자는 주의였다. 저항과 투쟁, 시위와 구호보다는 희망과 대안, 창의와 제안을 중시했다. 발칙하다고 느껴질 정도의 상상력과 실행 계획, 시민들의 자발적 참여가 세상을 바꾼다는 게 그의 생각이었다. 2000년부터 그가 차례로 만든 아름다운 재단, 아름다운 가게, 희망제작소는 그런 생각의 결실이다.

박원순은 자신을 알리는 명함에 '소셜 디자이너(social designer)라 적었다. 자기와 같은 소셜 디자이너를 양성하기 위해 희망제작소 안에 소셜 디자이너 스쿨을 만들기도 했다. 2010년 봄 개강 때는 당시 카이스트 석좌교수이던 안철수 원장이 이곳에서 특강을 하기도 했다.

이종탁　소셜 디자이너라는 직업명은 어디에서 따온 건가요.

박원순　외국에 자주 나가다 보니 생각이 진화하더군요. 처음에는 사회운동에 관심을 가졌지만 갈수록 도시나 마을, 거리, 공원의 디자인이 눈에 들어오는 겁니다. 저 시스템을 한국 사회에 가져가면 어떨까, 어떻게 업그레이드할 수 있나 하는 생각이 머릿속에서 떠나지 않아요. 그때부터 어디를 가나 카메라를 갖고 다니게 됐습니다. 소셜 디자이너는 내가 만든 말입니다. 사람들의 생각을, 사회 시스템을 어떻게 바꿀까 고민하는 게 소셜 디자이너의 본업입니다. 세상에 하나뿐인 직업이지요. 외국에서도 그런 말 쓴다는 얘기 못 들어봤으니까요. 소셜 아키텍처, 소셜 플래처, 이런 말을 두고 고르다가 너무 거창한 것 같아 소박한 디자이너로 정했습니다.

여기서 소박하다는 말은 남들이 하지 않고 보지 않는 틈새를 파고든다는 의미다. 우리가 먹고 자고 일하고 오가는 모든 곳에 놀라운 아이디어들이 숨어 있다는 게 그의 생각이다. 왜 지하철의 손잡이는 높이가 똑같아야 할까. 키 작은 사람을 위해 낮은 것도 만들어야 하지 않을까. 여성은 생리 때문에 수영장 이용 일수가 남성보다 적을 수밖에 없는데 월 이용료가 같은 것은 부당하지 않나. 도시에 혼자 사는 사람들을 네트워크로 연결해 함께 농사지으면 동네 친구도 생기고 건강도 좋아지지 않겠나, 하는 상상이다. 이런 아이디어를 희망제작소 사회창안센터에서 모아 제도적으로 고쳐야 할 것은 당국에 청원하고, 시민운동 차원에서 추진할 것은 자체적으로 추진한다는 게 소셜 디자이너 박원순의 실천적 사고다.

고령화 사회에 맞춰 희망제작소 내에 행복설계아카데미를 개설한 것도 같은 맥락이다. 현직 서울시 국장을 비롯해 언론사 사장 및 편집국장을 지낸 전문 인력들이 줄줄이 수강생 명단에 올라 있다. 전문직 퇴직자들이 그동안 쌓아온 경험과 전문성을 사회와 함께 나누며 제2의 삶을 준비하는 곳이다.

"미국 공무원은 정년이 없습니다. 일하는 데까지 합니다. 그런데 우리는 60세를 전후해 직장에서 나와야 하는데 이들을 받아주는 사회적 시스템이 없습니다. 그래서 우선 기업의 임원이나 정부 관료 등 전문직을 대상으로 제2의 인생길을 도와주자는 차원에서 개설했습니다. 다행히 오신 분들이 다 만족해합니다. 수강생의 절반쯤은 재취업에 성공하고요. 모두 대한민국을 리바이털라이징(재활)할 분들 아닙니까. 이들의 경험, 지혜, 네트워크를 사장(死藏)시키면 국가적 손실이지요. 시골에서 할머니 한 분이 돌아가시면 마을 박물관이 사라진다고 하잖습니까."

21세기에는 자기 나이에 0.7을 곱해 생각해야 한다는 말이 있다. 일본의 방송작가 에이 로쿠스케의 에세이집 『대왕생(大往生)』

지금은 집단 지혜, 집단 지성의 시대입니다.
다수의 아이디어와 공동의 노력을 활용할 생각을 해야 합니다.

에 나오는 말로 55세는 예전의 38세, 60세는 42세와 같다는 것이다. 사람의 신체기력 수명은 연장되었는데 정년퇴직 제도는 변함이 없어 고급인력의 사회적 낭비가 심하다는 점을 박원순은 파고든 셈이다.

아름다운 재단은 사람들 내면에 있는 가치의식이란 틈새를 비집고 들어가 성공한 사업이다. 부정과 비리, 이기심과 탐욕이 가득한 사회라고 하지만 다른 한편으로는 콩 한 쪽도 나눠 먹으면서 기쁨과 보람을 느끼는 게 우리 국민의 심성이라는 점에 착안해 1퍼센트 나눔 운동을 제안한 것이다. 그가 내세우는 '아름다운 나눔을 위한 열 가지 조언' 중에는 이런 말이 있다. "나눌 수 없는 가난은 없다. 지갑이 두꺼워야 나눌 수 있다는 생각을 버린다." "내 안의 선한 의지를 의심하지 않는다. 나눌 마음이 들면 즉각 실행에 옮긴다."

'생산자에게 희망을, 구매자에게 기쁨을'이란 슬로건을 내걸고 운영 중인 아름다운 커피 가게도 마찬가지다. 이 가게는 현지생산 농가에 공정한 품삯을 주고 재배한 원두를 재료로 쓰기 때문에 가격이 비싸지만 한 잔의 커피에도 정의가 담겨 있다는 사실을 부각시켜 착한 소비를 이끌어낸다. 이렇게 뒤집어보는 발상의 전환만 하면 공익과 수익 두 마리 토끼를 잡으면서 새로운 세상을 만들 수 있는 여지가 널려 있다는 게 박원순의 생각이다. 시장 개방의 파고 속에 신음하는 농촌을 블루오션으로 바라보기도 한다.

이종탁　농업의 어떤 점을 보시는 겁니까.

박원순　일본의 『다이아몬드』라는 잡지에서 '농업이 일본을 구한다'라는 특집기사를 본 적이 있습니다. 요즘 우리나라에도 그런 투어리즘이 뜨고 있는데 일본에선 아이들이 산촌으로 유학을 갑니다. 자연과 함께 살면 정서에도 좋고 아토피 걱정도 없어 건강에도 유익하다는 거예요. 농촌에 가서 새로운 비즈니스를 일으키면 길은 널려 있습니다. 우스갯소리로 저에게 맡겨주면 우리나라 실업자 전원에게 일자리를 드릴 수 있습니다. 당분간 월급을 못 주는 일자리일 수는 있겠지만요.

이종탁   역대 정부에서 농촌 살린다고 엄청난 돈을 쏟아부었지만 낭비로 끝나지 않았습니까.

박원순   그건 현장을 몰랐기 때문입니다. 예를 들어 농촌마을을 정보화한다며 컴퓨터를 40대 사서 보냅니다. 그런데 그 마을에서 컴퓨터 할 줄 아는 주민은 3~4명에 불과해요. 나머지 컴퓨터는 1년 내내 꺼져 있는 거죠. 그러다 감사 나온다 하면 갑자기 켜서 먼지 닦고 하느라 난리를 칩니다. 이러니 제대로 되겠어요?

이종탁   공무원들도 시민을 이롭게 하기 위해 늘 고민할 텐데요, 어떤 차이 때문이라고 보십니까.

박원순   공무원의 경직성, 미래에 대한 안목 부족 때문이라고 봅니다. 지금은 집단 지혜, 집단 지성의 시대입니다. 공무원 한 사람이 책상머리에 앉아 정책을 내면 제아무리 똑똑해도 시행착오를 겪을 수밖에 없어요. 다수의 아이디어와 공동의 노력을 활용할 생각을 해야 합니다. 세계적으로 유행하는 위키피디아나 위키노믹스의 사례를 공무원들은 꼭 알아야 합니다. 오세훈 서울시장이 당선 직후 우리 사무실을 와보고 여러 가지 아이디어에 감동받았다며 일주일에 한 번씩 오겠다고 했어요. 그런데 그 길로 가서는 한 번도 안 왔습니다.

이렇게 말할 때만 해도 그 자신은 상상하지 않았겠지만 그로부터 2년 뒤 오세훈 시장의 후임자가 됐으니 자못 흥미로운 시정(市政)이 기대된다.

자치단체장이 가장 중요하게 추진해야 할 시정 가운데 하나가 일자리 창출이다. 그런데 일자리 아이디어에 관한 한 박원순을 따라갈 사람이 또 있을까 싶다. 그는 보고 듣고 느끼는 모든 것이 직업이 된다고 역설한다.

예를 들면 직장인의 퇴근 후 생활을 디자인해주는 퇴근 후 생활 코디네이터, 출장이나 여행갈 때 생기는 빈집을 인터넷으로 연결해주는 집 바꾸어 살기 사이트 운영자, 가난한 예술가에게 관객을 찾아주는 문화 복덕방 매니저, 어려운 용어나 한자어, 외국어를 시민의 눈높이에 맞춰 쉬운 우리말로 정리해주는 쉬운 한국어 전문가, 도시민의 농촌 체험을 일손으로 연결해주는 농촌일손 뱅크운영자 등등. 공무원이 되거나 대기업에 들어가야 행복해진다는 생각만 버리면 길은 여러 가지라고 역설한다.

그저 아이디어 차원에서 하는 말이 아니다. 21세기에는 직업시장의 핵이 바뀔 것이라고 박원순은 내다본다. 자칭 세계 최초의 소셜 디자이너가 보는 열 가지 미래 트렌드는 이렇다.

"첫째, 석유자원의 종말과 함께 라이프스타일이 바뀌는 생태적인 세상이 온다. 둘째, 문화적 상상력과 예술적 감수성, 디자인 감각이 새로운 산업과 직업을 만들어내는 문화와 예술과 디자인의 시대가 열린다. 셋째, 시민사회 영역에서 새로운 직업이 어마어마하게 많이 만들어지는 시민사회의 시대가 온다. 넷째, 농촌이 블루오션이 되는 것처럼 버려진 곳이 세상의 새로운 중심이 된다. 다섯째, 전통과 미래 기술이 만나 고부가가치를 만들어내는 새로운 전통의 시대가 온다. 여섯째, 여러 분야의 전문성을 결합해 가치를 극대화하는 다분야 전문가가 각광을 받을 것이다. 일곱째, 세상을 바꾸는 일이 직업이 되고 돈이 되는 창조와 혁신의 시대가 된다. 여덟째, 비영리단체나 정부, 기업이 시너지 효과를 내는 파트너십과 거버넌스(협치)의 시대가 열린다. 아홉째, 지구화가 진행되는 동시에 마을 단위의 공동체가 번성하는 글로컬(글로벌+로컬) 시대가 온다. 열째, 공익의 가치를 비즈니스 형태로 실현하는 창조적 자본주의 시대가 열린다."(『세상을 바꾸는 천 개의 직업』, 15쪽)

이런 생각을 가지고 있는 박원순이니 취업 안 된다고 실의에 빠져 있는 젊은이들을 보면 할 말이 많다. 눈앞의 초조함에 갇혀서, 혼자만 잘 먹고 잘살고자 하는 욕심에 빠져서 세상을 넓게 보지 못하고 있다는 것이다. 눈에 핏발 세우며 몰려가는 경쟁의 대열에서 벗어나 과감하게 블루오션을 찾아가면 새로운 인생이 눈에 들어온다는 게 그의 생각이다.

"따지고 보면 밤하늘의 별처럼 무수히 빛나는 젊은 상상들이 다 성공의 씨앗입니다. 다만 탐욕의 공해로 인해 눈이 흐려져 보이지 않는 것입니다. 자세히 보려고 하지 않기 때문에 모르고 지나칠 뿐입니다."

젊은이들은 여기에 얼마나 공감할까. 듣기에는 그럴듯하지만 당장 밥벌이가 안 되는데 무슨 소용이 있느냐며 외면하지 않을까.

박원순의 인생 가치관을 이해하지 못하면 그의 주장, 아이디어, 삶의 방식, 모든 것이 공허하게 들릴 수 있다.

따지고 보면 박원순은 한국 최고의 출세 코스를 거친 상류층 인사다. 경남 창녕의 시골 출신이긴 하지만 경기고-서울대 학력에, 당시만 해도 평생 보증수표와 다름없는 사법시험에 합격해 검사와 변호사 생활을 했다. 젊은 나이에 영감님(검사를 부르는 호칭) 소리를 들었고 기사 딸린 승용차를 타며 큰 집에서 여유 있게 살기도 했다. 그렇다고 노블레스 오블리주를 완전히 외면한 것도 아니었다. 때때로 인권 변론도 했고, 여러 단체에 크고 작은 기부금도 냈다. 어려운 친구나 가족의 사정을 외면하지도 않았다. 돈도 벌고 이웃도 돌보는 건전한 전문인이라고 스스로 자부할 만했다.

인생이 바뀐 것은 그가 평생의 멘토로 여기는 조영래 변호사가 어느 날 세상을 뜨면서였다. 고등학교 선배이면서 변호사 사무실을 같이 쓴 동료였던 조영래는 문병 온 박원순에게 "박 변호사, 돈 버는 것도 좋지만 이제 좀 눈을 돌려봐" 하고 충고한 뒤 얼마 못가 숨을 거뒀다.

이때의 느낌을 박원순은 이렇게 표현한다.

"살면서 당연하다고 생각해온 모든 것이 온통 낯설고 새로운 의미로 다가왔다."

정신적 스승을 가슴에 묻으면서 박원순은 "내 인생에 돈은 무엇인가"를 자문하게 됐고, "이건 아니다"라는 결론을 내렸다. 법조계 경력 7~8년, 서른다섯의 팔팔하던 나이에 변호사 생활을 접고 미국 유학길에 올랐고, 귀국해서는 시민운동가가 되었다. 세간의 눈으로 보면 상류계층에서 시민계급으로 내려온 것 같지만, 그는 자신의 선택을 후회한 적이 없다. 보람 있고 의미 있는 일을 하면서 삶의 행복을 느끼기 때문이다. 그렇게 보면 그의 인생에서 행복으로 가는 터닝포인트는 존경하는 선배의 충고 한 마디였다. 그때 그 충고가 없었다면, 아니 있었어도 박원순이 가슴에 새기고 성찰하지 않았다면, 그래서 삶의 행로를 터닝하지 않았다면, 지금의 행복한 원순 씨는 없었을 것이란 얘기다.

서울대에 합격하거나 사법시험에 합격하면 종종 플래카드가 내걸린다. 고등학교는 고등학교대로, 대학은 대학대로, 고향에선 마을 경사라며 축하하고 자랑하는 관행은 박원순이 대입을 치를 때나 지금이나 크게 달라진 게 없다. 그러나 박원순은 이 플래카드에 '경축' 대신 '근조'라고 써야 한다고 공개적으로 말한다. 2003년 사법연수원생들을 대상으로 한 특강에서 박원순은 이렇게 쓴소리를 했다.

"저는 여러분이 판검사가 되더라도 축하해주고 싶은 마음이 전혀 없습니다. 판검사라는 지위에 도취되어 인생의 겸허함이 사라지는 모습을 많이 보았기 때문입니다. 안락한 생활과 사회의 대접에 안주해 턱없는 자기기만에 빠지는 모습을 자주 접했기 때문입니다. 그게 어디 축하할 일입니까? 차라리 곡(哭)을 해주는 게 맞지요."

어려운 공부 끝에 사법시험에 합격해 성공에 대한 기대심리로 들떠 있을 사람들에게 상상 밖의 독한 충고를 한 것이다. 그런데 놀랍게도 강의가 끝나자 한 사람이 따라나와 박원순에게 "그럼 어떻게 할까요?"라고 물었는데, 그는 연수원을 마치고 곧장 아름다운 재단으로 와 공익 변호사 그룹을 만들었다. 지금은 이곳에 오고 싶어하는 변호사가 넘쳐나는데 사정상 다 받아줄 수가 없다고 한다.

　고정관념을 깨뜨리는 박원순의 충고 가운데 감옥 예찬론도 있다. 그는 1975년 대학에 들어간 직후 교내 시위에 연루돼 학교에서 제적당하고 넉 달간 감옥살이를 했다. 재수 끝에 경기고등학교에 입학하고 다시 재수 끝에 서울대학교에 들어갔는데 겨우 석 달 만에 잘려 감옥에 갔으니 가족이나 본인의 심정이 어떠했을지는 불문가지다. 그런데 감옥에서 그는 새로운 세상을 만났다고 한다. 강도, 절도, 소매치기 범죄자들도 만나보니 원래 순박한 사람들이었고, 그들의 인생을 옥죄는 환경만 바로잡으면 맑은 사회를 만들 수 있다는 것을 깨달았다.

　게다가 감옥은 완벽하게 면학 분위기가 조성돼 있어 실컷 책을 읽을 수 있었다. 그는 감옥에서 영감을 준 책으로 마르쿠제의 『이성과 혁명』, 헤르만 헤세의 『싯다르타』, 김동리의 『사반의 십자가』를 꼽는다. 독일의 법철학자 예링의 책에서 "법의 목적은 평화이고 거기에 이르는 과정은 투쟁"이란 문장을 접하고 전율한 기억도 있다.

　"구치소에서 저는 영혼의 자유를 만끽했습니다. 세속의 욕망에 갇혀 질식해 있던 또 하나의 자아였죠. 현실에선 제가 감옥에 갇혀 있어도 내면적으로는 바깥사람이었습니다. 생각이 바뀌자 세상이 달리 보이고 마음이 열리자 우주가 밀려왔습니다. 그야말로 도통한 느낌이었죠."

　감옥 경험이 없었다면 법조계로 나아갈 생각도, 시민운동을 해야겠다는 생각도 하기 어려웠을 것이라고 그는 회고한다. 범죄를 저지르라는 말은 아니지만 "인생에서 감옥은 꼭 한 번 가볼 만한

박원순

곳"이라는 역설적 충고는 그래서 나온 것이다.

국정원이 그를 상대로 소송을 걸어왔을 때 박원순과 나눈 전화 대화를 잊을 수 없다. 인터뷰하고 기사 쓴 기자로서 뭔가 위로의 말을 건네야 할 것 같아 "고초가 크시겠다"고 했는데 전화 너머에서 들려온 말은 전혀 예상 밖이었다.

"감옥에 가면 저는 차라리 좋아요. 핑계 김에 한동안 책이나 실컷 볼 수 있을 테니까요."

그냥 푸념으로 하는 말이 아니었다. 감옥 가기를 진심으로 바랄 리는 없겠지만 설령 가더라도 즐거운 마음으로 할 일이 있어 두렵지 않다는 의미였다.

그는 대한민국에서 가장 바쁜 사람 중 하나다. 그의 다이어리에는 흰 바탕이 안 보일 만큼 스케줄과 아이디어가 빼곡하게 적혀 있다. 아침 7시 반부터 자정까지 일정이 쉴 없이 이어진다. 신기술을 익혀 활용하는데도 선수급이다. 블로그 '원순닷컴'에 이틀이 멀다 하고 글과 사진을 올려 파워 블로거로 부상하더니, 트위터가 나오자 곧바로 입문해 파워 트위터리안이 됐다.

시장 선거에서 트위터 덕을 톡톡히 보기도 한 그는 시장이 된 뒤 한밤중 트위터로 의견을 내는 시민들에게 "이 문제 대답해줄 분 누구 없나요?" 하는 식으로 답글을 올려 서울시 공무원들을 잠 못 들게 한다. 지칠 줄 모르는 열정, 어디서 이런 에너지가 나오는 걸까.

"자전거는 달리면 넘어지지 않습니다. 자기가 하고 싶은 일을 하다 보면 피곤한 줄 몰라요."

그가 입버릇처럼 하는 말이 있다. "바쁘게 일하다가 과로사하는 게 나의 꿈"이라는 것이다. 그런데도 활력이 넘치는 걸 보면 물리적 연령에 0.7을 곱해야 한다는 21세기 나이 계산법은 다른 누구보다 박원순에게 우선 적용해야 할 것 같다.

박원순 같은 지독한 일벌레를 누가 닮고 따라할 수 있을까. 웬만큼 부지런하지 않으면 흉내도 내기 어렵다. 다만 그가 제시하는 '인생을 아름답게 만드는 일곱 가지 미덕'은 보통 사람들도 새겨듣고 실천할 만하다.

1. 고난과 시련을 즐긴다.
2. 자신을 버리면 세상을 얻는다.
3. 남들이 가지 않는 길만 골라서 간다.
4. 상상력 넘치는 아이디어로 승부한다.
5. 아름다운 관계가 위대한 마음을 낳는다.
6. 사회의 성공과 자신의 성공을 일치시킨다.
7. 다 이루었으면 다시 짐을 싸서 떠난다.

박원순이 젊은이들에게 제시하는 인생 7대 지침서를 자세히 뜯어보면 전체를 관통하는 하나의 단어가 떠오른다. 꿈이다. 꿈이 없으면 고난과 시련을 즐길 수 없고 꿈이 없는 사람은 자신을 버릴 수 없다. 꿈꾸는 사람만이 남들이 가지 않는 길을 갈 수 있으며, 꿈을 꾸어야 아이디어가 솟아난다. 세상은 꿈꾸는 사람의 것이다. 문제는 어떤 꿈을 꾸느냐에 달려 있다. 혼자 잘 먹고 잘 살겠다는 마음만 버리면, 더 큰 부자가 되고 더 큰 세상을 만나게 된다고 박원순은 강조한다.

박원순

그 자신은 이 7대 지침을 고스란히 이행했을까. 본의 아니게 강요된 길을 걷기도 했지만 큰 흐름에서는 일치하는 것 같다. 그렇다고 그의 인생에서 후회스러운 대목이 없지는 않을 것이다. 그는 서울대 학생을 상대로 한 강연에서 '20대 학생에게 필요한 것은?'이란 질문을 받고는 언어를 열심히 공부하라고 충고한다.

잠시라도 멈추면 넘어지는 자전거처럼 그의 인생은 일의 연속이다. 일을 즐기지 않으면 하루 하루 페달을 밟을 수 없다. 하지만 언제나 여일(如一)할 수는 없다. 박원순도 외로움을 탄다. 외롭고 싶을 때가 있다.

"내 수첩은 나의 것이 아니다. 무시로 걸려오는 전화들에 의해 내 수첩은 점령당하다. 매일매일 시간 단위로, 때로는 10분 단위로 내 일정은 빼곡하다. 가끔 나는 생각한다. 내 인생은 나의 것이 아니다. 내가 만나고 싶고 내가 하고 싶은 일은 거의 포기할 수밖에 없다. 가끔은 몹시 외로움을 탄다. 매일매일 수많은 사람의 만남 속에서 나는 외로워진다. '군중속에서의 고독'이라고나 할까."

2009년 3월, 인터넷사이트 원순닷컴의 '원순씨 일상다반사' 코너에 정호승의 시집 『외로우니까 사람이다』를 추천하면서 쓴 글이다. 박원순은 "시는 일상을 넘어 사람을 명상과 상상으로 이끌기 마련이다. 올 여름 어느 산사에서나, 또는 해지는 해변에서 나도 조용히 외로움을 생각하고 싶다. 나뭇가지에 않은 새도 되고 싶고 산그림자도, 종소리도 되고 싶다. 정호승의 이 시집을 끼고 나도 외롭고 싶다"고 적고 있다. 어느 시인은 '가끔은 주목받는 생이고 싶다'고 했는데, 박원순은 '가끔은 외롭고 싶다'고 한다. 얼마나 정신없는 삶을 살기에.

윤/무/부

약력

1941년 경남 거제 출생 ┃ 경희대 생물학과 및 동 대학원 ┃ 한국교원대 생물전공 교육학 박사 ┃
경희대 생물학과 명예교수 ┃ 한국 동물학회 이사, 생태학회 이사, 한국행동생물학회 이사 ┃ 저
서 『한국의 새』 『한국의 철새』 『한국의 텃새』 『새야 새야 날아라』 『새박사, 새를 잡다』 등

새들이 먹이를 찾아 부산하게 움직이면 며칠 뒤 비가 온다. 바닷가 항구에 괭이갈매기가 몰려오면 어김없이 태풍이 닥친다. 종달새가 하늘 높이 올라가 울면 얼마간 날씨가 좋다. 비 오는 날에는 새들이 짝짓기를 하지 않는다.

기상청 예보를 듣지 않아도 이렇게 새들의 움직임만 보면 조류학자 윤무부 박사는 날씨를 감 잡을 수 있다. 새가 날씨와 환경에 어떻게 반응하는지 평생 지켜보아온 덕분이다.

윤무부의 삶에서 새는 알파에서 오메가까지다. 새에 빠져, 새와 함께 동고동락하며 젊은 시절을 보냈고, 새를 좇으며 새처럼 훨훨 나는 인생을 꿈꿨다. 그래서인지 윤무부의 얼굴에는 어린아이 같은 순진무구함이 배어 있다. 밖으로 쏘다니며 찬바람 맞아 생긴 억센 주름살 사이로 맑고 깨끗한 영혼의 그림자가 보인다.

그는 만나는 이들에게 옛날 훈장들이 자기처럼 공부 못하는 사람을 가리켜 조두(鳥頭, 새대가리), 그보다 더 못한 사람을 계두(鷄頭, 닭대가리)라 했다며 농담을 한다. 실제 새와 무관한 일에 대해 그는 기억력이 좋은 편이 아니다. 하지만 새와 조금이라도 관련이 있다면 절대 잊는 법이 없다.

얼마 전까지 우리는 TV 화면에 새들이 퍼드득 날아오르는 장면이 나오면 조건반사적으로 '곧 윤무부라는 새 박사의 해설이 나오겠구나' 하고 생각한 적이 있었다. 그만큼 윤무부는 새에 관한 한 독보적인 존재였다. 2006년 12월 뇌경색으로 쓰러져 한동안 TV에 모습을 보이지 못했지만 다시 일어섰을 때 그는 곧장 현장으로 달려갔다. 한쪽 팔을 자유롭게 쓸 수 없는 불구 상태였지만 새를 보고 싶은 일념이 워낙 강한 사람이라 주변에서 말릴 엄두도 내지 못했다고 한다. 신기한 것은 야외로 나가 새를 보고 나면 언제 환자였느냐는 듯 활기찬 모습을 보인다는 점이었다. 새를 카메라에 담을 때나 남들 앞에서 새에 대해 이야기할 때, 그는 더없이 행복해 보였다. 쓰러진 그를 일으킨 것도 결국 새였던 것이다.

새 박사는 새에게서 기(氣)라도 얻는 걸까. 새와 소통은 어떻게 하는 걸까. 새와 함께한 그의 인생을 들어보기 위해 서울 휘경동 자택을 찾았다.

그가 사는 곳은 109제곱미터(33평형)짜리 주공아파트다. 안내를 받아 집 안에 발을 들여놓으면서 '한국에서 가장 유명한 새 박사이고 대학에서 정년퇴직을 한 분인데 집이 이렇게 좁나' 하는 생각이 먼저 든다. 보통이라면 두 식구 사는 데 불편이 없겠지만 이 집에는 50년에 걸친 새 박사의 연구 성과물이 보관돼 있다. 전국을 누비며 찍은 새 사진 60만 장과 동영상 필름 1300여 개, 새 소리를 담은 녹음테이프 320종이 일련번호와 함께 이 방 저 방 책장에 빼곡히 진열돼 있다.

"우리나라에서 볼 수 있는 새는 모두 이 집 안에 있다"는 게 그의 자랑스러운 설명이다. 여기에 수십 개의 카메라와 새소리를 채집하는 집음기(集音機) 등 고가장비가 방과 마루에 즐비하다. 방문객 눈에는 어지럽고 산만하고 불안하게 느껴질 정도다.

이종탁 이렇게 귀중한 자료를 집에 두어도 괜찮습니까. 찾기도 어렵고, 혹시 문제라도 생기면 큰일이잖아요.

윤무부 자료마다 번호를 매겨두었고, 또 내 머릿속에 다 있으니

윤무부

까 괜찮아요. 나중에 아들에게 물려주어야죠. 당초 이 새소리를 가지고 세계 유일의 인터넷 박물관을 만들어볼까 했는데 내 고향 거제시 관계자들이 와서 한동안 검토하더니 재미가 없다며 외면하더군요.

이종탁 아드님이 새 연구를 한다고 들었습니다.

윤무부 미국 콜로라도 주립대에서 박사학위를 받고 들어와 교원 대 객원교수로 있습니다. 그 아이는 엄마 배 속에 있을 때부터 새를 보러 다녔는데 커서도 새가 좋다고 하더니 이제 연구자로서 공인을 받은 것이지요. 영어도 잘하고, 새에 대한 논문도 많이 썼습니다. 실력이 나보다 훨씬 낫습니다.

국내 최초의 새 박사 부자(父子)가 탄생한 것이다. 청출어람이라고나 할까. 아들 실력이 더 낫다고 하는 그의 말에 아버지로서의 뿌듯함이 느껴진다.

이종탁 몇 년 전 쓰러져서 걱정을 많이 했는데 건강은 어떻습니까.

윤무부 이제 활동하는 데 큰 문제 없어요. 어제도 귀한 새 있다는 제보를 받고 부여에 내려가 촬영을 하고 왔습니다. 동영상 한번 보실래요?

그러면서 화면에 비춰주는데 천연기념물인 붉은배새매다. 새끼 두 마리가 둥지에서 앙증맞게 노는 모습이 손에 잡힐 듯 선명하다. 이런 장면을 어떻게 잡아낼까.

사고가 나기 전 그는 오른손잡이였다. 그런데 지금은 모든 것을 왼손으로 한다. 밥 먹을 때, 글씨 쓸 때, 사진 찍을 때 모두 왼손을 사용하는 데 큰 무리가 없다. 얼마 전부터는 왼발로 자동차 운전도 한다. 새 보러 가고 싶을 때 번번이 부인에게 운전해달라고 말하는 게 너무 번거로워 왼발에 감각을 키우는 훈련을 했다는 것이다.

이종탁 왼발로 운전한다는 게 상상이 잘 안 갑니다. 어떻게 가능하게 됐습니까?

윤무부 침대에서 연습을 한 2년쯤 했어요. 이건 액셀러레이터, 이건 브레이크 하며 머릿속으로 밟아주는 연습이죠. 요즘도 매일 상상으로 연습 주행을 합니다. 여기는 안성, 여기는 천안 하면서 왼발 운전을 하다 보면 부산까지 가는 데 15분 정도 걸리더군요. 실제 주행도 안전하게 하고 있습니다. 강릉으로, 부산으로.

『포기하지 않으면 불가능은 없다』(고승덕 저)는 제목의 책이 있다. 지독한 노력을 상징하는 이 말이 놀랍게도 은퇴한 노 교수에게서 실천되고 있다. 이 정도의 집념과 끈기, 도전정신이 과연 나에게 있는가. 젊은이보다 더한 열정에 많은 이가 부끄러워해야 할 것 같다.

이종탁 새 동영상은 어떻게 촬영하나요?

윤무부 둥지 가까이 나무에 카메라를 설치하고 안 보이는 곳에서 원격조종합니다.

이종탁 사람이 다가가면 새들이 놀라지 않나요?

윤무부 어미가 둥지를 비운 사이 가만히 설치합니다. 새들도 하루 종일 집에만 있지는 않거든요.

새 박사가 새에 대한 전문지식이 많은 것은 당연하다. 하지만 그것만으로는 충분하지 않다. 동물이든 식물이든 그 연구 대상을 사랑하는 마음이 없다면 그 분야의 대가가 될 수 없다.

2009년 3월 KBS 「환경스페셜」에서 '밤의 제왕 수리부엉이'의 활동 장면을 카메라에 담아 방송했다. 수리부엉이가 토끼를 사냥하는 장면이 화제가 되면서 시청률이 13퍼센트 넘게 나왔다. 대성공을 거둔 것이다. 내레이터는 "수리부엉이가 과연 날쌘 토끼를 사냥할 수 있을까. 제작진은 그 장면을 생생히 목격했다"고 자못 긴장된 목소리로 전했다.

이를 본 윤무부는 '조작'이라고 정면으로 문제를 제기했다. 방송에 자주 나오는 전문가가 방송사에 미움 살 이야기를 거리낌 없이 하는 게 놀라웠다. 그는 "나는 평생을 했기 때문에 한눈에 알수 있다"며 "토끼는 낮에 활동하고 밤에는 자는데 화면을 보니 제작진이 자는 녀석을 깨워서 묶어놓았다. 수리부엉이에게 불빛을 비추는 상식 이하의 행동도 했다"고 말했다. 인간의 욕심을 채우기 위해 동물을 학대하는 것은 용납할 수 없다는 것이다. 그래서 그는 따오기 복원 프로젝트에 대해서도 강력하게 반대한다.

이종탁 따오기를 중국에서 들여온 것은 잘못이라고 하셨잖아요. 왜 잘못입니까. 멸종한 새를 복원하면 좋은 것 아닌가요.
윤무부 따오기는 우리 환경에서 살 수 없어요. 이미 새장에서

216 217

몇 대(代)를 살았기 때문에 면역력이 약해요. 먹이도 없고 천적도 없어요. 우포늪에서 따오기가 예전에 산 적도, 번식한 적도 없어요. 한마디로 복원이 불가능한 겁니다. 국민 세금이 많이 들어가는 일은 결정하기 전에 전문가 의견을 들어봐야 하지 않을까요. 조류학자들에게 물어보지도 않고 중학교 윤리교사 말만 듣고 들여오면 안 되는 거예요.

이종탁 그래서 중국으로 돌려보내야 한다고 했군요. 이명박 대통령에게 편지를 쓰겠다고 했는데 실제 써 보냈습니까.

윤무부 그렇죠. 그랬더니 환경부 사무관하고 경남도청 과장에게서 연락이 왔어요. 청와대에서 그쪽으로 넘긴 모양이에요. 그래서 다시 보냈는데 이번에는 반응이 없어요. 대통령 임기 끝나기 전에 또 쓸 생각이에요. 이번에는 김윤옥 여사에게도 보낼 거예요. 편지 제목을 '국제 망신시킨 따오기 복원 사업'이라고 적어서요.

이종탁 따오기가 우포늪에 온 지 3년 되었는데 번식도 하고 잘 살고 있다는 뉴스가 나오던데요.

윤무부 사람이 키우니까 그렇죠. 그러려면 동물원에 갖다놔야죠. 그런데 복원한다고 했잖아요. 지금 따오기를 야생에 내놓으면 살 수 없어요. 따오기는 미꾸라지를 90퍼센트 먹고사는데 미꾸라지는 논에 살지 우포 같은 늪에는 안 살아요. 마릿수가 늘어났다고 하지만 두 마리가 근친교배를 한 거예요. 동물은 원래 근친교배를 하지 않습니다. 열성자손이 나오게 돼 있어요.

따오기 얘기가 나오자 목소리 톤이 높아진다. 그가 볼 때 명백

하게 잘못된 사업인데 새를 모르는 사람들이 전시행정으로 추진하고 실행했다는 것이다.

이종탁 　비둘기를 유해조수로 지정한 것에 대해서도 비판하시던데, 그건 왜 그렇습니까.

윤무부 　비둘기가 많다고 하는데 사실 많지 않아요. 몇 군데 모여 있어서 그렇게 느끼는 겁니다. 예전에는 많았는데 먹이도 안 주고 물도 안 줘서 없어졌어요. 비둘기가 사람에게 피해를 준다는 근거도 희박해요. 그런 기록도 없고 논문도 없어요.

이종탁 　비둘기가 모여 있는 곳에선 골머리를 앓는 게 사실이잖아요.

윤무부 　그렇다고 새를 잡아 죽입니까. 비둘기를 쫓으려면 비둘기가 앉는 곳에 판자를 비스듬하게 놓으면 돼요. 그러면 앉지를 못해 그곳에 못 옵니다. 앞서 유해조수로 지정된 까치도 그래요. 영천의 한 사과농장에서 까치 때문에 피해가 크다고 연락이 와서 가본 적이 있어요. 그런데 실제 보니까 까치가 먹은 사과는 몇 개 안 돼요. 까치 피해라면 부리로 쫀 자국이 있어야 하거든요. 프랑스에선 포도밭에 늑대나 여우가 와서 따먹어도 그냥 둡니다. 위(胃)가 요만한 짐승이 먹어봐야 얼마나 먹겠어요. 좀 여유가 있어야지요.

인간의 욕심, 욕망을 채우기 위해 새를 희생할 수는 없다는 게 새 박사의 소신이다. 때때로 새가 인간을 불편하게 하더라도 자연 속에서 공존 공생하는 정신을 가져야 한다는 것이다.

새에겐 방광이 없어요.
노폐물이 생기면 오줌과 똥을 몸 밖으로 바로 배출합니다.
버려야 산다는 거죠. 욕심과 욕망을 마음 바깥으로 버릴 때
새처럼 날아다닐 수 있어요.

이종탁　언제부터 새를 좋아했습니까.

윤무부　내가 거제도 장승포에서 태어났어요. 어릴 때 고기잡이 하는 아버지를 따라 배를 타고 바다에 나가면 아버지는 저 새가 괭이갈매기다, 물까마귀다 하며 가르쳐줬어요. 호기심에 찬 나는 끊임없이 질문을 했고, 아버지는 재미있는 자연의 이야기를 들려주셨어요. 그때부터 새를 좋아하게 되었죠. 초등학교 4학년 때 성적이 50명 중 41등이었어요. 공부는 안 하고 새만 보러 다녔기 때문이죠. 고무신이 떨어지도록 산으로 들로 쏘다녔어요.

어린 윤무부는 검정고무신이 닳아 못 신게 되면 맨발로 산에 오르기도 했다. 발등에 돌이 찍혀 피가 흘러도 바다와 하늘을 훌훌 나는 새를 보는 즐거움을 억누를 수 없었다.

"무부야, 갈매기가 잔뜩 날아오는구나. 태풍이 오려나 보다. 오늘은 나갈 수가 없겠구나."

"먼 바다에서 날아오는 철새들이란다. 날씨가 추워 항구로 몰려드는 게지. 물고기를 잡아먹어야 하거든."

아버지의 이런 현장 교육을 받으며 산과 바다를 헤집고 다니다 보니 초등학교를 마치기도 전에 날아다니는 새의 종류를 거의 구별할 정도의 전문가가 됐다. 그가 평생 잊을 수 없는 장면을 본 것도 초등학교를 졸업하기 전이었다.

"초등학교 4학년 어느 날 내 눈이 빠질 것처럼 예쁜 새를 발견했어요. 그 새 한 마리에 빠져서 매일 40리나 되는 산속을 찾아가곤 했죠. 그 새가 바로 후투티였어요. 그 새를 보면서 평생 새와 함께 살겠다고 결심했죠."

이 새와의 마주침이 윤무부의 평생을 규정지었다. "새와 함께라면 언제 어디서든 행복하다"고 하는 그에게 후투티는 행복으로 가는 결정적 터닝포인트가 됐다.

그의 명함에는 지금도 이름 석 자 옆에 후투티 그림이 들어 있다. 후투티에 반했고, 후투티처럼 살고 싶다는 그의 소망을 상징적으로 보여준다. 후투티와 첫사랑에 빠진 이후 인생의 진로를 바꾼 적도, 바꿔볼까 고민해본 적도 없이 한길로 매진해온 새 박사로서의 자부심이기도 하다.

이종탁 TV에 나와 해설하시는 것을 볼 때마다 품은 의문이 있는데, 이 기회에 질문해도 될까요. 순식간에 하늘로 올라가는 새를 보고, 또 비슷비슷한 새소리를 듣고 어느 새인지 어떻게 알 수 있습니까.

윤무부 평생을 했는데 그걸 왜 몰라요. 새 그림자만 보아도 무슨 새인지 다 알 수 있어요.

이종탁 그럼 눈 가리고 새소리 테이프를 틀어도 맞히실 수 있나요.

윤무부 물론이지요. 다 알아요.

이 대목에서 나는 "외람되지만 정말 해봐도 되겠느냐"고 물었고, 그는 흔쾌히 수락했다. 320여 개 테이프 가운데 하나를 골라 틀었는데 그는 '오대산 굴뚝새'라며 정확히 맞혔다.

모르는 사람이 보면 신기하기 짝이 없는 일이나 그에게 새 구별은 누워서 떡 먹기다. 윤무부에 따르면 지구상에는 8600여 종의 새가 있다. 뻐꾸기는 뻐꾹뻐꾹, 꾀꼬리는 꾀꼴꾀꼴 우는 정도로만 알고 있는 우리에게 그는 "모든 새소리는 다 다르다"고 일러준다. 어떻게 다른지 설명하기에 앞서 그는 "새가 운다"고 하는 표현에 대해 할 말이 있다고 한다. 새소리를 '운다'고 하는 것은 우리나라뿐이며, 다른 나라에서는 대체로 '노래한다' 또는 '지저귄다'고 표현한다. 새가 처한 환경이나 처지에 따라 나름의 소리를 내는 것을 왜 무턱대고 우는 것으로 해석하는지 모르겠다는 게 윤무부의 지적이다.

윤무부는 새소리를 들으면 그 새가 어떤 상태인지도 짐작할 수 있다. 먹이를 먹을 때와 집합할 때, 날아갈 때 기러기 소리는 다르다. 새끼 새는 배가 고프면 삐-삐- 하고 울다가 참을 수 없을 만큼 배가 고파지면 삐-삐-삐- 하고 3음절의 고함을 지른다고 한다. 그러다 어미 새가 먹이를 가지고 돌아오면 헐떡이는 듯한 소리를 내고, 먹이를 먹고 나면 조용해진다고 한다(윤무부, 『날아라, 어제보다 조금 더 멀리』, 141쪽).

이종탁 새를 보면서 느끼는 게 많을 것 같습니다.

윤무부 일찍 일어나는 새가 먹이를 많이 잡는다는 것은 진리예요. 사람도 성공하려면 부지런해야 해요. 나는 아프기 전에는 새벽 3~4시에 일어났어요. 요즘은 6시에 일어납니다. 또 하나, 높이 날기 위해선 몸을 가볍게 해야 합니다. 새에겐 방광이 없어요. 노폐물이 생기면 오줌과 똥을 몸 밖으로 바로 배출합니다. 버려야 산다는 거죠.

마음의 노폐물을 버려야 푸른 하늘을 만날 수 있다. 가진 것이 많으면 몸과 마음이 무거워져 영혼이 자유로울 수 없다. "욕심과 욕망을 마음 바깥으로 버릴 때 새처럼 날아다닐 수 있다"고 그는 말한다. 고명한 스님에게서나 들을 법한 '비움' 또는 '버림'의 미학을 예기치 않게도 새에게서 배우는 셈이다.

새 박사에게 듣는 새의 세계는 신기하고 오묘하다.

새는 세상에서 가장 멀리 보는 동물이다. 새의 시력은 사람의 300배다. 50미터 밖에서 좁쌀을 볼 수 있으며, 2킬로미터 상공에서 10센티미터밖에 안 되는 쥐의 움직임을 포착한다.

기러기는 왜 V자 대열로 날아갈까. 앞의 새가 날갯짓을 하면 상승기류가 생겨 뒤에 있는 새는 에너지를 덜 써도 쉽게 날 수 있다. 그런데 이 상승기류는 새의 날개 끝에서 만들어진다. 힘을 받으려면 뒤의 새는 앞의 새 날개 끝에 자리하는 게 좋다. 새 날개 끝에 다음 새가, 그 새 날개 끝에 또 다음 새가 날다 보면 V자가 된다. V자로 나는 기러기는 혼자 날 때보다 심장박동 수와 날갯짓 수가 훨씬 적다고 한다.

새 중에서 나무에 구멍을 파는 새는 딱따구리가 유일하다. 이 딱따구리는 머리뼈가 얼마나 단단한지 송곳으로 찔러도 구멍이 안 생길 정도다. 딱따구리는 왜 나무를 두드릴까. 그 소리로 자기 영역을 알리고 나무에 둥지를 만들기 위함이다. 딱따구리가 나무를 두드리면 그 속에 사는 벌레들이 소리나 진동에 놀라 밖으로 나오는데 딱따구리는 그때 그 벌레들을 낚아챈다. 이런 이야기를 윤무부가 강연에서 하다 보면 늘 시간이 모자란다. 흥미진진한 이야기가 무궁무진하다.

윤무부

그가 인생의 진짜 동반자를 만난 이야기도 이채롭다. 학창 시절 윤무부는 키에 대한 콤플렉스가 있었다. 누구는 책상 앞에 장래 희망을 '대통령'이라고 붙여놓았다지만 그는 "키 큰 여자와 결혼하자"란 문구를 써놓았다. 하지만 새 꽁무니만 쫓아다니던 그에게 연애는 먼 나라 이야기였다. 새에 관한 지식 외에 남보다 뛰어난 것도 없었고, 여자를 사귀어본 적도 없었다.

"참한 여자가 있는데 한번 만나보지 않으련? 충남 예산 아가씨인데 키도 크고 아주 예쁘다더라."

둘째 형이 내민 여자 사진을 보니 윤무부 마음에 쏙 들었다. 설레는 마음을 안고 예산으로 달려갔다. 버스 터미널 앞 지하다방에서 다섯 시간을 기다렸지만 여자는 나타나지 않았다. 서울에 돌아와 뒷얘기를 들어보니 여자 쪽 집에서 내켜하지 않는다고 했다.

이종탁 그런데 지금 사모님이 그분이잖아요.

윤무부 그 뒤 매주 예산으로 갔어요. 한두 달간 열 번 이상 갔을 거예요. 편지도 많이 보내고. 그런데 어느 날 여자가 친구 결혼식 참석차 서울에 왔어요. 그 소식을 듣고 달려가 여자를 납치하다시피 해 줄행랑을 쳤어요. 극장에 가서 영화를 보고 나니 밤이 되었고, 친척 집에 바래다준다며 택시를 타고 우이동에 내렸는데 그냥 헤어질 수 없잖아요. 그래서 할 말이 있으니 여관에 가서 이야기 좀 더 하자고 했죠.

이건 옛날 남자들이 작업할 때 종종 써먹던 수법이다. 당일 돌아올 수 있는 곳으로 여자를 데려간 뒤 이리저리 시간을 끌어 마지막 버스가 끊어지도록 하는 것은 영화에도 심심찮게 나오는 장면이다. 당시 사회에는 통행금지가 있었고, 여자들은 순진했기에 가능한 얘기다.

이종탁 처음 만난 남자가 여관 가자고 하는데 사모님이 따라갔단 말입니까.

윤무부 나의 포부와 미래를 이야기했어요. 새 박사가 되어 교수가 될 거라고. 그런 이야기를 하다 날이 새자 사진관에 갔어요. 둘이 사진을 찍고 그 밑에 약혼 기념이라고 글자를 넣어달라고 했죠. 그 사진을 양쪽 집에 뿌렸어요.

요즘에도 이런 방식이 통할지는 모르겠다. 하지만 아무리 세상이 달라져도 용감한 자가 미인을 얻는다는 공식은 여전히 살아 있다. 좋아하는 여자(또는 남자)를 얻기 위해 적극적으로 다가가는 것은 청춘의 특권이다. 연애가 잘 안 풀릴 때 새 박사의 경우를 머릿속에 떠올려도 좋을 듯하다. 윤무부의 연애사업은 그 후 일사천리로 진행돼 한 달 만에 결혼에 골인했다.

남자는 사랑하는 여자를 얻어 기분이 날아갈 듯했지만 한 지붕 아래 사는 여자로서는 고역스러운 점도 있었다. 윤무부는 지금도 "솔직히 씻는 것을 싫어한다"고 말한다. 집을 나서면 좀처럼 옷을 갈아입지 않는다. 같은 속옷을 일주일 내내 입은 적도 많다고 털어놓는다. 이유를 묻자 새는 지저분한 사람을 좋아하기 때문이란다.

그가 신혼 때 제주도로 열흘 일정의 철새 연구를 떠난 적이 있다. 아내는 속옷과 양말을 꼼꼼하게 챙겨 짐을 꾸려줬다. 하지만 탐사가 끝날 때까지 그는 옷 보따리를 풀어보지도 않았다. 부산행 여객선을 타고 돌아오는데 다른 승객들이 슬금슬금 그를 피했다. 서울 가는 기차에서도 마찬가지였다. 집에 왔을 때 남편의 꾀죄죄한 모습을 본 아내의 눈총이 어땠을지 짐작이 간다. 그때 그는 이렇게 말했다고 한다.

"새에게 접근하기 위해서는 위장전술을 써야 하거든. 얼굴에 진흙을 발라도 알아채는 놈들이 있어."

실제 오감이 뛰어난 새는 환경 변화에 민감하다. 낯선 것, 낯선 사람을 보면 일단 피하고 보는 습성이 있다. 그래서 새를 찾아 산에 갈 때는 되도록 흙냄새를 풍겨야 하고 바닷가에 가면 몸에 짠소금 맛이 나도록 해야 한다는 게 그의 설명이다.

새를 쫓아다니다 보면 냄새에 둔감해지기도 한다. 동물의 배설물 중에서 제일 독한 것이 새의 배설물이다. 독한 인산이 들어 있어 쇳덩어리를 부식시킬 정도다. 여기에 외양이 아름다운 새일수록 배설물의 냄새는 더 지독하다. 새의 배설물은 외부 침입자로부터 자기 몸을 지키기 위한 호신용 무기이기 때문이다.

물 위에서 고고한 자태를 뽐내는 백로는 천적을 막으려고 자기 주변에 똥을 싸놓는다. 백로 똥은 맞았다 하면 머리가 빠진다는 속설이 있어 백로 번식지에 갈 때는 우산을 가져가야 한다는 말이 있을 정도다. 윤무부의 인생을 결정지은 후투티도 마찬가지다. 자기 둥지를 들여다보는 외부 침입자를 발견하면 항문에 바람을 넣어 똥을 내뿜는데 그 똥벼락을 맞으면 비누로 몇 번을 씻어도 찝찝한 느낌이 남는다고 한다. 작고 연약한 새가 약육강식의 법칙이 작동하는 자연에서 살아남기 위해 나름의 방어무기를 하나씩 가지고 있는 셈이다.

이종탁 　50년간 새를 지켜보면서 환경이 달라졌다는 것을 느끼실 텐데요.

윤무부 　개발이 되면서 새들이 많이 사라졌어요. 옛날 시골에서 흔히 볼 수 있었으나 지금은 찾아볼 수 없는 새가 무척 많아요. 후투티도 그중 하나죠. 정말 안타까운 일입니다.

이종탁 　새의 보금자리가 없어지기 때문에 대운하에 반대한다고 하신 적이 있는데, 4대 강 사업은 어떻습니까.

윤무부 　우리나라에 370종의 새가 있는데 이중 64퍼센트가 습지 새입니다. 4대 강 사업으로 습지를 없애면 그 새들이 어디로 가겠어요? 자연생물은 강가나 갯벌 얕은 곳에서 짝짓기도 하고 알을 낳은 뒤 깊은 곳으로 갑니다. 그런데 모래 자갈밭이 없으면 새들은 앉아 놀 곳도, 잡아먹을 물고기도 잃게 됩니다. 4대 강 사업은 새들에게 결코 좋은 일이 아닙니다.

새는 지구 생태계에서 환경 변화에 가장 민감한 동물 중 하나다. 새가 살 수 없어 떠나는 세상에서 인간이 인간답게 살 수는 없다. 새 박사는 오히려 새와 같은 인생살이를 최고로 여긴다. 새에게서 배우고 새처럼 살라고 충고한다.

"날려고 하지 않는 새는 날 수가 없습니다. 새장 안에 갇힌 새는 날개를 사용하는 법도 모르고 죽어가죠. 용기를 내지 않으면 자유를 누릴 수 없습니다. 창공을 나는 새는 아래를 굽어보며 자유를 만끽합니다. 기러기는 그 작은 몸으로 수천 킬로미터를 날아 갑니다. 젊은이들도 새처럼 세상을 멀리, 넓게 내다볼 수 있는 눈을 가졌으면 좋겠습니다."

덧붙이자면, 새는 이동할 때 한눈을 팔지 않는다. 목적지를 향해 매진한다. 하지만 독불장군처럼 혼자 가거나 자기만 살자고 개인플레이를 하지 않는다. 무리 지어 날되 서로를 다독이며 함께 간다. 열정과 도전의식으로 새처럼 비상을 꿈꾸되 나눔과 비움의 정신을 가져야 행복해진다는 뜻이다. 윤무부의 인생에서 우리가 배울 점은 너무나 많다.

이／길／여

약력

1932년 전북 옥구(현 군산시) 출생 │ 서울대 의대 │ 미 퀸스종합병원 수련의 │ 일본 니혼대 의학 박사 │ 이길여 산부인과 개원 │ 양평, 중앙, 철원 길병원 등 설립 │ 가천의대 설립 │ 경인일보 회장 │ 가천길재단 회장 │ 가천의대·경원대 통합, 가천대 총장 │ 한국여자의사회 회장 │ 서울대 의대 동창회장 │ 저서 『아름다운 바람개비』『간절히 꿈꾸고 뜨겁게 도전해라』 등

"중국 삼자경(三字經)에 보면 효심이 지극한 어린 황향(黃香)이 아버지 이부자리를 자기 몸으로 덥힌다는 고사가 나온다. 일본에선 도요토미 히데요시가 오다 노부나가의 가신으로 있을 때 주군의 신발을 가슴에 품고 지냈다는 유명한 일화가 전해져온다. 그럼 한국에는? 추운 날 환자 몸에 청진기가 닿을 때 선뜩한 기운이 느껴지지 않도록 가슴에 청진기를 품고 지낸 의사가 있다."

이어령 전 문화부 장관이 최고경영자들을 상대로 한 어느 강연에서 이길여 가천대학교 총장을 소개하면서 한 말이다. 성공한 CEO에 대한 덕담 차원의 말이겠지만, 그가 든 한·중·일 세 예화에서 공통적으로 흐르는 메시지는 배려다. 상대방의 처지를 헤아리고 배려하라, 그런 사람이 성공한다는 것이다.

이길여 총장의 성공 스토리는 우리 사회에서 신화처럼 전해진다. 농촌 출신의 여성 의사가 혼자 힘으로 병원을 6개 세우고 신문사와 대학까지 인수해 교육·의료·문화재단을 이끄는 그룹의 총수가 되었기 때문이다. 총장에 이사장에 회장까지 그가 가진 현직 직함만 수십 개다. '건국 이후 가장 크게 자수성가한 여성 CEO'라는 표현이 조금도 어색하지 않다. 미국의 시사주간지 「뉴스위크」는 2012년 세계를 움직이는 여성 150인에 이길여 총장을 선정하기도 했다.

오늘의 이길여가 있기까지 그는 과연 어떤 길을 걸어왔을까. 성공의 원동력은 무엇이며, 좌절과 실패는 얼마나 맛보았을까. 결혼을 하지 않고 독신으로 살아온 삶에 대해 후회는 없는 걸까. 부모에게 물려받지 않고 번듯한 기업의 CEO가 된다는 것은 꿈도 꾸기 어려운 요즘 세상, 그의 성공 신화에서 우리는 어떤 교훈을 얻을 수 있을까. 이런 생각을 머릿속에 담고 인터뷰 자리에 앉았다. 그의 삶의 궤적을 거슬러 올라가는 질문부터 던졌다.

이종탁 지금은 대학 운영에 더 신경 쓰시지만 유명인사가 된 것은 '의사 이길여'로서 아니겠습니까. 어렸을 때 시골에서 어떻게 의사가 될 생각을 하셨나요.

이길여 정확히 언제 의사가 되겠다고 결심했는지는 기억이 안 납니다. 어렸을 때 의사놀이를 많이 한 것 같아요. 그때는 어디가 아프다고 하면 당골(무당의 전남 방언)이 와서 됫박에 쌀을 넣고 하얀 천으로 싸서 돌리며 '귀신 물러가라' 하는 식으로 빌곤 했어요. 그걸 보고 내가 친구들에게 똑같이 해줬는데, 신기하게도 그렇게 하면 싹 낫더라고요.(웃음)

이종탁 일종의 플라세보 효과(가짜 약으로 심리적 치료 효과를 내는 것)네요.

이길여 그런 셈이죠. 당시는 약도 없고 의사도 없어서 병 나면 앓다가 죽는 게 보통이었어요. 내 친구도 그랬고, 아버지도 그렇게 가셨어요. 그러니 의사 되어 아픈 사람 고쳐줘야 하는 것은 아이들의 자연스러운 생각이었어요. 내가 독특한 게 아니라 시대상황이 그랬어요.

이종탁 그래도 실제 의사의 길을 걷는 사람, 그중에서도 여성은 아주 소수잖아요.

이길여 나는 단순하게 생각했어요. 의사가 되려면 어떡해? 공부 잘해야 해, 그러니까 1등 해야 해, 이렇게 생각했어요. 정말 열

이길여

심히 공부했어요.

　그가 어릴 때 살던 곳은 전북 옥구군(현 군산시) 대야면 죽산리
다. 당시 그 마을에서 전깃불이 들어오는 곳은 방앗간밖에 없었
다. 어린 길여는 저녁밥 먹고 나면 방앗간으로 달려갔고, 거기서
밤늦게까지 공부하다 깜깜한 길을 혼자 걸어서 돌아오곤 했다. 의
사가 되려면 공부를 잘해야 한다는 단순한 생각이 그를 줄곧 1등
으로 만들었다. 공부뿐 아니라 놀이에서도 누구에게도 지지 않는
당찬 아이였다. 남자아이들을 제치고 반장을 도맡아했다.
　"친구들 사이에서 내가 왕초였어요. 그땐 별다른 놀이기구가 없
으니까 수수깡 속을 빼고 막대기에 끼워 돌리는 바람개비놀이를
많이 했거든요. 이걸 누가 잘 돌리나 경쟁을 하는데 내가 최고였
어요. 빠른 속도로 달리면 빨리 돌고, 바람이 부는 쪽으로, 산으
로 올라가면 잘 돈다는 걸 나는 알았거든요. 이런 놀이가 나를 성
장시키는 데 큰 도움이 된 것 같아요."
　바람개비 돌리는 손짓을 하면서 어린 시절을 떠올리는 그의 목
소리에 활기가 돈다. 바람개비는 이 총장의 삶을 나타내는 표상
이다. 바람개비는 가만히 있으면 돌지 않는다. 바람이 불지 않으
면 사람이 뛰어다니며 바람을 일으켜야 돌아간다. 바람 부는 대로
바람에 실려 사는 게 아니라, 바람을 만들고 바람에 부딪히며 헤
쳐나가는 것, 그게 이길여식 삶이다. 오늘의 이길여를 만든 8할이
바람개비인 것이다.

　이종탁　태어날 때 사내아이가 아니어서 할머니가 크게 실망했

다면서요. 강인한 성격은 그에 대한 반작용이었나요.

이길여　할머니는 남존여비 사상에 젖은 고루한 분이었어요. 딸 낳았다고 어머니를 많이 구박했지요. 그렇지만 한편으로 개척 정신이 강하고 집안을 일으키는 데 열성이었어요. 내 자식이 반경 10리 안에서 남의 땅 밟지 않고 다니게 하겠다고 했고, 실제 땅을 사들여 그렇게 했어요. 우리는 비교적 부유한 집에서 자랄 수 있었죠. 나를 강하게 키운 건 어머니였어요. 어머니는 그 당시에도 친구들과 만주에 관광 다녀올 정도로 배포 큰 여자였어요.

아기 길여가 세상에 나온 날, 할머니는 해산 직후 방에 누워 있는 며느리를 향해 버럭 소리를 질렀다고 한다.

"뭔 벼슬 했다고 처자빠져 있능겨!"

시어머니의 불호령에 산모는 몸조리할 사이도 없이 곧장 부엌에 들어서야 했다. 그래도 할머니는 눈길 한번 주지 않고 며느리 뒤통수에 대고 가슴 후비는 말을 또 던졌다.

"저것 애기집에는 딸 종자만 들었는가 본디 어째야 쓰까이."

물에 불린 미역을 보고는 "미역국은 뭔 벼슬 했다고 미역국이여" 하며 미역 가닥을 꺼내 휙 내던지기도 했다. 그때마다 어머니는 아기를 꼭 껴안고 "두고 봐. 내 기필코 이 아이를 아들보다 나은 딸로 키우고 말 거구만" 하며 다짐했다고 한다.

이종탁　부친은 어떤 분이었습니까. 자서전에는 간단하게만 나와 있습니다.

이길여　할머니가 열두 번째로 낳은 자식이었어요. 할아버지는 아

이길여

버지를 학교에도 안 보내고 집에서 독서당 만들어 한학만 가르치며 오냐오냐 하며 키웠대요. 아버지는 그래서 일본 말도 못했다고 해요. 대신 시조 읊고 노래하는 한량이었는데 정미소 사업을 했어요. 중학교 2학년 때 돌아가셔서 기억이 많지는 않아요.

많지 않은 기억 중에 좋지 않은 것도 있다. 그의 아버지는 딸이 호남의 명문 이리여중(당시는 6년제)에 합격했을 때 할머니와 함께 진학에 반대했다. "가시내가 글자나 깨쳤으면 됐지, 상급학교는 뭔 놈의 상급학교다냐? 여자 많이 배워 좋을 일 없다. 팔자만 세지" 하면서.

이때도 어머니가 "내 머리카락이라도 잘라서 보내겠다"며 결사적으로 나서는 통에 입학할 수 있었다. 어렸을 때부터 이런 분위기를 몸으로 느끼며 학교에 다녔으니 이길여는 이 악물고 공부하는 수밖에 없었다. 이길여의 열정과 집념, 도전정신, 자신감은 이렇게 가정에서 출발했다.

"너 졸업하면 뭐 할 거니?"

"길여야, 너 어느 대학 갈 거야? 전공은 뭐 할 건데?"

1950년 한국전쟁이 터지자 서울의 경기여고, 이화여고 학생들이 남쪽으로 피란 내려와 이리여고에서 함께 공부하면서 이길여에게 물었다. 이때 이길여는 서슴없이 "응, 나 서울대 의대 가서 의사될 거야"라고 대답했다. 서울 학생들은 은근히 깔보는 태도로 물었다가 뜻밖의 당찬 포부를 듣고는 놀라서 "이런 학교에서 서울대 의대를 간다는 게 말이 되는 소린가" 하는 표정을 지었다. 그때마다 이길여는 "두고 봐라, 내가 가나 못 가나" 하며 내심 전의를 불태웠고, 결국 합격의 영광을 안았다. 이리여고에서 서울대 의대에 간 것은 개교 이래 이길여가 처음이었다. 합격통지서를 받아든 이길여는 그동안 어머니가 자신에게 지극정성을 베풀었던 것을 떠올리며 뜨거운 눈물을 흘렸다.

의과대학에 다니는 동안에도 어머니의 후원은 큰 힘이 됐다. 대학 시절에 있었던 에피소드 하나를 소개해보자.

그는 고향에 갈 때 인골(人骨)이 든 가방을 갖고 갔다. 틈날 때마다 방바닥에 사람 뼈를 펼쳐놓고 두개골을 만지거나 척추 뼈를 실로 꿰면서 인체 구조를 익히곤 했다. 이 사실을 알게 된 동네 사람들이 집으로 몰려와 "부정 탄다"며 항의를 하자 할머니는 "야가 참말로 미쳤능갑다. 당장 내다버리지 못혀! 그랑께 가시내들은 공부를 갈치는 게 아니란 말이여!" 하며 크게 야단을 쳤다. 이때도 어머니가 "의대생이 뼈에 대해 공부하는 것은 당연한 일"이라며 감싸주어 넘어갈 수 있었다. 그렇게 대학 공부를 마치고 나와 인천에서 산부인과를 연 게 사회생활의 첫발이었다.

이종탁 인천에 연고도 없는데 어떻게 인천에서 병원을 열게 되었나요.

이길여 서울에서 수련의 생활을 마칠 때쯤 인천에서 개원한 친한 친구가 같이 하자고 제안을 했어요. 그때 나는 미국 유학의 꿈을 안고 있었는데, 미국 갈 비행기 표 값이라도 벌겠다는 생각에 좋다고 했지요. 그런데 그 친구가 몇 달 뒤 결혼을 해 대구로 내려가는 바람에 혼자 병원을 맡게 됐어요. 그래서 인천과 인연이 된 겁니다.

이길여

그게 자성의원이다. 내 손으로 환자의 병을 고쳐주고 낫게 해준다는 것은 초년병 의사에게 가슴 벅찬 일이었다. 젊은 의사 이길여는 오로지 환자 보는 일에만 몰두했다. 시도 때도 없이 찾아오는 환자를 맞이하려면 밥 먹다가도 뛰어가고 자다가도 달려나가야 했다. 밥도 하루 한 끼만 먹는 날이 허다했다. 책 읽을 시간도, 텔레비전 볼 시간도 없었다. 어느 날 창밖으로 눈 내리는 게 보이면 "아 겨울이구나" 하고 느끼고, 또 어느 날 소나기가 오면 "아, 벌써 여름인가" 하며 세월을 느낄 뿐이었다. 그러던 어느 날 그동안 묻어두었던 꿈이 가슴 한켠에서 꿈틀거리는 것을 느꼈다. 그래, 미국으로 가자, 거기서 선진 의료를 배워 큰 의사가 되자, 이런 각오를 하며 미국으로 유학을 떠났다.

이종탁   유학 5년 만에 인천으로 다시 돌아와 그 자리에 '이길여산부인과'를 열었잖아요. 그게 성공으로 가는 첫발이었죠?

이길여   그때만 해도 무지하거나 돈이 없어 병원 치료를 못 받고 죽는 사람이 많았어요. 사실 산부인과는 간단한 병이 많아요. 그중 하나가 성병인데 인천에는 옐로하우스가 있어 성병 환자가 엄청 많았어요. 그때는 슈퍼박테리아가 없었기 때문에 성병 환자는 항생제만 맞아도 100퍼센트 살 수 있었어요. 항생제 하나로 죽을 사람 많이 낫게 해줬죠. 그러다 보니 저절로 명의가됐어요.

이종탁   가난한 사람에게는 돈을 안 받았다면서요. 그래도 병원운영에는 지장이 없었나요.

이길여   명의라는 소문이 나면서 환자가 줄을 이었어요. 산부인과는 환자가 옷을 벗고 진찰대에 누워 다리를 벌려야 진료가 시작됩니다. 준비하는 시간이 많이 걸리는 거죠. 그래서 생각 끝에 진찰대를 3대 놓고 바퀴 달린 의자를 샀어요. 그 의자에 앉아 한쪽 진료가 끝나면 앉은 채 엉덩이로 의자를 주르르 밀어서 옆 진찰대로 옮겨 진료하곤 했어요. 의자 바퀴가 고르지 않아 뒤로 자빠진 적도 있지만 짧은 시간에 더 많은 환자를 볼 수 있었죠. 환자가 그렇게 밀려오는데 가난한 환자에게 진료비 좀 안 받는다고 돈 걱정할 필요가 있겠어요?

이렇게 지내다 보니 남들 결혼하는 나이가 언제인지도 모르게 훌쩍 지나가버렸다. 어머니는 틈만 나면 딸에게 선을 보라고 채근했지만 이길여는 도무지 마음이 내키지 않았다고 한다.

이종탁 결혼 생각은 안 했나요?
이길여 전혀 안 했어요. 결혼에 흥미를 못 느꼈던 것 같아요.
이종탁 젊은 여성이 연애하고 싶고 결혼하고 싶은 게 자연스러운 것 아닌가요?
이길여 환경이 나를 그렇게 만든 것 같아요. 나도 남자들과 어울리고 즐길 수 있는 환경에서 지냈다면 좋은 남자 만났을지 모르죠. 그런데 자고 나면 환자가 기다리는 곳에서 파묻혀 지내다 보니 시집갈 생각이 아예 안 생긴 거죠. 원래부터 독신주의자는 아니었어요.

결혼 안 한 여자는 한국에서 살아가기에 여러모로 피곤하다.

이길여

아무 흠결이 없는 보통 여자들도 미혼이라는 이유만으로 남들의 불편한 시선을 받기 십상이고, 유명인사라면 공석, 사석에서 '결혼 안 한 이유'를 끊임없이 설명하기를 요구받는다. 남자라고 호기심의 대상이 안 되는 것은 아니지만 여자에 비하면 아무래도 자유롭다. 이 점을 감안하더라도 인터뷰하는 입장에서 그의 연애관, 결혼관을 꼬치꼬치 묻지 않을 수 없다. 그의 삶의 고비, 가치관을 이해하는 데 필요한 연결 대목이기 때문이다.

이종탁 총장님 자서전을 보고 믿기 힘든 대목이 있더군요. "맞선 볼 시간 있으면 환자를 한 명이라도 더 보겠다"고 한 것 말입니다. 그래서 선도 안 보신 건가요?

이길여 나는 기억이 잘 안 나는데 언니 말이 내가 미국 가기 전에 선도 봤다고 그래요. 선보고 와서는 누구는 이래서 마음에 안 드네, 누구는 저래서 싫네, 하며 트집만 잡았다는 거예요.(웃음)

이종탁 선을 보았는데 기억이 안 난단 말인가요?

이길여 그래요. 전혀 없어요. 곧 미국 간다고 생각해서 그랬는지 남자에게 끌리지 않았던 것 같아요. 다 시시했던 것 같아요.

분석하자면, 이길여의 머릿속에서 지워버리고 싶은 기억인지도 모르겠다. 남자와 마주앉았지만 별 느낌이 없었던 의미 없는 시간, 그래서 기억이란 거울에 다시 비춰볼 필요도, 그럴 생각도 하지 않았다는 이야기니까. 그렇다면 왜 기억을 못하느냐고 추궁하듯 따질 필요는 없겠다. 어쨌든 그럼에도 인생에서 로맨스 한 번 없었다면 너무 슬픈 이야기 아닌가.

이종탁   미국 유학 중에 로맨스가 있었다면서요.

이길여   교포 사업가였는데 한동안 주말마다 만나 데이트를 했어요. 뉴욕 외곽으로 나가거나 센트럴파크에 가서 음악을 들으며 밤하늘의 별을 헤아리기도 하고, 춤을 추기도 했어요. 그런데 어느 날 그 남자가 나에게 청혼을 하는 겁니다. 그 말을 듣고 이 사람이 내 남편이 된다고 생각해보니 이건 아니다 싶은 거예요. 2주일 뒤 그가 전화를 걸어와 음악회에 가자고 하는데 '노'라고 했죠. 그 뒤 많이 울었어요. 그런 거 보면 내가 그를 진짜 좋아했던 것 같아요.

한 여자의 처음이자 마지막인 사랑은 그렇게 아련한 아픔을 남긴 채 끝이 났다. 가슴속 멍울이 얼마나 깊이 새겨졌는지 50여 년의 세월이 흘렀는데도 그때를 회고하는 이길여의 눈가에 촉촉한 기운이 살짝 스며드는 것 같았다.

이종탁   그 뒤 소식은 없었습니까.

이길여   전혀 없어요. 아마 그 사람은 미국 여자랑 결혼했을 거예요. 그런 스타일을 좋아했으니까.

이종탁   총장님이 한국에서 유명해졌다는 걸 그분도 알지 않겠습니까.

이길여   모르겠어요. 완전히 미국화되어 한국 소식도 모르고 살지 않겠나 싶은데……

이길여

눈가의 물기가 목젖으로 번져서 그런지 활력 넘치던 목소리가 갑자기 낮고 길게 깔리는 저음으로 변한다. 첫사랑 이야기를 처음 하는 것도 아닐텐데 할 때마다 감정에 젖는 모양이다.

이종탁 자서전에 보니 "다시 태어나도 여자로, 의사로 태어나고, 결혼하지 않겠다"고 했더군요. 독신주의자도 아니라면서 그게 진심인가요?

이길여 그런 것 같아요. 결혼했으면 내가 하고 싶은 일 다 못했을 테니까요. 결혼하고 아이 낳으면 자식 뒷바라지해야지, 남편 챙겨야지, 어떻게 24시간 환자를 보겠어요? 아마 12시간도 어려울 거예요. 내가 결혼했다면 좋은 아내, 좋은 엄마는 됐을 것 같은데 국가를 위해 큰일은 못했을 것 같아요.

이종탁 여자는요?

이길여 여자여서 후회스러운 적은 전혀 없어요. 내가 고추 달고 나왔으면 어머니가 호강했을 텐데 하는 아쉬움은 있지만, 그것 외에 남자였으면 좋았겠다는 생각은 전혀 해본 적 없어요.

이종탁 그럼 여자여서 좋은 점은 뭔가요?

이길여 많죠. 옷도 직접 만들어 입고. 여자는 섬세하고 집념이 강해요. 남자들은 연애하고 그러느라 뭘 하는 데 차질이 많죠. 우리가 자랄 땐 남자는 마음대로 해도 되지만 여자는 안 된다는 인식이 있었어요. 여자는 자제를 해야 했어요.

사회적 성취를 이루는 데 남자보다 여자가 더 유리할 수 있다는 말이다. 그가 말하는 여성우위론은 다분히 성적(性的) 측면을 염두에 둔 말이다. 남자는 한 번의 실수나 한때의 일탈이 큰 문제가 안 되지만 여자는 정숙하지 못하다는 소문이라도 나면 사회적으로 용납되지 않는다는 것이다. 요즘 시각에서 보면 참 고루한 관념이다.

이종탁　늘 그렇게 착하게 살았습니까? 일탈 같은 거 한 번도 안 해봤나요?

이길여는 즉각 답을 하지 않았다. 잠깐 생각하더니 조심스럽게 털어놓았다.

이길여　왜 없겠어요? 있어요. 고등학생 때 담배도 피워봤어요.

앗, 이건 충격이다. 이길여 총장이 담배 피우는 불량학생이었다니. 처음 듣는 이야기다. 전말을 듣고 나면 그렇게 화들짝 놀랄 일은 아니지만 이길여로서는 60년의 세월이 흐른 뒤에야 용기 내어 하는 고백이다.

이종탁　그래요? 1등만 하는 모범생의 일탈치고는 아주 센데요.
이길여　친구 집에서 월반시험 공부를 할 때였는데 호기심이 나더라고. 둘이서 이불을 뒤집어쓰고 한 모금씩 피워봤는데 질식해서 죽는 줄 알았어요. 그때 담배는 절대 피우는 게 아니다, 그렇게 생각했죠.
이종탁　그게 일탈의 유일한 사례인가요?

이길여

나는 성공이라는 말은 쓰지 않습니다.
매 순간 행복했다고 생각하지요.
내 인생의 어느 순간을 잘라놓고 보아도
행복하고 만족하고 후회 없다는 생각이 들어요.
지금도 행복합니다.

이길여   아니, 또 있어요.

한 번 입을 열기 시작하면 자백은 술술 나오는 법이다.
"6·25 전쟁으로 전주에서 전시연합대학을 다닐 때였어요. 친구
넷이 학교를 땡땡이 치고 걸어가는데 군인 네 명이 탄 지프가 지나
가다가 우리보고 타라고 해요. 그래서 그 지프 타고 군인들이랑 시
시덕거리며 하루 종일 돌아다녔어요. 4대 4로 논 거죠. 놀 때는 정
말 재미있었는데 집에 돌아오니 엄청나게 후회가 되는 거예요. 그
래서 친구들과 함께 울면서 반성문 썼던 기억이 납니다. 아무도 시
키지 않았는데 우리가 자진해서 썼죠. 다시는 안 그러겠노라고."

이종탁   크게 나쁜 짓 한 것도 아닌데 울면서 반성문까지 씁니까.
이길여   아니 대단히 나쁜 행동이었어요. 학교를 빼먹고 돌아다
녔으니까요.
이종탁   그런 자기 인생에 불만은 없습니까. 스스로 성공한 인생
이라 생각하나요?
이길여   나는 성공이라는 말은 쓰지 않습니다. 매 순간 행복했다
고 생각하지요. 내 인생의 어느 순간을 잘라놓고 보아도 행복하
고 만족하고 후회 없다는 생각이 들어요. 지금도 행복합니다.
이렇게 인터뷰하는 이 순간마저도.

이 대목에서 다시 화자(話者)의 여유가 느껴진다. 만약 그가 성
공하지 못했다 해도 이런 말을 할 수 있을까. 숱한 패배자를 다시
한 번 기죽이는 승자들의 화법 아닌가. 이렇게 비꼬아서 생각하는

이길여

사람이라면 스스로 인생 피곤하게 사는 셈이다.

'잠을 자는 사람은 꿈을 꾸지만, 잠을 이기는 사람은 꿈을 이룬다.'

이길여가 유학 시절 잠의 유혹과 싸우면서 수없이 마음속으로 되새긴 격언이다. 잠이 올 때 잠자는 것만큼 행복한 것은 없다. 하지만 진정한 행복은 아니다. 지나고 나서 후회하는 것은 행복이 아니다. 잠이 쏟아지더라도 내일의 꿈을 향해 참고 이겨낼 때 자기 행복이 다가온다. 어떤 고난이라도 내일의 성취를 위해 겪는 오늘의 과정이라고 생각하면 매 순간이 행복해진다. 이길여의 인생에서 행복으로 가는 터닝포인트는 매 순간 마음먹기인 셈이다.

이종탁 보통 사람은 좌절과 실패, 회한이 있게 마련인데요.

이길여 그렇게 말하면 나에게도 물론 있지요. 전체적으로 봐서 행복하다는 거지, 좌절이나 실패가 왜 없겠어요? 다만 누가 콕 집어서 얘기하기 전에는 실패 같은 거 생각이 안 납니다.

실패의 기억이 없을 수 없지만 불가피한 경우가 아니라면 구태여 떠올리지 않는다는 말이다. 안 좋은 기억은 되도록 묻어두고 좋은 기억은 자주 되새기며 에너지로 삼는 것, 그게 이길여식 긍정의 삶이다.

최근 출범한 가천대학교의 경우도 그렇다. 가천대는 경원대학교와 가천의과대학교가 합쳐서 생긴 입학정원 기준 수도권 3위 규모의 대학이다. 경원대 동문회 등에서 학교명이 사라진다는 이유를 들어 반대했지만 그는 흔들리지 않고 추진했고, 결국 교육과학기술부 인가를 받아냈다.

이종탁 지금까지 의료·언론·교육·문화 등 다방면으로 삶의 영역을 넓혀왔습니다. 앞으로 어디까지 나갈 건가요.

이길여 내 인생은 평탄한 길을 걷는 게 아니라, 산을 계속 올라가는 겁니다. 정점이 있는 게 아니어서 계속 가는 거예요. 내가 쓰러지면 뒤에서 다시 올라가고. 그러니까 많은 것을 이뤘으니 이제 만족한다? 그런 거 없습니다. 하나의 과정을 가는 거라 생각합니다.

그는 인생을 대나무에 비유한다. 대나무 마디가 하나 완성되면 다음 마디가 자라듯 한 가지 일이 끝나면 또 다른 일이 시작된다. 한 시대가 지나면 다음 시대가 오고, 이길여의 도전은 끝없이 이어지는 것이다.

이종탁 죽어서 어떤 사람으로 기억되고 싶습니까.

이길여 최선을 다하고 간 사람이죠. 역사는 줄로 이어지는데 거기서 뭔가 반짝거리는 점을 찍고 가야 한다, 젊었을 때는 그렇게 생각했어요. 지금은 달라요. 가천길재단의 설립 이념인 '박애, 봉사, 애국'을 철저히 지키고 간 사람, 묘비명에 그렇게 적으면 만족입니다. 내 인생의 꿈이 바로 그것이죠. 그래도 젊은이들에게는 역사의 점을 찍고 가라, 아무렇게나 살지 마라, 성공하려면 네 시간 이상 잠자지 마라, 그렇게 말하고 싶어요. 시대가 아무리 달라졌다고 해도 그건 여전히 유효하거든요. 열정을 갖고 도전하는 인생은 언제나 멋지다는 것 말이에요.

이길여

실제 이길여는 틈날 때마다 학생들에게 "나를 닮으라"고 말한다. "나를 본받으라, 나처럼 해보라, 나처럼 살라"고 한다. 남들이 들으면 "저런 교만할 데가" 하는 말이 나올 법하다. 하지만 그는 과거 자신이 그랬던 것처럼 잠을 하루 네 시간으로 줄이고 원하는 바를 '간절히 꿈꾸고 뜨겁게 도전한다면' 이루지 못할 게 없다고 믿는다. 그게 청춘이라는 것이다.

이길여 총장을 만나 이야기를 듣다 보면 세 번 놀란다는 말이 있다. 그 나이에 얼굴에 주름살 하나 없이 매끈한 피부를 갖고 있다는 데 우선 놀라고, 수십 년간 하루 네 시간 이상 잠자지 않았다는 말에 또 한 번 놀라며, 마지막으로 골프에서 그 어렵다는 에이지 슈트(자기 나이와 같거나 적은 타수를 기록하는 것)를 했다는 이야기에 놀란다고 한다. 아무리 건강한 신체와 피부를 타고났다 해도 평소 건강 관리를 철저히 하지 않으면 이룰 수 없는 것들이다.

이길여는 아버지가 지어주신 '길여'라는 이름에 아주 흡족해한다. 어렸을 때는 촌스럽게 느껴져 싫어했지만 지금은 이 이름을 후세에 남기고 싶어한다. 가운데 길(吉)자를 따서 길병원, 길재단을 세운 것도 그 때문이다. 정신문화연구원장을 지낸 고 유승국 박사가 지어준 가천(嘉泉)이란 호(號)에도 애착이 많다. 가(嘉)는 파자(破字)를 하면 길(吉)이 스무 번(十十) 더해진다(加)는 의미이고, 천(泉)은 샘을 뜻하니 좋은 일이 쉴 새 없이 샘솟는다는 뜻이다. 호랑이는 죽어서 가죽을 남기고 사람은 죽어서 이름을 남긴다는 말, 이길여를 두고 하는 말이다.

이／세／돌

약력

1983년 전남 신안 출생 ┃ 프로입단(12세) ┃ 2003년 9단 승단 ┃ LG배 세계기왕전 우승, 후지쓰
배 우승 ┃ 2009년 6월 휴직 ┃ 2010년 복직 ┃ 2010년 바둑대상 최우수기사상, 다승상, 승률상,
연승상, 제2회 BC카드배 우승, 광저우아시안게임 금메달 ┃ 2011년 올레배 우승, 제3회 BC카
드배 우승, 제8회 춘란배 우승, 제6기 원익배 우승 ┃ 저서 『판을 엎어라』 『이세돌 명국선』 등

이세돌(李世乭)이 열두 살의 나이로 프로기사에 입단하자 사람들은 수군거렸다.

"돌로 세상을 지배하라고 이름을 세돌이라 지었다잖아. 대단한 아이가 나왔어."

물론 꿈보다 해몽이다. 세돌은 둘째 아들 차돌에 이어 태어난 세 번째 아들이라는 뜻에서 붙인 평범한 이름일 뿐이다. 하지만 사람들의 해몽에는 틀림이 없다. 언제부턴가 바둑판 세상은 이세돌이 놓는 돌에 의해 지배되고 있다.

바둑계에서 이세돌은 '대단한 아이' 정도가 아니다. 불세출의 바둑 천재 이창호에 필적하는, 또는 능가하는 유일한 기사이면서 자유분방하고 강한 소신으로 기성 바둑계를 긴장시키는 당찬 스타가 이세돌이다. 한국기원에서 매달 성적을 집계해 매기는 월별 랭킹, 프로 입단 후 지금까지 전적을 반영해 매기는 통산 랭킹에서 그는 수년째 정상의 자리에 있다. 바둑에 공식적인 세계 랭킹은 없지만 그가 중국의 쿵제(孔傑)와 함께 1위 아니면 2위라는 데 이의를 달 사람은 없다. 1990년대 조훈현, 2000년대 이창호에 이어 '센돌(이세돌의 애칭)의 시대'인 것이다.

1983년생. 아무리 천재라 해도 세상의 물리를 깨치기에는 부족해 보이는 나이인데 바둑 인생에선 절정을 맞은 걸까. 만약 그렇다면 그 힘은 어디에서 나오며, 절정은 얼마나 오래 지속될 수 있을까. 바둑에만 올인한 인생, 가보지 않은 길에 대한 아쉬움은 없을까. 청년 이세돌과 인터뷰 약속을 잡고 품은 의문들이다.

한국기원에서 예선 첫 경기를 막 치른 그를 만났을 때 받은 첫 인상은 날렵함이다. 말랐다 싶을 정도로 호리호리한 몸에 어깨까지 내려오는 생머리, 피아노 연주자를 연상시키는 가늘고 긴 손가락. 가로 세로 19줄의 촘촘한 바둑판 위를 종횡무진 변화무쌍하게 누비는 행마(行馬)가 이 날렵한 체형에서 나오나? 하는 다소 엉뚱한 생각이 든다.

이종탁 　요즘 성적이 좋습니다. 조금 전 끝난 경기도 이겼죠?
이세돌 　아 예, 뭐……

예선전 첫 경기를 이겼다고 말하는 게 이세돌 9단에게는 쑥스러운 모양이다.

이종탁 　오늘 같은 경기는 별 어려움이 없는 것 아닌가요?
이세돌 　좀 그렇기는 한데요, 그래도 만만치는 않아요. 프로는 프로거든요.

잠시라도 졸면 죽고, 눈 깜짝할 사이 코 베어가는 게 프로 바둑의 세계다. 국수(國手)라고 해서 힘 안 들이고 이길 수 있는 바둑은 없다. 실제 최고단수가 무명의 연구생에게 실전에서 패하는 일은 비일비재하다. 9단과 초단의 실력 차이는 종이 한 장에 불과하다.
　그런데 그보다 인터뷰에 응하는 이세돌 9단의 태도가 예상 밖이다. 종전의 이세돌 어법이라면 "제가 무조건 이기죠"라고 할 만했기 때문이다.

이세돌

이종탁　휴직에서 복귀한 뒤 이 9단이 부드러워졌다는 보도가 있었는데 실제 그런가 봅니다.

이세돌　다른 사람들이 저보고 달라졌다고들 합니다. 하지만 저 크게 달라진 것은 없습니다. 자신감이야 지금도 있고, 컨디션도 좋고요. 다만 그 자신감을 표현하는 것은 좀 자제하자, 요즘은 그렇게 생각하고 있습니다.

그는 대수롭지 않은 듯 말하지만 사실 이건 큰 변화다. 과거와 비교해보자. 10년 전 바둑계에 혜성같이 나타나 '천하의 고수'를 차례로 꺾고 세계대회 우승을 눈앞에 두었을 때 그는 "실력으로는 내가 창호 형(이창호)에 앞선다"고 말했다. 중국 기사 창하오 9단과의 경기를 앞두고는 "내가 질 리가 있겠어요?"라고 하고, 존경하는 바둑기사가 누구냐고 물으면 "좋아하는 기사는 있어도 존경하는 기사는 없다"고 말하던 그다. 오죽하면 어느 바둑 담당 기자가 "바둑 한 냥, 사람 서 푼"이라고 평했을까. 그때에 비춰보면 "프로라면 누구도 만만치 않다"고 하는 지금의 태도는 거의 환골탈태 수준이다.

이종탁　나이 들면서 성숙해진 건가요.

이세돌　지금도 어리지만 아무래도 20대 초와는 다를 수밖에 없겠죠. 그때는 내 생각을 있는 그대로 솔직하게 말했던 것 같습니다. 그 나이에는 그게 자연스럽지 않습니까. 하지만 지금은 생각 자체가 바뀌었습니다. 이창호 사범님은 정말 최고의 기사입니다. 제가 존경하는 분이죠.

겸손해졌다고는 하지만 지금도 바둑 둘 때 상대의 기력(棋力)과 상관없이 "한 수 배우겠습니다"라고 인사하는 게 입에 발린 말 같아 잘 안 나온다는 그다. 그런데 이창호 9단 이야기가 나오자 면전에 사람이 있기라도 하듯 깍듯해진다. 기계(棋界)의 강호를 다 때려 뉘여도 이창호 앞에서는 종종 맥없이 무너지기 때문일까.

이종탁 근래 들어 이창호 9단에게 많이 이기지 않았습니까.
이세돌 운이 좋아서 그렇죠. 실력 면에서 차이가 많이 납니다.

그가 말하는 실력이 무얼 의미하는지 정확히 이해하기는 어렵다. 당대 최고수(高手)의 속을 하수(下手)들이 어찌 알겠는가. 다만 두 기사의 바둑 스타일이 흥미진진한 대조를 이룬다는 점만은 공지의 사실이다.

이창호가 치밀한 수비형이라면 이세돌은 저돌적인 공격형이다. 이창호는 기다림, 두터움의 바둑이고 이세돌은 매서움, 강함의 바둑이다. 한 사람은 '정확한 수'를 두고 다른 한 사람은 '상식 밖의 수'를 둔다고 한다. 그래서 이창호 바둑은 수준 높은 교양다큐에, 이세돌 바둑은 스릴 넘치는 추리드라마에 비유된다. "신이 이창호를 만들자 이를 시기한 악마가 이세돌을 내보냈다"는 말도 있다.

두 사람의 성장 과정도 비교 대상이다. 이세돌이 몇 살 때 프로에 입단했고, 몇 살 때 첫 우승을 했다는 식의 이야기를 할 때 비교 기준은 늘 이창호다. 이건 이창호보다 빠르고 저건 이창호에 못 미친다는 식의 논평이 쏟아진다. 이창호에게 이세돌은 가장 무서운 후배이고, 이세돌에게 이창호는 가장 넘기 어려운 봉우리다.

이종탁 이창호 9단과 비교하는 여러 표현에 대해 어떻게 생각하나요? 동의합니까?

이세돌 제가 초반에 밀리다 중반에 강한 스타일이거든요. 때론 상대의 실수를 유도해 역전승을 하기도 합니다. 그러다 보니 그런 표현이 나온 것 같은데, 제가 이창호 사범님과 비교된다는 게 감사하죠.

여전히 겸손 모드다. 사실 그가 보는 이창호 바둑은 세간의 평가와는 사뭇 다르다.

"알고 보면 이창호 9단은 아주 특별한 수를 무척 많이 둔다. 겉보기에 화려하지 않아서 금방 눈에 띄지 않을 뿐이다. 이런 수를 대체 어떻게 생각해냈을까 깜짝 놀라게 하는 수를 정말 많이 둔다."

이세돌의 자서전 『판을 엎어라』에 나오는 말이다. 이창호의 수담(手談)이 워낙 오묘해 평론가들이 그 의미를 읽어내지 못한다는 뜻이다. 이창호 바둑이 남들도 다 알 만한 교과서 같은 게 아니라는 뜻에서 이런 말도 덧붙인다.

"바둑은 남들과 똑같이 생각하고 남들과 똑같은 방법으로 두어서는 최고가 되기 어렵다. 최고와 2인자를 가르는 종이 한 장의 차이는 남들이 생각하지 못하는 특별한 무엇에 있다."

어찌 바둑뿐이겠는가. 비즈니스든 운동이든 남들 하는 그대로 해서는 최강의 자리에 오를 수 없다. 남들에게 없는 나만의 수, 나만의 무기를 갖고 있어야만 이기는 게 승부의 세계다. 반상(盤上)의 승부사 이세돌은 이걸 누구보다 잘 알고 있다.

이종탁   요즘 좋은 성적을 내고 있는데 무슨 비결이라도 있나요.

이세돌   특별히 없습니다. 복귀 초반에 운이 좋아서 이기기 힘든 바둑을 몇 번 이긴 적이 있습니다. 그 바람에 그런 거예요. 하지만 승부에선 이겼어도 내용 면에선 썩 만족스럽지 못합니다.

이종탁   그런가요? 그럼 본인 바둑에 점수를 매긴다면 몇 점을 주고 싶으세요? 100점 만점에.

이세돌   승부만 따지면 70점 이상 줄 수 있습니다. 하지만 내용 면으로는 60점도 주기 어렵습니다.

이종탁   무엇이 모자라는 건가요.

이세돌   입단 전부터 그랬는데 초반에 약한 게 문제입니다. 저는 아무것도 없는 바둑판에 하나씩 돌을 놓아 밑그림을 그려나가는 게 너무 어렵게 느껴져요. 형세가 좀 만들어지면 그다음부터는 어떻게 해보겠는데……

초반 약세를 중반에 뒤집는 역전의 승부는 관전자들에게는 흥미로워도 당사자에게는 피 말리는 고통이다. 왜 초반이 힘든 걸까.

이종탁   초반에는 정석에 따라 포석하면 되는 거 아닌가요.

이세돌   과거 바둑은 모양을 중시했습니다. 일본에서 그랬거든요. 하지만 요즘은 정석이 파괴되는 추세입니다. 예를 들어 바둑 격언에 '빈삼각은 악형이다', 이런 말이 있잖아요. 그런데 이젠 빈삼각도 두거든요. 그만큼 실전을 중요시합니다.

그렇게 보면 바둑에 정답은 없다. 화점(花點)은 화점대로, 소목(小目)은 소목대로, 또 삼삼(三三)은 삼삼대로, 의미와 위력이 있다. 유행 따라 바뀌기도 하고, 스타일에 따라 달라지기도 한다. 초반 20수 정도까지 흑백이 정확히 똑같은 자리에 두는 경우도 있다. 이 또한 어느 한쪽이 탈선했다고 말할 수 없는 것 아닐까. 한수 한수 만들어가는 창조의 예술이 바둑이다.

이종탁 　바둑을 무엇이라고 생각합니까.
이세돌 　하나의 작품을 만들어가는 과정이라고 생각합니다. 화가가 그림을 그리듯, 조각가가 조각을 하듯 반상 위 361점에 한수씩 두어 작품을 만드는 거죠. 문제는 만들어놓고 늘 후회한다는 것입니다. 이기고도 아쉬움이 남는 것은 이 때문입니다. 실력과 승부는 다른 것이거든요.
이종탁 　광저우 아시안게임에서 정식 종목이 되었잖아요. 바둑을 스포츠로 분류할 수 있다고 봅니까.
이세돌 　사실 좀 애매하죠. 바둑을 예술이라고도 하고, 도(道)라고도 하잖아요. 뭐라 정의하기 어려운 게 또한 바둑의 매력입니다. 체력이 필요하다고 스포츠라고 하기에는 좀……

이 대답을 하는 이세돌의 표정이 지금까지 본 것 중 가장 진지하다. 긴 손가락으로 둥근 모양을 그려가며 나지막하게 말하는 모습에서 최고수의 분위기가 묻어나온다.

어느 분야든 최고의 경지에 오른 사람은 이런 유의 질문을 종종 받을 것이다. 최경주는 골프를, 박지성은 축구를 무엇이라 생각하면서 뛰는 걸까. 질문을 여러 번 받다 보면 자기만의 모범답안을 만들어놓고 있을 수도 있다. 그래도 기자들은 기회 있을 때마다 비슷한 질문을 던진다. 최고의 자리에 오른 사람 입에서 오늘은 어떤 말이 나올지, 지난번과는 어떻게 달라져 있을지 늘 관심사다.

바둑에 대한 인식에서 이세돌과 이창호는 생각이 비슷하다. 이창호의 자서전 『이창호의 부득탐승』에 보면 "바둑이란 끝없이 먼 길을 가는 것"이라는 말이 나온다. 한 사람은 "하나의 작품을 만들어가는 과정"이라고 하고, 다른 사람은 "끝없이 먼 길을 가는 것"이라고 표현을 달리했을 뿐 머릿속에 그리고 있는 개념은 사실상 같을 것이란 짐작이 간다.

이종탁 바둑이 작품이라고 할 때, 좋은 작품을 생산하려면 혼자만 잘 두어서는 안 되겠네요.
이세돌 그렇죠. 흑백 모두 실수 없이 둬야 합니다. 서로가 완벽하게 둔다 해도 6집반이라는 덤이 있기 때문에 승부는 가려지거든요. 어느 대목에선가 한쪽에서 승부수를 던지고 그것으로 승패가 갈리는 한 판의 바둑, 그런 명국을 두는 게 제 바둑 인생의 목표입니다.

판사가 판결로 말한다면 바둑기사는 기보(棋譜)로 말한다. 기보는 후대에도 영원히 남는다. 수백 년 전의 명국 기보를 보고 또 보는 이유다. 그래서 프로 기사들은 승부도 승부지만 후대에 부끄럽지 않은 바둑을 두어야 한다는 생각이 있다. 아마추어에게 바둑은 오락이지만 프로 기사에게는 돈과 명예가 걸린 시험이다.

이종탁　명국을 만들 파트너로는 누구를 꼽고 있습니까.
이세돌　역시 이창호 사범입니다.

이 점에서도 두 라이벌의 생각이 정확히 일치한다. 이창호는 "단 한 번만이라도 나무랄 데 없는 바둑을 두고 싶은 게 평생 소원"이라고 말한다. 초절정 고수가 실책을 범한다는 게 뜻밖이지만, 알고 보면 프로 기사들의 대국에서도 '누가 실수를 적게 하느냐'로 승부가 갈리기 십상이다. 바르셀로나의 축구스타 리오넬 메시가 페널티 킥을 실축하는 것과 마찬가지다. 그렇게 보면 보통 사람의 실수는 창피해할 것도, 낙심할 것도 전혀 아니다.

이종탁　조훈현 9단은 어떻습니까.
이세돌　조 국수님의 실력은 의심할 여지가 없습니다. 세계 최강자 중의 한 명이죠. 저에게 가장 영향을 많이 준 분이기도 하고요. 요즘엔 연세가 있다 보니 체력적인 측면도 있고……

프로 기사는 한 달에 8~10국, 연간 100국가량 둔다. 대국이 없는 날도 있지만 몰아서 두어야 할 때도 있다. 한 판 두는 데 한 사람에게 주어지는 시간이 3~4시간, 상대 시간까지 합하면 6~8시간이 걸린다. 노동 강도가 보통 센 게 아니다.

이종탁 　프로 기사들은 바둑 한 판 두면 체중이 2~3킬로그램 빠진다는 말이 있던데, 실제 그런가요.

이세돌 　중요한 대국은 그보다 더 빠질 때도 있습니다. 그런데 체중 빠지는 게 꼭 대국하면서 에너지를 소진하기 때문만은 아닙니다. 대국을 앞두고 신경이 쓰여서 잠도 못 자고 음식도 먹는 둥 마는 둥 해서 그런 경우도 많습니다.

이종탁 　바둑 두는 동안에는 완전히 몰입합니까.

이세돌 　꼭 그렇지는 않습니다. 대국 끝나고 무얼 할까, 점심은 무얼 먹을까, 그런 잡생각을 할 때도 있죠. 저만 그런지는 모르겠어요.

그는 잡생각 때문에 크게 실패한 뼈아픈 기억이 있다. 2001년 LG배 세계기왕전 결승전에서 이창호와 맞붙었을 때다. 5판3선승제에서 2연승을 한 뒤 치르는 세 번째 대국인데 중반까지 압도적으로 유리한 국면이었다. 생애 첫 세계대회 우승, 그것도 천하의 이창호를 3연승으로 물리치고 우승한다고 생각하니 심장이 뛰기 시작했다.

'우승 상금이 얼마지?'

'기자회견 때 기자들은 무얼 물어볼까? 그때 뭐라고 대답할까?'

별의별 생각들이 튀어나왔고, 부모 형제 동료 친구들의 얼굴이 파노라마처럼 지나갔다. 어느새 바둑은 망가져갔다. 우왕좌왕 실착(失錯)이 이어지고 페이스가 무너지면서 결국 역전패를 당했다. 그 충격으로 남은 두 판마저 져 우승을 놓치고 말았다. 다 잡은 고기를 잡념 때문에 놓친 기분이었다.

이세돌

그 후 이세돌은 잡생각이 떠오를 때의 대처법을 나름대로 개발했다.

"그런 생각이 들 때 '내가 지금 뭐하고 있는 거야, 이래서는 안돼' 하며 조바심을 내봐야 덫에 걸린 사냥감마냥 더 조여듭니다. 그보다는 차라리 그래 괜찮아, 그럴 수도 있어 하며 잡생각이 머릿속을 잠깐 휘젓다 가도록 놔둔 다음 다시 집중하는 겁니다. 해보니 그게 낫더라고요."

이종탁 　바둑에서 최고조의 나이를 몇 살로 보나요.

이세돌 　20대 후반에서 30대 중반 정도가 아닐까 싶습니다. 그런 점에서 지금이 좋은 때인 것은 사실입니다. 다만 절정은 분명 아닐 것이라고, 또 아니었으면 하고 생각하고 있습니다.

이세돌이 아무리 뛰어나다 해도 전적으로 보면 이창호를 따라갈 수 없다. 이창호는 최연소 타이틀 획득, 최연소 세계챔피언은 물론 통산 최고승률, 통산 최다승 등 아직도 깨지지 않는 숱한 기록의 보유자다. 국내 16개 바둑대회를 모두 한 번 이상 우승하는 사이클링 히트, 세계 6대 대회를 모두 석권하는 그랜드슬램을 달성한 적도 있다. 인간의 능력 범위를 벗어난 게 아니냐는 뜻에서 '신동', '기신(棋神)', '신산', '터미네이터', '외계인', '신산(神算)' 등 신(神)에 비유하는 별명도 여럿 붙어 있다.

그런 이창호도 나이 서른이 넘으면서 조금씩 내리막길을 걷더니 급기야 2011년에는 그 많던 타이틀을 다 빼앗겼다. 프로 기사가 된 지 22년 만에 무관(無冠)으로 전락한 것이다.

이세돌은 이창호보다 일곱 살 적은 나이다. 연령으로만 보면 오르막보다 내리막이 기다리고 있다고 봐야겠지만, 도전의욕만큼은 어느 신예 못지않다.

이종탁 아시안게임을 앞두고 중국의 구리(古力) 9단과 10번기를 치를 것이란 보도가 있었습니다. 그렇지만 성사가 안 되었지요?

이세돌 저는 그 경기를 치르는 데 동의한다고 사인을 했는데 그 뒤 연락을 못 받았습니다. 아마 스폰서를 못 잡은 게 아닌가 싶어요.

10번기는 당대 최고의 고수들이 10판을 두어 6판 이상 진 쪽이 이긴 쪽에 두 점을 깔기로 약속하는 치수고치기 바둑이다. 그런데 프로의 세계에서 접바둑이란 감당할 수 없는 치욕이다. 깔고 두느니 차라리 바둑계를 떠나는 것을 선택한다. 과거 일본에선 정상급 고수들이 10번기에서 져 은퇴한 사례가 수두룩하다. 관전자에겐 흥미진진할지 몰라도 기사에겐 목숨 걸고 싸워야 하는 피의 링이 10번기다. 어느 기사인들 10번기가 두렵지 않겠는가. 그런데도 이세돌은 거침이 없다.

이종탁 그때 성사되었어도 치수고치기 방식은 아니었던 것 같습니다. 만약 지금이라도 치수고치기 경기를 하자고 하면 할 용의가 있나요.

이세돌 저야 언제든 오케이입니다. 위험 부담은 있지만 그만큼 재미있을 테니까요.

이세돌

이종탁 역시 모험을 즐기는 스타일이네요.

이세돌 저는 바둑판 앞에 앉으면 언제나 즐겁습니다. 짜릿한 쾌감이 느껴지죠. 그런 즐거움이 없으면 프로 생활 못할 겁니다.

구리 9단이 10번기에 응할지는 미지수다. 만약 수락한다면 이세돌은 물러설 곳이 없다. 그러나 끝내 응하지 않는다면 선(先)제의한 사실만으로도 우위에 서게 된다. 상대의 허를 찌르는 과감한 수, 아무도 흉내 낼 수 없는 수를 둔다는 말은 이래서 나오는 걸까.

이세돌의 과감한 수는 때때로 바둑판 바깥에서도 두어진다. 과거 프로 기사들은 승단하려면 대국료가 거의 없는 바둑을 10판씩 두어야 했다. 프로의 실력이란 종이 한 장 차이여서 조금만 방심하면 누구라도 질 수 있지만 이겨서 단(段)이 높아졌다고 해서 특별히 인센티브가 주어지는 것은 아니다. 프로 3단이나 프로 9단이나 대국하는 데 제약이 없다. 여기에 에너지를 쏟아야 하는 게 낭비라고 생각한 이세돌은 어느 날 승단대국을 거부한다고 선언했다. 기계(棋界)에서 한바탕 난리가 났지만 결국 세계대회 우승자는 승단대회를 거치지 않아도 최고 단계인 9단으로 인정해주는 제도가 만들어졌다. 3단이던 이세돌은 그래서 곧장 9단이 됐다.

2009년 바둑계를 발칵 뒤집어놓은 이세돌 파동도 기존의 상식과 관행을 깨뜨린 과감한 수에 다름 아니다. 이세돌이 한국 리그의 대진 방식이 불합리하게 돼 있다며 대회 불참 의사를 밝히자 기사들의 단체인 기사회에서 징계를 결정했다. 그러자 이세돌은 한국기원에 휴직계를 내는 것으로 초강경 응수했다. 프로 기사가 바둑대회에 한동안 출전하지 않겠다고 보이콧을 선언한 것이다.

바둑은 한 대회가 끝나고 다음 대회가 시작하는 게 아니라 여러 대회가 동시에 진행된다. 어느 대회는 결승, 어느 대회는 준결승이나 4강, 8강까지 진행된 상태에서 랭킹 1위의 기사가 출전을 포기한다고 했으니 바둑계가 큰 혼란과 충격에 빠진 것은 당연했다. 바둑계 일각에서는 이번 기회에 이세돌을 아예 제명해야 한다고 흥분했고, 이세돌은 영영 바둑계를 떠날 수도 있다며 태도를 굽히지 않았다. 결국 한국기원이 이세돌의 휴직원을 받아주면서 "이번 사건을 유감스럽게 생각하며 이세돌 9단은 자숙하길 바란다"는 발표문을 내는 것으로 마무리됐다.

여기까지는 이세돌에게 불리한 스토리다. 개인의 자유의지를 집단의 논리로 제약하는 바둑계의 기존 관행이 설령 불합리하다고 해도 대회를 보이콧하는 것은 무책임하다는 지적을 피할 수 없다. 이세돌도 이 점은 인정한다. 자서전 『판을 엎어라』에서 그는 이렇게 사과한다.

"사정이야 어찌됐든 팬들에게 제일 죄송하고 미안하다. 나를 아껴주는 사람은 물론이고 전체 바둑 팬들에게 휴직까지 갈 수밖에 없었던 상황 자체가 너무나 죄송한 일이었다. 또 내가 타이틀을 가지고 있었던 기전들도 나갈 수 없게 되었으므로 스폰서들에게도 죄송했다. 이 자리를 빌려 모두에게 미안하다는 말씀을 꼭 드리고 싶다."

그러나 휴직 파동 자체는 이세돌을 성숙한 인간으로 거듭나게 하는 중요한 계기가 되었다. 바둑을 손에서 놓자 프로 기사로

흑백 모두 실수가 없는 명국을 두는 것,
그게 제 바둑 인생의 목표입니다.
서로가 완벽하게 둔다 해도 6집반이라는
덤이 있기 때문에 승부는 가려지거든요.

서의 리듬은 금방 깨졌다. 자나 깨나 24시간 머릿속에 들어 있던 바둑판이 "거짓말처럼 사라졌다"고 그는 말한다. 대신 그동안 걸어온 삶을 돌아보게 됐다. 의도하지는 않았지만 성찰의 기회가 주어진 것이다. 사람들과의 관계에서 나는 어떤 문제가 있었나, 가족이란 존재는 나에게 얼마나 소중한가 하는 생각이 꼬리를 물고 이어졌다.

이세돌이 바둑을 시작한 것은 코흘리개 시절인 다섯 살 때다. 그때부터 이날까지 바둑 외의 것은 모두 버리고 살았다. 심지어 결혼할 때에도 결혼식날 새벽 2시 중국에서 돌아와 날 밝기를 기다렸다가 예식을 올리고는 신혼여행도 못 가고 그날 오후 다시 중국으로 바둑 출장을 떠나야 했다.

그에게 바둑돌을 쥐어준 사람은 전남 목포에서 교편을 잡다가 그만두고 신안군 비금도에 들어와 농사짓던 아버지(1998년 작고) 였다. 아버지는 아마추어 5단의 실력으로 3남 2녀의 자녀에게 모두 바둑을 가르쳤다. 그중에서 장남 상훈(현재 프로 7단)과 막내 세돌이 될성부른 나무였다. 아버지가 논밭에 나가면서 사활문제를 내주면 세돌은 반나절도 되지 않아 "다 풀었다"고 외쳐 아버지를 기쁘게 했다.

이세돌은 "그때 문제집 뒤에 정답이 나와 있었는데 그 나이에 끙끙거리면서도 답을 들춰볼 생각을 하지 않았다는 게 스스로 생각해도 대견스럽다"고 말한다. 그렇게 2년이 지나자 아버지를 꺾는 실력이 됐고, 세계 어린이 바둑대회에 나가 우승을 했다.

열한 살이 되었을 때 세돌은 서울의 권갑용 사범 도장으로 유학을 떠났다. 남들처럼 학교를 다닐 시간이 없기는 섬에서나 서울

이세돌

에서나 마찬가지였다. 그의 공식 학력은 중학교 3학년 자퇴로 돼 있지만 초등학교 5학년 이후 교실 수업을 들어본 적이 없다.

"서울에 올 때 저는 학업과 바둑을 병행할 생각이었어요. 그래서 남몰래 갈등을 좀 했습니다. 하지만 아버지나 다른 식구들의 생각은 확고했습니다. 바둑에서 최고가 되는 게 목표라고 했죠. 저의 선택을 후회한 적은 없지만, 그때 학업을 병행했더라면 어땠을까 하는 생각은 있습니다."

이종탁 학교를 안 다녀서 세상 살아가는 데 불편한 점을 느끼나요?

이세돌 일반 상식은 사회에서 배우는 게 많아서 그런지 별 상관 없는 것 같습니다. 책 읽는 데도 큰 문제는 없고요. 『어린 왕자』 『갈매기의 꿈』 『파리대왕』 같은 책을 좋아합니다. 그런데 언어는 아쉬움도 있고 불편하기도 합니다. 휴직했을 때 중국어를 배워보려고 했는데 잘 안 되더라고요.

휴직 기간 동안 승부에 구애받지 않고 찬찬히 삶을 되돌아보는 여유를 가지면서 휴직계 낼 때의 격한 감정이 많이 누그러졌다. 누나(이세나, 아마추어 6단)와 함께 그동안 치른 명승부전 9판을 정리해 『이세돌 명국선』이라는 책을 내게 된 것도 뿌듯하게 여겨졌다. 그때 주위에서 조기 복직이라는 '훈수'를 내놓았다. 휴직계에 쓴 휴직 기간은 1년 6개월이지만 당사자가 마음먹기에 따라서는 앞당길 수 있으니 빨리 복귀하라는 권유였다.

이세돌은 조기 복직이라는 수를 놓고 장고에 들어갔다. 휴직 파동 때의 상황을 떠올리면 여전히 마음이 안 내켰지만 팬들을 생각하면 하루라도 빨리 바둑판으로 돌아가야 할 것 같았다. 고민하고 있는 동생에게 형 상훈은 "네 마음은 알지만 아예 바둑을 관둘 게 아니라면 빨리 돌아오는 게 낫다"고 충고했다. 휴직 기간이 길어지면 길어질수록 복귀가 어려워진다는 얘기였다.

결국 이세돌은 휴직 6개월 만에 복직계를 제출했다. 한국기원에서 복직 조건으로 내건 요구 사항을 모두 받아들이겠다고 했다. "모든 것을 훌훌 털고 바둑에만 몰두하겠다"는 의지의 표현이었다. 그렇게 다시 바둑돌을 쥐었을 때 놀라운 일이 벌어졌다. 한동안의 공백 때문에 초반에는 고전할 것이라는 일반의 예상과 달리 24판을 내리 이기는 폭발적 기세를 보여준 것이다. 복귀 후 처음 출전한 BC카드배에서는 단박에 우승을 거머쥐었고, 두 번째 후지쓰배에서도 결승까지 올라갔다. 새로운 출발이 제2의 전성기를 만든 것이다.

프로 기사에게 승리는 알파에서 오메가다. 기분도 좋고 상금도 따른다. 이세돌의 얼굴에 웃음이 그칠 새가 없다. 휴직이라는 초강수, 조기 복직이라는 과감한 수를 두지 않았다면 기대하기 어려운 행복한 시간이다. 이세돌의 인생에서 행복으로 가는 결정적 터닝포인트는 휴직과 조기 복직이라는 결단의 수(手)인 셈이다.

인터뷰 마지막, 아마추어가 바둑을 잘 두려면 어떻게 해야 하는지 한마디 강습을 부탁했다. 잠시 생각한 끝에 돌아온 대답은 이랬다. 비단 바둑에만 통용되는 말은 아닐 것 같다.

"정답은 없습니다. 일단 많이 두어야 하고, 그 바둑을 자기보다 잘 두는 고수에게서 복기 지도를 받는 게 지름길입니다. 복기를 통해 잘못을 깨치지 못하면 한 치도 나아지기 어렵습니다."

이세돌과 별도로 이창호를 만나 같은 질문을 했더니 이런 대답이 돌아왔다.

"우선 책을 보는 게 방법이고요, 자기보다 1~2점 정도 높은 사람과 대국하는 게 가장 공부가 됩니다."

두 고수의 원 포인트 강습에 공통점이 있다면, '하수(下手)와 두는 것은 소용없다'는 것이다. 하수가 고수에게 바둑을 청하려면 "한 수 지도 바랍니다" 하고 머리 숙여야 하는 이유가 여기에 있다.

Part 4

열정으로 가는
터닝포인트

조정래

강준만

송창식

정두언

조 / 정 / 래

약력

1943년 전남 순천 선암사 출생 | 동국대 국문과 | 『현대문학』으로 등단 | 현대문학상, 대한민국
문학상, 단재문학상, 동리문학상, 만해대상 등 수상 | 단편집 『어떤 전설』, 『황토』, 중편집 『유형
의 땅』, 장편소설 『대장경』 『불놀이』, 대하소설 『태백산맥』 『아리랑』 『한강』 등

소설가 조정래의 젊은 시절 별명은 '조진세'다. 앉으나 서나, 자나 깨나, 입만 열면 민족과 역사, 진실과 통일을 얘기하는 진지한 남자라는 뜻이다. 그렇다면 '조진지'라고 해야지 왜 '진세'냐 하는 반문이 나올 법한데, 그건 진지(眞摯)라는 한자가 어렵다 보니 지(摯)를 세(勢)로 잘못 읽는 경우가 많다는 데 착안해 위트 있게 비튼 것이다.

중년 시절을 지나면서 조정래는 얼굴도 '조진세'화해간다. 그에게는 보통 사람들에게는 없는 특이한 입주름이 있다. 대개 입주름이란 코에서 입으로 내려오는 것인데 그의 입주름은 입에서 턱으로 내려가면서 나 있다. 오랫동안 어금니를 물고 진지하게 고민하다 보니 이 악문 선을 따라 주름이 파인 것이다. 그래서 그의 입주름은 특이하게 두 겹이다.

동화작가 정채봉은 조정래의 이마를 두고 "빨랫돌 같다"고 했다. 민중들의 서답(빨래)에 얽힌 사연이 작가의 이마에 골골이 박혀 있다는 것이다. 민중의 사연을 원고지에 메워가는 작가의 모습이 얼마나 단단하게 보였는지 "그 이마에 바늘을 찔렀다가는 도리어 바늘이 부러질 것"이라고 했다.

그만큼 지독한 작가다. 어금니 깨물어 입가 주름이 겹으로 생길 때까지, 이마에 민중의 사연이 아로새겨질 때까지 생각하고 고민하는 집념과 근성의 소유자다. 그에겐 예술가들에게 흔히 보이는 방탕한 기질이 없다. 주색잡기를 일절 하지 않는 것은 물론 시간 아깝다고 사람도 거의 안 만난다. 하루 쓸 원고지 분량을 정해놓고 그 일정표에 따라 작품에만 몰두한다. 『태백산맥』 10권, 『아리랑』12권, 『한강』10권이 그렇게 20년에 걸쳐 탄생했다. 이 세 편의 원고 분량이 200자 원고지로 5만 5000여 장, 그야말로 장강 대하(長江大河)의 길이다. '조진세'가 아니라면 엄두도 내기 어려운 일이다.

이 땅에서 두 번 다시 보기 힘들 것 같은 집념의 작가 조정래가 자전 에세이집을 냈다. 자전 에세이라면 글쓴이의 정신세계와 작품 활동의 이면을 다룬 글 아닌가. 작가 조정래, 인간 조정래의 모습을 독자들에게 보여준다는 뜻이니, 인터뷰하는 사람으로서 이보다 더 반가운 소식이 없다.

그런데 약속을 잡고 준비를 하면서 뜻밖의 고민에 빠졌다.『황홀한 글감옥』이라는 에세이집은 그가 대학생들로부터 받은 질문 500가지를 84가지로 간추려서 응답하는 형식으로 돼 있다. 내가 물어서 듣고자 하는 내용의 태반이 거기에 나와 있다. 자칫하면 책의 내용을 그대로 되풀이하거나, 반대로 책을 피한다고 해서 생뚱맞은 이야기만 할 수도 있는 상황이다. 고심 끝에 독자의 관심권을 벗어나지 않으면서 책에서 한걸음 나아간 질문을 던져보기로 했다. 서울 예술의 전당 앞 한 카페에서 그를 만났다.

이종탁 '글감옥'이란 책 제목은 누가 무슨 뜻으로 붙인 겁니까.

조정래 제가 그동안 몇 번 써온 말인데요, 글쓰기에 구속된 작가의 처지가 고통스러운 감옥과 다를 바 없다는 뜻에서 만든 말입니다. 그런데 그 고통의 대가로 맛보는 성취감은 황홀하기 이를 데 없어요. 그래서 '황홀한 글감옥'이라 한 겁니다. 여러 제목들 중에서 출판사 내부에서 인기투표를 해 정한 것입니다.

조정래

이종탁   책에서 공개한 내용은 대부분 처음 밝히는 것들 같던데요.

조정래   그렇죠. 소설 외에 궁금증을 가진 독자들이 많았지만 거기에 응할 만한 시간이 없었습니다. 그런데 작가 생활을 한 지 40년이 되면서 문학에 대해서나 제 인생에 대해서나 한번 정리할 필요가 있다는 생각이 들었습니다. 문학을 지망하는 젊은이들에게 도움이 되었으면 하는 바람도 있었고요.

젊은이들에게 문학은 영원한 로망이다. 세상이 아무리 변해간다 해도 문학을 꿈꾸는 청년들은 어느 시대든 있게 마련이다. 배부른 돼지보다 배고픈 소크라테스의 길을 가겠다고 하는 문청(文靑)이 없다면 세상은 얼마나 각박하고 쓸쓸할 것인가. 문학 세계의 어귀에서 갈 곳을 몰라 방황하는 후배들에게 길잡이가 되고자 하는 한 선배 문인의 마음 씀씀이가 살갑기 그지없다.

이종탁   문학 지망생의 영원한 고민은 어떻게 하면 글을 잘 쓸 수 있나 하는 점일 것입니다. 이에 대해 선생님은 다독(多讀) 다작(多作) 다상량(多商量)의 명언을 들면서, 단 다작과 다상량의 순서를 바꾸라고 충고하고 있습니다. 왜 그렇습니까.

조정래   문학을 하겠다는 사람은 대부분 조급한 마음에 쓰기부터 서두릅니다. 그러나 좋은 글은 깊은 내면에서 우러나옵니다. 영혼 속에 감춰졌다가 곰삭아서 나오거든요. 그러려면 필연적으로 많이 읽고 많이 생각하는 시간을 가져야 합니다. 다독 4, 다상량 4, 다작 2 정도로 배분하는 게 좋아요.

이와 관련해 그가 들려주는 에피소드 하나를 인용해보자. 문학은 언어를 모태로 하고, 언어는 단어를 기초 단위로 한다. 문학을 잘하려면 단어를 많이 알아야 한다. 좋은 소설을 쓴 작가는 그만큼 많은 단어를 안다는 증거다. 아무도 이의를 제기할 수 없는 이 이론에 입각해 어느 문인이 국어사전을 통째로 외우겠다고 나서자 지금은 고인이 된 박경리 선생이 "딱하기도 해라. 그럴 시간 있으면 차라리 낮잠이나 자고 몽상이나 하지"라고 말했다고 한다. 정확한 단어를 자유롭게 구사하기 위해서는 평생에 걸쳐 국어사전을 가까이 두고 수시로 펼쳐보는 습관을 가져야 하지만 사전을 암기의 대상으로 삼는 것은 무모하고 아둔한 짓이라는 얘기다. 많은 단어를 습득하는 지름길은 결국 다독이고, 단어를 자유롭게 엮어내고 창조적으로 펼치는 능력은 다상량에서 나온다는 것을 일깨우려는 것이다.

이종탁 젊은이에 대한 충고 말씀하니까 떠오르는데요, 책에 보니 "인생의 선택을 앞둔 젊은이들이여, 부모의 지나친 개입을 단호히 거부하라"는 대목이 있더군요.

조정래 우리나라 부모의 자식사랑은 자녀의 개성이나 소질을 말살시킬 정도로 지나친 게 큰 문제입니다. 자녀를 소유물처럼 생각해서 자기가 이루지 못한 꿈이나 욕망을 자녀를 통해 이루려고 합니다. 하지만 자녀는 독립된 개성적 존재이고 인격체입니다. 자기가 좋아하고 자기가 하고 싶고, 자기가 가장 자신 있게 할 수 있는 일을 선택할 수 있게 부모는 옆에서 돕고 북돋아줄 의무와 책임이 있을 뿐 강요와 강압할 권리는 없습니다. 자기가

조정래

하고 싶은 일을 신명나게 하면서 기쁘고 즐거울 때 그 인생이 바로 가장 성공한 인생이라 생각합니다. 그러니까 도둑질이 아닌 한 그 어떤 일이든 훌륭한 직업이 될 수 있습니다.

이종탁   고등학교 3학년 때 "승려가 돼라"는 아버지의 요구를 단호히 거부했다고 하던데 그것과 연관이 있는 건가요.

조정래   그렇다고 볼 수 있죠.

이게 무슨 말인가. 여느 부모와는 삶의 궤적이 전혀 다른 조정래의 아버지 조종현에 대한 이해가 필요할 것 같다. 조정래의 부친은 열여섯 살에 출가해 '철운'이라는 법명을 가진 스님이었다. 일제강점기에 일본은 식민 지배를 용이하게 하려는 일환으로 승려들을 일본식으로 결혼시켜 대처승을 만들었다. 그 강압책에 따라 철운 스님은 전남 승주의 선암사에서 결혼식을 올려 모두 4남 4녀를 두었는데 그중 둘째 아들이 조정래다. 많은 독자들이 궁금해하는 조정래의 출생지가 절인 까닭이다.

철운 스님은 해방 후 선암사 부주지로 있으면서 '모든 사답(寺畓)은 소작인들에게 무상 분배해야 한다'는 내용의 현수막을 절 앞에 내걸 만큼 개혁적이었다. 그러나 여순반란사건 등 시대의 격랑에 휘말리면서 절에서 쫓겨나 고향을 등지는 신세가 됐다. 스님의 이런 사연은 『태백산맥』에도 나온다. 등장인물 중 법일 스님의 모델이 바로 작가의 부친인 것이다.

철운 스님은 여순사건과 한국전쟁이라는 거친 풍랑을 겪어내면서도 자식들이 모두 무사했던 것은 "다 부처님의 가피(加被) 덕분"이라고 생각했다고 한다. 그래서 그는 아들 하나를 절에 보내 보은을 해야겠다고 마음먹었다. 장남을 보내기에는 별로 내키지 않아 차남을 마음에 두고 있다가 그 아들이 대입 시험을 눈앞에 두고 있던 어느 날 실행에 옮겼다.

하마터면 인생이 바뀔 뻔했던 결정적 순간을 조정래는 지금도 생생하게 기억하고 있다.

"아버지가 나를 부르더니 느닷없이 '너 부처님 앞으로 가거라'고 합니다. 그러면서 종이 한 장을 내밀어요. '조계사 승적(僧籍) 168호'라고 적혀 있더군요. 생각해보니 서너 달 전 아버지가 내게 '하늘을 벗해 살라'는 뜻의 인천(隣天)이라는 호를 지어줬습니다. 남자가 장성하면 호를 갖는 법이라면서. 그런데 그 인천이라는 호가 아버지가 내민 승적에 적혀 있는 게 아니겠습니까. 몇 달 전부터 저를 출가시킬 작정을 하고 호를 지어두었다는 얘기잖아요. 아버지의 그 치밀한 배신에 저는 거의 기절할 뻔했습니다."

그는 절체절명의 위기 상황에서 있는 힘껏 저항했다고 한다.

"저는, 저는 문학을 해야 합니다."

그러자 아버지는 "만해 선생을 봐라. 그분께서는 종교도 문학도 다 크게 이루셨다"고 했다. 승려가 된다고 해서 문학을 할 수 없는 게 아니라는 논리를 만해한테서 찾은 것이다.

조정래의 부친에게 만해 한용운은 교과서 속 인물이 아니다. 독립운동을 함께한 가까운 동지다. 만해를 총재로 한 승려들의 비밀 독립운동 단체 '만당'에서 재무위원으로 활동한 사람이 철운 스님이다. 거기서 만해를 따라 문학을 독립운동의 한 방편으로 삼았고, 시조시인으로 정식 등단함과 아울러 교사 자격도 갖추었다. 만해와 문학을 이야기할 자격이 충분한 아버지였다.

조정래

인생이란 줄기찬 노력이 성과를 이뤄내는 것이며
매일 지치지 않고 하나하나 하다 보면 안 되는 게 없습니다.

그러나 아들은 물러서지 않았다. 조정래는 "만해 선생은 100년에 한 번 태어날까 말까 한 분"이라고 되받았고, 아버지는 말문이 막혔는지 더 이상 말이 없었다. 그걸로 기 싸움은 끝이 났다.

조정래는 승려가 되지 않고 대학에 갈 수 있었다. 어머니는 돈잘 버는 상과대학에 가라고 했지만 여기서도 '독립된 인격체'는 자기 소신껏 학과를 정했다. 문학을 하면 굶기 십상이라고 해 '굶을과'라고 부르던 국문과였다.

이종탁 당시 아버지에 대한 원망이 묻어나는 것 같습니다. 그후 부자 사이는 어땠습니까.

조정래 돌아가시기 6개월 전쯤 병원에 입원했을 때 자식들이 하루씩 짝을 지어 면회를 갔습니다. 그때 아버지는 저 하나만 그의무 이행을 면제해주셨어요. 어서 소설을 써야 한다면서요. 그래서 제 아내만 갔어요. 나중에 아버지가 돌아가시고 나서 어머니께 들으니 『태백산맥』을 읽으시고 '자식 키운 보람 있네'하셨다고 해요.

사실 철운 스님의 자식 사랑은 여느 부모보다 강하면 강했지 못하지 않았다. 나이 쉰셋에 자녀 교육을 위해 무작정 상경한 그는 자식들 도시락은 신경 써도 자신은 10년 이상 점심을 굶으며 지냈다. 중고등학교 국어교사를 했지만 거기서 받는 월급은 열 식구 생계를 위해 쌀과 연탄을 사고 나면 남는 게 거의 없었다. 집안은 가난의 늪에서 헤어날 길이 없었다.

조정래는 이를 "아버지의 대책 없는 자식 욕심" 때문이라고 표현한다. 경제적 뒷받침이 안 되는데도 자식을 많이 낳아 고생했다는 뜻이다. 지금 50대 이상의 세대들은 이 말에 공감하는 이가 적지 않다. 먹고살기 힘든데 식구만 주렁주렁 많아 그중 똑똑한 자식 한 명만 서울로 보내 공부시키고 나머지는 각자도생하도록 내버려두는 집이 흔했던 것이 1960, 70년대 풍속도였다.

　그 시절 농촌에선 어떻게든 서울로만 가면 무슨 수가 날 것이라고 믿었다. 조정래 가족도 그렇게 해서 서울로 왔으나 그 수라는 게 누구에게나 나는 것은 아니었다. 성북동 골짜기 고지대 셋방에서 서울 생활을 시작한 조정래 가정에 가장 시급한 문제는 물이었다. 산꼭대기에는 물 한 방울 구할 데가 없어 저 아랫동네 수도까지 가서 길어와야 했다. 열 식구 먹고 쓸 물을 져 나르는 일은 오로지 아들 몫이었다. 조정래는 둥근 양철통이 좌우에 매달린 물지게를 지고 매일 산비탈을 오르내렸다. 여름이면 온몸이 땀으로 범벅이 되면서 어깨에 핏자국이 생기고, 겨울에는 빙판에 미끄러지거나 삐끗 중심을 잃어 곤두박질치면서 물을 뒤집어쓰기도 했다. 물지게의 고통이 얼마나 심했는지 작가는 훗날 이렇게 회고한다.

　"아아, 그때의 그 비참함과 가난에 대한 증오란…… 그 쓰라림과 서러움은 내 뼈 마디마디에 아로새겨지고, 마음에 켜켜이 사무쳤다. 그리하여 자식을 하나밖에 두지 않았던 것은 너무나 당연한 귀결이었다."(『젊은 날의 깨달음』, 138쪽)

　내 자식에게만큼은 가난을 물려주지 않겠다는 생각에서 결혼해서 아들 하나 낳고는 곧바로 정관수술을 한 것을 언급한 것이다. 그만큼 악몽과도 같은 물지게 생활이었지만 그의 인생에서 가장 중요한 삶의 철학이 세워진 것도 이때였다.

그 시절 공중수도의 물은 아침저녁으로 서너 시간씩 찔끔찔끔 나오는 게 고작이었다. 물통 들고 뒷줄에서 기다리다 중간에 물이 끊기면 빈손으로 돌아서야 했다. 추운 겨울날 새벽 따뜻한 이불 속은 참으로 달콤한 유혹이지만 그 유혹을 떨치지 못해 게으름을 피우면 더 큰 고생이 기다리고 있었다. 이불 속에서 10분을 꼼지락거리면 수돗가에서는 한 시간을 추위에서 떨어야 했다. 반대로 10분 일찍 일어나면 기다리지 않고 물을 받을 수 있었다. 이 이치를 깨닫게 되면서 그는 게으름이란 단어를 자기 인생에서 없애버리기로 결심했다.

"남보다 5분 먼저 일어나고 5분 먼저 행동하라."

조정래의 생활 철학이 된 '5분 먼저'는 그 후 매사에 실천적으로 적용된다. 그는 20년 이상 신문, 잡지에 소설을 연재했지만 원고를 펑크 내거나 송고를 늦게 해 제작에 차질을 준 적이 한 번도 없다. 시간에 쫓겨 원고를 날림으로 쓰는 법도 없다. 편집자의 독촉이 없어도 언제나 때가 되면 깔끔한 원고를 어김없이 보낸다. 창살도 없고, 지켜보는 간수도 없는 글감옥에서 완전한 원고를 제시간에 생산, 공급하려면 미리 준비하고 실천하는 자기만의 열정이 있지 않으면 안 된다. 결국 조정래의 모든 작품은 '5분 먼저'의 산물이고, 그 5분 먼저의 열정은 수돗가 물지게에서 나온 셈이다. 그러니까 물지게는 조정래의 인생에서 열정으로 가는 결정적 터닝포인트다. 그 시절의 가난에 대해 조정래는 이렇게 정의하기도 한다.

"나를 키운 건 가난이었고, 가난이 나의 힘이었다."

이종탁 『태백산맥』이 출간 20년을 훌쩍 넘기며 200쇄 돌파라는

조정래

대기록을 세웠습니다. 한국 문학사에 길이 남을 역작인데, 이 소설은 어떻게 쓰게 되었습니까.

조정래 　소설을 구상하던 때가 서른일고여덟 살 정도였는데요, 우리 민족의 삶이 너무 처절하고 비참했죠. 그 쓰라린 비극을 작가로서 외면할 수가 없었어요. 슬프고 아픈 역사를 제대로 써서 민족의 미래를 밝히는 것이 작가의 최소한의 소임이라고 생각했습니다. 그런데『태백산맥』하나만 구상한 것은 아니고『아리랑』과『한강』을 같이 구상했어요. 집필에 들어가기 전에 세 소설의 제목까지 다 정해둔 상태였습니다.

이종탁 　그 방대한 소설을 하나도 아니고 세 편씩이나 어떻게 한꺼번에 준비할 수 있죠?

조정래 　여러 가지를 많이 읽고 안으로 깊이 삭이면서 생각을 집중하면 다 됩니다. 저는 세 편을 동시에 구상했기 때문에 등장인물도 겹치지 않도록 신경 써야 했어요. 그러다 보니『태백산맥』에 쓰고 싶지만『아리랑』에 쓰는 게 더 낫겠다 싶어 아껴둔 인물도 있습니다.『아리랑』에서 판소리하는 사람으로 나오는 옥비가 그런 경우입니다.

믿기 어려울 정도다. 소설 한 편에 등장하는 인물만 400명이 넘어 읽는 사람도 메모를 하지 않으면 헷갈리기 십상인데, 세 편의 인물을 미리 구상하면서 겹치지 않게 만들어냈다는 것이다. 그는 이걸 "자기와의 싸움"이라고 표현했다.

"예술의 기본은 새로움입니다. 즉 상투성과의 싸움인 거지요. 새롭지 않으면 감동을 줄 수 없고, '창작'이 아니니까요. 그런데다

대하소설은 뒤로 갈수록 지루해진다는 게 정설이고 통설이 되어 있습니다. 글 쓰는 이가 육체적으로 늙고, 지치기 때문에 일어나는 일이지요. 저는 이 문제를 극복하기 위해 쓰는 시간을 최대한 단축해야겠다고 생각했습니다. 그래서 하루 8시간 노동이 아니라 그 두 배인 평균 16시간씩 일했습니다. 모자라는 잠은 토막잠으로 해결했죠. 그렇게 20년간 오직 먹고 자고 쓰는 일만 되풀이했습니다. 물러서서는 안 되는 나 자신과의 싸움을 벌인 거죠."

이종탁 글감옥에 갇혀 지낼 때 일탈하고 싶은 유혹을 느끼지는 않았나요.

조정래 왜 없겠어요. 수도 없이 많습니다. 글이 막혀 나아가지 않을 때 보통은 술 또는 여행을 떠올립니다. 그런데 저는 그 유혹에 한번 빠지다 보면 끝없이 말려들게 될 것이라고 생각했습니다. 그러면 자기 통제가 안 되고 소설 쓰기 기간이 늘어지고, 그러다 보면 작품의 긴장이 떨어지면서 지루해지는 건 필연이겠지요. 한번 생각해보세요. 하루에 원고지 30장씩을 써서 10권짜리 소설을 4~5년 걸려 완성한다는 계획을 세워놓았어요. 그런데 술을 한번 마시게 되면 보통 사흘은 글을 못 쓰게 됩니다. 술 한 번 대취하고 나서 원고지 90장이 날아가는 거죠. 그걸 열 번 하면 어찌 되지요? 900장이 날아가고 맙니다.

이종탁 그럼 어떻게 했습니까.

조정래 술 마신다고 안 써지는 글이 써집니까. 오히려 더 큰 피해를 입잖아요. 그래서 저는 글이 안 써질수록 더 책상 앞으로 다가갔습니다. 계속 몸부림치며 쥐어짜다 보면 어느 순간 바라

조정래

던 것이 찬란하게 폭발해 오릅니다. 그게 고통이 환희로 바뀌는 순간입니다. 그래서 황홀한 글감옥이고요.

실제 20년 동안 한 번도 술 마신 적이 없다고 한다. 인생의 금기사항을 한번 정해놓으면 그게 스무 가지든 서른 가지든 빠짐없이, 줄기차고 끈질기게 지켜나간다는 게 그의 삶의 태도다.

오랫동안 책상에 앉아 글만 쓰다 보면 몸에 무리가 온다. 『태백산맥』을 반쯤 썼을 때 두 다리가 퉁퉁 부어오른 느낌에, 등이 뼈근하고 쑤시다 못해 조각조각 갈라지는 통증이 왔고, 『아리랑』을 반쯤 썼을 땐 오른쪽 어깨 관절이 어긋나 팔이 마비되는 바람에 글을 쓸 수 없는 지경에 이르기도 했다. 위궤양, 탈장도 생겼다. 맨손체조와 산책을 맹렬히 하고 침을 맞아가면서 겨우 건강을 되찾아 글쓰기를 계속할 수 있었다.

이종탁 글감옥에서 지내는 동안 강산이 두 번 바뀌었습니다. 20년이 지나 출옥(出獄)하고 보니 세상이 얼마나 다르게 느껴지던가요.

조정래 별로 생경하다는 느낌을 받지는 않았습니다. 그동안 TV 뉴스와 신문을 꾸준히 보면서 필요한 대목은 스크랩도 했거든요. 현실감각은 늘 살아 있었습니다. 시간 낭비, 감정 낭비 심한 사람 만나기만 안 한 거죠.

이종탁 그 기간 동안 글 쓰는 주된 방식이 원고지에서 컴퓨터로 바뀌었는데요.

조정래 그렇죠. 그래도 저는 손으로 원고지에 씁니다. 컴퓨터로

쓴 글을 보면 기계 속도에 실려 글이 불필요하게 길어지고 밀도
감 없이 부실하다는 인상을 받습니다. 글에 긴장과 탄력이 없
어질 위험이 커요. 문학을 지키기 위해서는 느리더라도 또박또
박 손으로 써야 합니다.

이종탁   원고지를 쓰다 보면 파지를 내게 되지 않습니까. 선생님
의 경우 얼마나 냅니까.

조정래   저는 문장을 평균 세 번씩 생각하고 씁니다. 그래서 파지
가 많지 않은 편이에요. 100장을 쓴다면 20장 정도의 파지를
냅니다. 파지를 얼마 내지 않는 게 저의 단점일 수도 있습니다.

이종탁   문장이 아니라 글자 획수 하나만 틀려도 다시 쓴다면서요.

조정래   예, 글을 쓰려면 영혼이 맑아야 합니다. 그런데 글자가
틀리면 영혼이 혼탁해지는 느낌이 들어요. 그래서 저는 한 글
자만 틀려도 다시 깨끗하게 고쳐 씁니다. 그래서 문인들 중에
제 원고가 제일 깨끗하다고 소문났습니다.

이종탁   그래야 문학적 영감을 얻을 수 있다고 믿기 때문인가요.

조정래   문학은 일상에 지치고 찌들어 있는 영혼을 흔들어 깨우
는 일입니다. 그런 다음 감동이 유발되겠지요. 영혼을 감동시키
려면 작가가 모든 면에서 진지하고 치밀하지 않으면 안 됩니다.
원고지를 깨끗하게 쓰는 것, 그것도 그런 몸가짐의 하나겠지요.
흔히들 영감이란 갑자기 떠오른 희한한 생각이라고 여깁니다.
그러나 영감은 그런 게 아니라 생각하고 또 생각하는 사고의
중첩이 쌓이고 쌓여 원자핵분열 하듯이 어느 순간 터져오르는
생각의 찬란한 불꽃입니다. 그러니까 깊은 생각을 줄기차게 하
지 않는 사람한테는 그 영감님이 오시지 않겠지요.

조정래

어느 하나에 깊이 몰두하다 보면 문학적 영감만 생기는 것은 아닌가 보다. 그는 글감옥에서 희한한 경험도 했다고 털어놓았다.

이종탁 　어떤 상황이었습니까.

조정래 　문고리 같은 쇠붙이에 전기가 통해 만질 수 없다거나, 아내나 손자의 손을 잡으면 찌르르 전기가 통해 질겁하는 일이 빈번하게 벌어집니다. 한번은 전화를 받으려고 수화기를 드는 순간 전화통에 불이 파랗게 붙으면서 전화가 끊기고 말았습니다. 그 뒤 전화기가 불통돼 AS를 맡겼는데 기술자들이 아무 이상이 없다고 합니다. 귀신이 곡할 노릇이죠. 남들은 믿지 못하겠다고 하는데, 사실이 그런 걸 어떡합니까. 무당이 접신하는 것과 같은, 과학으로 설명이 안 되는 상황이 벌어지는 겁니다.

조정래의 부인은 시집 『사랑굿』으로 유명한 김초혜 시인이다. 둘은 동국대 국문과에서 만난 캠퍼스 커플이다. 김 시인은 문단 데뷔가 남편보다 5년이나 빨랐고, 『사랑굿』은 판매 부수 100만 부를 넘긴 베스트셀러 시집이다. 이들이 신혼 초기에 명절 인사를 가면 결혼식 주례를 선 서정주 시인이 "여기는 장래가 촉망되는 여류 시인, 그 옆은 남편인 문청 조정래 군"이라고 방문객들에게 소개해 신랑의 자존심을 한껏 상하게 했다는 에피소드가 있다. 조정래가 '누구의 남편'에서 벗어나 작가의 꿈을 이룬 것은 스물여덟 살이 되어서였다.

낮에는 교단에서 학생들을 가르치고, 밤에는 집에서 작품을 쓰는 보람찬 20대 후반의 시기였다. 신체적으로나 정신적으로 가장 왕성할 때여서 180장의 중편『청산댁』을 하룻밤에 150장을 써서 완성한 적도 있다. "내 생애 하룻밤에 가장 많은 양의 원고를 쓴 최초이자 마지막 기록"이라는 게 작가의 말이다.

교사로서의 수명은 오래 가지 못했다. 그가 재직한 학교는 직업 군인의 자녀 교육을 위해 설립한 특수 학교여서 교장이 육군대학 총장을 지낸 군 장성 출신이었다. 10월 유신을 구국의 영단이라고 생각하는 교장의 눈에 베트남 전쟁이나 연좌제 같은 것을 비판하는 소설을 쓰는 교사가 곱게 보일 리 없었다. 조정래는 사소한 일에 자꾸 트집 잡혀 학교에서 쫓겨났고, 다시 곤궁해졌다.

여러 궁리 끝에 그는 출판사를 차려 영업도 하고 책 배달도 직접 하면서 생계를 해결했다. 그렇게 해서 향후 몇 년은 따로 수입이 없어도 버틸 수 있을 만한 기반을 마련했을 때 미련 없이 출판사를 넘기고 온전한 작가의 길로 나섰다.『유형의 땅』『불놀이』를 쓰고『태백산맥』을 시작하면서 스스로를 글감옥에 가둔 때다.

감옥에선 절실히 필요한 게 말벗이다. 남편과 아내는 정치 사회적 문제나 소설에 대해 이야기를 주고받으며 말싸움을 했다. 소설가와 시인이 말싸움을 하면 어떻게 될까. 소설가는 주옥같은 시어(詩語)를, 시인은 변화무쌍한 스토리 언어의 기술을 배우지 않을까. 어느 쪽이든 글을 다루는 사람 사이의 다툼이란 언어를 단련시키는 또 하나의 과정이리라.

사실 조정래, 김초혜는 문단의 소문난 잉꼬부부다. 부인은 남편이 쓰는 소설의 첫 독자가 되어 격려와 지지, 감독과 충고를 아낌없이 해주고, 남편은 부인의 놀라운 시작(詩作) 능력에 공개적인 찬사를 보낸다. 극우세력들이『태백산맥』을 빨갱이 소설이라고 몰

조정래

아 검찰에 고발했을 때 작가를 위로하고 부축한 것도 부인의 단련된 언어였다.

"그때 아내가 저보고 그래요. 겸손해야 한다고요. 독자들에게 그만큼 사랑받았으면 이런 고통쯤은 견뎌야 한다면서 하는 말이, 영욕은 반반이다."

『태백산맥』이 국가보안법 위반혐의에서 벗어난 것은 사건 발생 11년이 지난 뒤였다. 그 오랜 시간 작가가 받았을 고통이 어떠했을지 짐작이 간다. 우익단체의 살해 위협이 계속되자 만일의 사태에 대비해 유서를 쓴 것도 두 번이나 된다. 작품이 갖는 의미가 작가에게 가슴 깊이 느껴질 수밖에 없다.

이종탁　『태백산맥』 10권을 아들과 며느리에게 필사(筆寫)하게 해 화제가 되었습니다. 어떤 뜻에서 베끼라고 하신 건지요.

조정래　단순한 일도 일정 기간 계속하다 보면 수확의 의미를 깨닫게 됩니다. 인생이란 줄기찬 노력이 성과를 이뤄내는 것이며 매일 지치지 않고 하나하나 하다 보면 안 되는 게 없다는 것을 깨우쳐주고 싶었습니다. 아내를 통해 들으니 아들 친구들이 나보고 누구보다 더 독한 독재자라고 한다는 거예요. 그래서 내가 『아리랑』과 『한강』까지 다 베끼게 하지 않은 것만도 큰 특혜를 베푼 거라고 대꾸했어요. 아비는 그 소설 32권을 다 썼는데, 한 가지 베끼는 게 뭐가 힘들어요. 나 죽으면 50년간 저작권이 확보될 텐데요.

사실 필사는 글쓰기 연습의 한 방법이다. 좋은 글에서 단어 하나 문장 하나를 옮겨 쓰다 보면 어휘력이 저절로 늘게 돼 있다. 『엄마를 부탁해』의 소설가 신경숙도 젊은 시절 조세희의 『난장이가 쏘아올린 작은 공』을 필사하면서 공부했다고 한다.

조정래에 따르면 『태백산맥』 전 권을 필사하는 데는 4년쯤 걸린다. 일요일을 제외하고 매일 하루 한 시간씩 10장을 써나가면 그렇게 된다는 것이다. 하루라도 빠지면 그만큼 밀리기 때문에 웬만한 젊은이는 끝까지 하기가 정말 어렵다. 하지만 그의 아들과 며느리는 필사를 완성했고, 그 원고들은 현재 전남 보성군 벌교에 있는 조정래 태백산맥 문학관에 전시돼 있다.

이종탁 　분단에 이어 지금의 시대를 말하는 소설도 나와야 하지 않을까요.

조정래 　『태백산맥』 이후 30년의 세월도 대하소설의 소재가 될 수 있다고 봅니다. 그사이 우리는 군부독재를 종식시켰고, 노동세력을 전국적으로 조직화했지만 탈북자, 외국인 노동자, 용산 참사와 같은 또 다른 사회 갈등 요소를 안게 되었거든요. 작가라면 이런 문제에 천착해야 하는데, 저는 이제 더 이상 그런 긴 글을 쓸 여력이 없습니다. 그 일을 능력 있는 후배들에게 맡기고자 합니다. 제 취재 수첩에 20개 정도의 소재가 있는데, 그걸로 12~13년에 걸쳐 대여섯 편 더 쓴다는 계획을 갖고 있습니다.

소설이란 무엇인가. "인간에 대한 총체적 탐구"라는 게 조정래의 답이다. 그럼 역사는 무엇인가. 인간이 살아온 이야기를 간추려 기록해놓은 것이다. 그러므로 소설을 읽는 것은 역사를 읽는

조정래

것이고, 인간을 총체적으로 탐구하는 것이다. 소설을 많이 읽으면 세상을 보는 눈이 밝아진다. 생각해보라. 크든 작든 어느 집단의 지도자치고 소설을 멀리하는 사람이 있는가. 오늘도 조정래를 읽으며 인간 탐구에 나서고 싶다.

강/준/만

약력

1956년 전남 목포 출생 | 서울 숭실중·고교 | 성균관대 경영학과 | 위스콘신대 박사 | 문화방송 PD | 전북대 교수 | 『인물과 사상』 발간 | 제4회 송건호 언론상 | 저서 『김대중 죽이기』 『전라도 죽이기』 『서울대의 나라』 『한국현대사 산책』 『한국근대사 산책』 『미국사 산책』 『대중문화의 겉과 속』 『특별한 나라 대한민국』 『룸살롱 공화국』 『강남좌파』 등

전북대 강준만 교수가 책을 낼 때 나오는 기자들의 반응 가운데 이런 말이 있다.

"그가 얼마나 읽는지는 알 수 없지만 엄청나게 쓴다는 것은 확실하다."

"그의 책 쓰는 속도는 남들 책 읽는 속도보다 빠르다."

빨리 쓰는 만큼 날림이 아니냐는 힐난성 멘트가 아니다. 글 쓰는 직업인으로서 탁월한 글쟁이를 볼 때 느끼는 경탄과 부러움의 표현이다. 나와 같은 보통의 기자는 기사 한 꼭지 쓰는 데도 오랜 시간 끙끙대는 게 다반사니까.

"읽는 속도보다 빨리 쓴다"는 말은 강준만에게 과장이 아니다. 『미국사 산책』을 예로 들어보자. 전체 17권 가운데 1~5권이 나온 게 2010년 3월이다. 그 후 완간하기까지는 불과 아홉 달밖에 안 걸렸으니 한 달 평균 1.3권을 쓴 셈이다. 문화체육관광부의 국민 독서 실태 조사에 따르면 우리 국민의 연평균 독서량은 10.9권이다. 보통 사람은 한 달에 한 권도 채 안 읽는데, 그는 한 달에 한 권 이상을 쓴다는 얘기다.

그런 속도로 여태껏 모두 몇 권의 책을 냈을까. 유감스럽게도 정확한 답을 모른다. 저자 본인이 "모르겠다"고 하기 때문이다. "어느 시점부터 일부러 세지 않았다"는 게 그의 설명이다. 신문사 출판 담당 기자가 인터넷을 뒤져 그의 저술 분량을 헤아려보니 단행본만 200여 권이었다(「경향신문」, 2010년 4월 14일). 전북대 교수로 부임한 1989년 이후 본격적으로 저술 활동에 나섰다고 할 때 20년 동안 연평균 10권 정도의 책을 썼다는 계산이 나온다. 그야

말로 타의 추종을 불허하는 놀라운 저술 능력이라 하지 않을 수
없다.

무엇이 그를 이처럼 쉼 없이 쓰게 만드는 걸까. 글을 쓰는 원동
력은 무엇이고, 속도감 있게 써내는 비법은 무엇일까. 그리고 언젠
가부터 신문이나 잡지에서 그의 칼럼을 볼 수 없게 된 것은 왜일
까. 그를 만나러 가는 길, 차 안에서 생각해보니 강준만에게 물어
봐야 할 것이 넘치도록 많았다.

약속한 시간보다 일찍 전주에 도착해 점심 요기를 하려고 이
리저리 두리번거리던 중 우연히 강준만과 마주쳤다. "근처에 개인
사무실이 있어 거기 들렀다 나오는 길"이라고 하기에 잘됐다 싶어
"거기로 가자"고 했다. 그는 사무실이 폐허같이 너저분해서 "볼 게
못 된다"며 몇 번이나 손사래를 저었으나 끈질긴 요청 끝에 발을
들여놓을 수 있었다.

한국 최고 저술가의 집필실은 전주시 우아동 뒷골목의 한 음
식점 건물 3층에 있었다. 바닥 면적 약 130제곱미터(40평)으로 보
증금 1000만 원에 월세 30만 원을 낸다고 했다. 문을 따고 안으로
들어서니 일자로 촘촘하게 자리 잡은 서고와 그 속을 빽빽이 메운
누런 봉투들이 눈에 들어온다. 신문, 잡지에 난 기사를 인물 중심
으로 모아놓은 스크랩 자료들이다. 국내외 유력인사들이 과거 무
슨 말과 행동을 했는지 보여주는 증거물, 그러니까 강준만의 인물
비평 글이 나오는 원천이다.

서고 옆을 지나 안으로 들어가면 우편물과 책, 미처 정리하지
않은 자료들이 여기저기 어지러이 널려 있다. 사람 한 명이 겨우
지날 정도의 비좁은 통로 바닥에는 먼지가 수북이 쌓여 있고 콘

강준만

크리트 벽 사이로는 어깨를 오싹하게 하는 한기가 스며나온다. 방 한쪽 귀퉁이에 철제 책상이 있고, 그 위에 낡은 컴퓨터, 그 아래에 전열기가 있다. 이곳이 바로 강준만의 집필 공간이다.

이종탁　이런 곳에서 그 많은 책이 쓰였다니 놀랍습니다. 글쓰기 작업은 학교 연구실에서는 하지 않고 모두 여기서 합니까.

강준만　참고할 자료가 이곳에 있고, 혼자 집중할 수 있어서 늘 여기서 씁니다. 전에는 아르바이트생을 고용하기도 했는데 형편이 어려워지면서 내보냈죠. 그러다 보니 정리정돈에 신경 쓸 겨를이 없어요. 외부인은 이곳에 오는 일이 거의 없는데, 어느 날 제 딸이 와서 보고는 처량하다는 눈빛으로 쳐다보더군요.

이종탁　스크랩 자료가 지금도 필요합니까. 신문, 잡지에 난 기사라면 인터넷에 다 있지 않나요.

강준만　인터넷 시대라고 해서 자료를 한 트럭 버렸다가 후회했습니다. 인터넷에 다 나온다고 하지만 막상 찾아보면 안 나오는 게 적지 않아요. 물론 자료를 버린 직접적인 이유는 보관 비용 때문이지만, 그래도 인터넷에 의존하면 되겠다고 생각했는데, 아쉬움이 큽니다.

이종탁　여기서 글쓰기를 어떻게 하나요.

강준만　제가 아날로그 세대 아닙니까. 지금도 스크랩 자료를 꺼내 책상 위에 펼쳐놓고 글을 쓰는 게 가장 빠르고 편합니다. 독수리 타법으로 두드리죠.

개인 사무실에서 자료를 둘러보며 나눈 대화는 여기까지다. 차

한 잔은커녕 앉을 자리도 없고 무엇보다 난방이 안 되어 추위 때문에 계속하기 어려웠다. 학교 연구실로 옮겨 이야기를 이어갔다.

이종탁 　그동안 한국인, 한국 사회의 특성을 주로 연구해왔는데, 『미국사 산책』을 쓰게 된 계기가 있습니까.

강준만 　세계에서 미국에 유학생을 가장 많이 보내는 나라가 한국이라고 합니다. 그런데 우리가 정작 미국을 얼마나 아느냐, 미국학 수준이 어느 정도냐 하면 좀 부실하지 않습니까. 미국사에 대한 책은 이미 많이 나와 있죠. 그러나 대부분 학술적 관점에서 하나의 주제를 잡아 좁고 깊게 판 전문서적입니다. 전체를 총괄해주는 책은 없잖아요. 그래서 이걸 내가 해보자고 마음먹었죠. 다양한 분야를 비빔밥처럼 섞고 종합하는 게 저의 장기이니까요. 해보니까 재미있더라고요.

이종탁 　17권의 책을 다 쓰고 난 다음 맺음말에 "미국이 제2의 한국이다"라고 했습니다. 어떤 점에서 그렇게 보시는 건가요.

강준만 　한국이 제2의 미국이라고 해야 할 것을 잘못 쓴 거 아니냐고 하는 사람들이 있습니다. 한국의 지나친 미국화를 비판하며 차라리 미국의 51번째 주가 되라며 비아냥거리는 시각이 있잖아요. 저는 그 시각을 엎어보자, 발상의 전환을 해보자, 그래서 반대로 말한 것입니다. 해방 이후 우리가 미국의 영향을 절대적으로 받은 것은 두말할 필요도 없어요. 그런데 뭐든지 미국 영향이라고 하는 것은 잘못된 겁니다. 어떠한 역사적 경로를 거쳤든 한국 사회가 갖게 된 특성이 있는데, 그게 미국 사회의 특성과 상당 부분 같다는 걸 저는 발견한 겁니다. 그런데 한국의 역사가 미국보다 앞서니 미국이 제2의 한국이라는 이야기죠. 저는 그 닮은 점을 압축 성장, 평등주의, 물질주의, 각개약진, 승자독식 등 다섯 가지로 요약했습니다.

다섯 가지 닮은 점에 대한 부연설명이 이어진다. 유럽의 2000년 역사를 미국이 한두 세기로 압축해 경험한 것처럼 한국도 서구의 300년 변화를 30년 만에 따라잡았다는 것, 미국이나 한국이나 귀족 계급이 없고 정서적 평등주의가 강해 치열한 경쟁 사회라는 것, 아메리칸 드림이나 코리안 드림이나 춥고 배고픈 것을 이기기 위해 물질을 추구한다는 점 등등이다.

이종탁 어떻게 책을 그렇게 빨리 쓸 수 있는지 궁금합니다. 비법이라도 있나요?

강준만 평소 관심 있는 주제를 여러 개 정해놓고 그와 관련 있는 자료가 보이면 하나씩 모아둡니다. 신문에 난 기사도 씨줄날줄로 꼼꼼히 저장해두죠. 지나가다 뭔가를 보면 그 자리에서 메모를 하고요. 하루에도 몇 시간씩 자료 정리를 합니다. 그렇게 비축을 해두면 정작 쓰는 데는 그리 오래 걸리지 않아요. 쓰는 것보다 자료 모으는 데 시간이 더 들어갑니다.

이종탁 컴퓨터에 주제별로 자료 목록을 만들어놓는다는 얘기군요.

강준만 그렇죠. 수백 개의 주제어가 가나다순으로 분류돼 있죠. 예를 들면 장례 같은 관혼상제나 룸살롱의 역사 같은 겁니다. 신문 기사를 보다가 누구 결혼식 때 축의금이 몇 억 원 들어왔다는 따위의 내용이 눈에 띄면 그걸 거기다 입력시켜놓는 거죠. 그렇게 자료를 쌓아두기 때문에 시작했다 하면 한 달 안에 책으로 낼 수 있는 내용이 수십 권 분량 정리돼 있습니다.

이종탁 읽기와 쓰기 배분은 어떻게 합니까.

강준만 요즘 좀 줄였습니다만, 전에는 웬만한 인문사회과학 책은 다 샀어요. 그중에 다독해도 괜찮은 책과 정독해야 할 책을 구분합니다. 다독용은 하루에도 열댓 권씩 휙휙 넘기며 봅니다. 그러다 참고할 대목이 나오면 여백에 메모를 하고 주제어 항목에 어느 책 몇 페이지에 이런 대목이 있다고 입력해놓는 거죠. 책을 쓴다고 하면 이런 작업이 다 끝난 상태입니다. 전체적으로 보면 읽는 시간과 쓰는 시간이 반반 정도 되지 않을까 싶네요.

『강남좌파』나 『미국사 산책』은 모두 이런 식으로 저장돼 있던 자료들이 강준만식 화법으로 활자화되어 나온 셈이다. 한쪽에선 자료를 모으고, 다른 쪽에선 그 자료를 꺼내 책을 쓰는 방식, 동시에 여러 권의 책이 준비되고 생산되는 책 공장 같은 이야기다.

누구에게나 하루는 24시간이고 1년은 12개월이다. 주어진 시간에 이런 책 공장을 쉼 없이 가동하려면 얼마나 바쁜 삶일까. 강준만은 "늘 책 쓰는 전투자세로 살다 보니 다른 것은 다 희생하게 됐다"고 말한다. 읽고 쓰고 하면서 눈이 많이 상했고, 사람 만나는 시간조차 아까워하다 보니 친구들과도 멀어졌다는 것이다.

이종탁 그렇게 책 쓰기 전투에 매진하다 보면 대중문화를 접할 시간도 없을 것 같은데요, 혹시 소녀시대 아시나요?

강준만

강준만 그 질문 들으니 생각나는 건데 예전에 단병호 민주노총 위원장이 이효리를 모르시더라고요. 그래서 아 한국의 노동운동, 큰일이구나 하고 생각했어요. 이효리를 모른다는 것은 대중과 괴리될 수 있다는 거잖아요. 저도 아이돌을 다는 모르지만 예능프로 많이 봅니다. 대중문화를 옹호하는 쪽이거든요. 예전에 신문들이 드라마 망국론 운운할 때 저는 그걸 비판하는 글을 많이 썼습니다. 왜 영화 평론은 심미적, 미학적 관점에서 하면서 TV 평론은 감시와 고발의 차원에서 하느냐는 거죠.

글에 파묻혀 산다고 해도 글의 주제 또는 소재가 신문방송인 만큼 대중문화의 흐름을 늘 따라간다는 얘기다. 말하자면 신문방송학과 교수의 직업적 특권이면서 의무이기도 한 셈이다.

이종탁 어느 인터뷰에 보니까 쓴 책이 모두 몇 권인지 교수님도 모른다고 하던데 어떻게 그럴 수 있는지 납득이 안 갑니다.

강준만 부끄럽다고 할 것까지는 없지만 자랑스럽지 않아서 안 세는 겁니다. 오죽 변변치 않으면 양으로 승부하나, 하는 말이 나올 수도 있고요.(웃음) 다만 책에 대한 철학이 다른 사람과 좀 다르다는 점만 말하고 싶습니다. 저는 책은 소비의 대상이라고 생각합니다. 책에 대한 경건함이 없는 거죠. 어떤 내용이 필요할 때 프린트해서 볼 수도 있지만 책으로 보면 더 편리할 수 있다는, 다분히 실용적 관점입니다. 제가 쓰는 글이 문학작품은 아니거든요.

이 말을 듣고 보니 언젠가 한 중소기업인에게서 선물로 받은 책이 생각난다. 『세월아 세월아』라는 제목의 책이었는데, 일곱 남매를 낳아 키운 한 어머니가 자신의 인생살이와 자식 한 명 한 명의 성장 스토리, 성격, 특장, 직업 등을 회고한 것이었다. 평범한 개인의 집안 이야기일 뿐 문학성이 있는 책은 아니어서 책장을 넘기면서 "이런 것도 책이 되나?" 하고 고개를 갸웃거렸으나 다 읽고 난 뒤에는 "이런 책이 많이 나오면 좋겠다"는 쪽으로 생각이 바뀌었던 기억이 난다. 그 사람의 집안내력이 한눈에 훤히 들어오면서 몇 번 만나지 않은 사이임에도 오랜 친분을 가져온 것처럼 느껴졌기 때문이다.

그러고 보면 책에는 꼭 교양과 지식이 들어 있어야 한다고 생각하는 것이야말로 고루한 엄숙주의가 아닌가. 사람마다 하고 싶은 이야기, 남기고 싶은 이야기를 써서 기왕이면 책으로 내놓으면 주위 사람들이 오랫동안 편하게 돌려볼 수 있다. 책을 찾는 소비자가 많고 적은 것은 출판사가 고려할 경제성 문제일 뿐 책의 질과는 아무런 상관이 없다. 강준만이 아무리 책을 많이 쓴다고 해도 지식정보 시장에서 필요한 만큼 소비될 것이다. 그것으로 충분한 것 아닌가.

이종탁 그런데 교수님 보고 "다작에 놀라고 함량에 실망한다"는 이야기가 있습니다. 밀도가 떨어진다고도 하죠.

강준만 그런 비판은 감수할 수밖에 없을 것 같아요. 많이 쓰니까요. 책을 작품으로 생각하는 사람에게 욕먹기 딱 좋죠. 책에 대한 생각이 다르니까 어쩔 수 없습니다.

강준만

이종탁　돌이켜 생각할 때 부끄럽게 느끼는 책은 없습니까.

강준만　솔직히 많죠. 한두 권이 아닙니다. 그중에는 이런 경우도 있어요. 학교에서 교재가 없어서 강의 노트를 나눠주고 그걸 그대로 책으로 냈는데, 원자재를 다듬는 가공이 모자란 상태였습니다. 당초 목적은 실용적으로 쓰자는 것이었지만 지나놓고 보니 남는 거더라고요. 사람들의 평가 기준이 될 수도 있고. 이건 아닌데 싶었죠.

이종탁　교수님 글에는 인용이 많습니다. 누가 어디서 무어라 말했다고 하는 신문기사도 많이 나오고요. 그 인용이 때로는 너무 많아서 읽기 불편하다는 이야기가 있는데, 어떻게 생각하십니까.

강준만　거기에 대해 할 말이 있어요. 제 논문에 대한 심사자의 평을 봤더니 그걸 지적했더라고요. 논문 필자의 탁월함을 보여준 게 아니고 글에 인용된 그 사람의 탁월함을 보여주는 데 끝났다고 해요. 맞아요, 그 말이. 저는 신문 보다가 내 문제의식을 표현한 대목이 보이면 꼭 가져다가 씁니다. 나는 그걸 발굴했다고 생각하는데 심사하는 쪽에선 당신 목소리가 아니지 않느냐고 해요. 짜깁기라고 비아냥거리는 사람도 있는데 좀 억울하죠. 그게 내 의도인데…… 따지고 보면 모든 책은 짜깁기 아니냐고 할 수도 있거든요.

이종탁　가장 공들여 쓴 책을 꼽으라면 어떤 게 있습니까.

강준만　『특별한 나라 대한민국』입니다. 논문집이에요. 서문에 논문 같은 잡글, 잡글 같은 논문을 쓰는 게 내 꿈이라고 적었어요. 논문은 쓴 사람과 심사하는 사람만 읽는다는 말이 있잖아요. 그걸 깨보고 싶은 거죠. 제가 논문 심사받을 때 저널리즘 투라는 지적을 자꾸 받아요. 논문 형식에 어울리지 않는 글이라는 겁니다. 책은 누가 고칠 것도 아니어서 내가 쓴 대로 나가는 데 논문은 한 번도 그냥 통과된 적이 없어요. 지적받을 때마다 고치고 또 고치고. 그러니 에너지가 많이 들어갔어요. 그래서 애착이 갑니다.

이종탁 스스로 명작이다, 잘 썼다 하고 생각하는 책은 무엇입니까.

강준만 명작이다, 그럴 만한 책은 없습니다.

이종탁 책이란 타인에게 영향을 미치기 위해서 쓰는 거 아닙니까. 그 점에서 보면 어떠냐는 거죠.

강준만 그런 관점에서 보면 단연 『김대중 죽이기』죠. 그것 때문에 이름도 났고 돈도 좀 벌었고요.(웃음)

1995년에 나온 『김대중 죽이기』는 강준만을 일약 스타로 만들어준 책이다. 정치인 김대중에 대한 언론과 지식인들의 편견과 차별의식에 정면으로 문제를 제기한 이 정치평론서는 숱한 논쟁과 화제를 낳으며 그해 가장 주목받는 베스트셀러에 올랐고, 2년 뒤 '김대중 대통령'이 탄생하는 데 결과적으로 크게 기여한 셈이 됐다.

『김대중 죽이기』는 강준만 혼자만의 작품은 아니다. 강준만이 김대중 문제에 대해 여기저기 쓴 글을 보고 출판사에서 책으로 내자고 제안했다. 강준만은 "선인세 400만 원을 달라"고 했다고 한다. 호남 출신으로서 호남 정치인 책을 낸다는 게 부담스러웠지만 거절하기도 미안해 일부러 무리한 요구를 한 것이다. 그런데 뜻밖에도 출판사가 제안을 받아들이면서 책이 나오게 됐다. 개마고원

사장 장의덕은 훗날 「동아일보」 미디어출판팀과의 인터뷰에서 저간의 사정에 대해 이렇게 말한다.

"그 책은 출판사 쪽에서 기획하고 제안한 책이었습니다. 당시 DJ가 정계은퇴를 했는데 어떤 식으로든 정리해야겠다고 생각했고, 기왕이면 제가 해보고 싶었어요. 그동안 김대중 관련 책들을 쭉 보니까 객관적인 입장에서 쓴 책이 없어요. 김대중 자신이 썼거나 반대자가 비판하기 위해 쓴 것, 주변에서 띄우기 위해 쓴 것뿐이고 제3자가 객관적으로 조명해서 쓴 책이 없다는 게 불만이었죠. 강 교수에게 제안을 했더니 부담스럽다고 거절해요. 호남 교수가 DJ에 대해 뭐라 하든 누가 객관성을 인정해주겠느냐는 것이죠. 그 무렵 「말」 등에 기고한 강 교수의 글을 보면 명쾌하고 쉽고 읽으면 탁 들어오는 스타일이어서 '당신 아니면 쓸 사람이 없다'며 집요하게 부탁했죠. 그렇게 밀고 당기다가 결국 6개월 만에 원고를 주더군요."

강준만이 장의덕 대표와 인연을 맺은 것은 그의 인생에서 열정으로 가는 결정적 터닝포인트가 된다. 1990년대 초 어느 날, 그때만 해도 무명의 필자이던 강준만은 두툼한 원고 뭉치와 편지를 1인 출판사인 개마고원에 우편으로 보냈다. "원고가 마음에 들면 책으로 만들어달라"는 요청과 "인세는 필요 없고 증정본 책 50부만 보내달라"는 조건이었다. 그렇게 해서 나온 책이 『김영삼 정부와 언론』(1994)이다. 그 후 10권쯤 더 나온 뒤 '빵 터지는' 기획이 나온 것이다.

『김대중 죽이기』가 나온 뒤 강준만의 인생은 단숨에 바뀌었다. 대중은 혜성처럼 나타난 이 예리한 글잡이에 열광했다. 한국 언론은 칼럼 기고 또는 출연을 요청하기 위해 쉴 새 없이 그를 찾았다. 길거리에서 그의 얼굴을 알아보고 말을 걸어오는 사람들 때문에 종종 걸음을 멈춰야 할 정도였다.

『김대중 죽이기』의 파장은 또 다른 베스트셀러로 이어졌다. 책을 본 독자들은 "정말 시원하다"며 감동하거나 "독설이 지나치다"며 항의하는 편지를 수천 통 보냈고, 강준만은 이를 토대로 『전라도 죽이기』란 책을 써서 또 한 번 히트를 했다.

대중의 열광적 반응에 고무된 강준만은 본격적으로 전투적 글쓰기에 나서게 된다. 모두가 알고 있지만 누구도 말하지 않는 우리 사회의 모순과 금기, 성역에 대해 특유의 직설적, 논쟁적 화법으로 비판의 메스를 들이대면서 기득권 세력의 위선과 허울을 벗기고 우상을 무너뜨렸다.

그는 세계 어디에서도 시도된 적이 없는 혁신적 1인 미디어 저널룩(저널+북)을 개마고원에서 내기 시작했다. 실존하는 유명인사들을 실명으로, 그것도 두루뭉술한 인상비평이 아니라 구체적인 행동과 발언을 근거로 비평하는 「인물과 사상」을 낸 것이다. 만 8년 동안 한국 사회에서 이름 석 자만 대면 삼척동자도 알 만한 유력인사 200여 명이 강준만의 펜 끝에서 맨 얼굴을 드러내야 했다.

이종탁 글 쓰는 원동력이 무엇이냐는 질문에 언제는 '분노'라 하고. 언제는 '재미'라 답하는 인터뷰 기사를 보았습니다. 왜 이렇게 다른 건가요?

강준만 분노로 썼던 때가 있었죠. 한국 사회의 부조리에 대한 참을 수 없는 분노가 글로 쏟아져 나오던 시기였습니다. 지금

강준만

이야기한 『김대중 죽이기』 『전라도 죽이기』 『서울대의 나라』 같은 책이 대표적이죠. 심지어 이런 제목의 책까지 내기도 했어요. 『왜 사람들은 분노를 잃었을까』. 그런데 분노는 무한정 지속 가능한 게 아닙니다. 그다음부터는 재미가 우선이죠. 재미가 없으면 글쓰기가 불가능합니다.

글쓰기의 동인(動因)이 분노에서 재미로 바뀐 것은 강준만의 '어제'와 '오늘'을 가르는 중요한 분기점이다. 언젠가부터 그는 시사문제에 관해 입을 닫고 지낸다. 정치 사회적 이슈를 놓고 대중의 우상을 향해 예봉을 휘두르는 전사적(戰士的) 글을 더 이상 쓰지 않는다. 아예 신문지상에서 강준만 칼럼이 보이지 않는다. 재미로 쓴다는 글의 내용은 시사문제와는 한참 동떨어져 있다. 왜 이렇게 됐을까.

이종탁 이에 대한 설명이 필요한 것 같습니다.

강준만 분노는 제가 부추겼던 것인데, 어느 순간 우리 사회에 분노가 과잉되었다는 생각이 드는 겁니다. 제가 생각하는 적정 수준, 임계점을 넘어서는 겁니다. 그때부터 분노에 동의할 수가 없게 됐어요. 예컨대 이런 겁니다. 제가 「조선일보」 비판을 오랫동안 하면서 「조선일보」 때문에' 또는 '조·중·동 때문에'라는 식의 주장을 많이 했어요. 그런데 노무현 정부 들어오니까 모든 것을 조·중·동 때문이라고 하는 거예요. 어떻게 모든 것이 조·중·동 때문이겠어요? 제가 하도 답답해서 노 정부는 그 '때문에'라는 것 때문에 망할 거라고 했어요. 그랬더니 저보고 원조가 당신인데 그걸 왜 당신이 비판하느냐고 해요. 드디어 강준만도 조·중·동 프레임에 빠졌다고 합디다. 조·중·동, 문제 많죠. 하지만 그럼에도 불구하고 김대중·노무현 정권이 들어섰잖아요. 그러면 분노보다 성찰을 해야죠. 설사 분노하더라도 성찰에 기반을 두고 해야 하는데, 성찰은 쏙 빠지고 보기 싫은 놈에 대한 증오만 있으니 무슨 발전이 있겠습니까.

강준만이 가리키는 성찰하지 않는 집단은 진보 진영이다. 노무현 정부 때는 여권이고, 이명박 정부 들어서는 야권의 주요 인사들이 그 대상이다. 이들이 정권을 넘겨준 데 대한 반성과 성찰은 하지 않고 보수언론 또는 MB 정부에 대한 분노와 증오만 키우고 있다는 게 그의 시국관이다.

이쪽도 그르고 저쪽도 잘못됐다고 하는 '양비론'은 따지고 보면 강준만에게 저작권이 있다. 그가 언론의 물타기식 포장논리를 공격하는 이론으로 사용해 널리 퍼뜨렸다. 잘못의 무게나 내용이 엄연히 다른데도 시시비비를 구분하지 않고 싸잡아 비판하면 '그놈이 그놈'이라는 혐오감만 심어준다는 게 그가 비판한 양비론이다. 그런데 어느덧 그 자신이 보수와 진보 모두를 비판하는 양비론자가 되었고, 과거 자신이 사용하던 그 논리에 의해 부메랑처럼 비판받는 입장에 처했다. 아이러니가 아닐 수 없다.

그는 자신의 변신에 대해 "나 역시 강한 당파성을 갖고 있을 때엔 강심장에 속했지만 당파성의 한계와 추한 면을 본 뒤 자기 성찰을 부르짖으면서 심약파로 변했다"고 털어놓았다(「한겨레신문」, 2010년 1월 17일). '심약파'라는 표현은 다분히 냉소적이지만, 여론

강준만

분노보다 성찰을 해야죠.
설사 분노하더라도 성찰에 기반을 두고 해야 하는데,
성찰은 쏙 빠지고 보기 싫은 놈에 대한 증오만 있으니
무슨 발전이 있겠습니까.

이 어느 한쪽으로 흘러갈 때 그와 반대되는 생각을 말한다는 것
은 쉽지 않은 게 사실이다.

강준만이 강심장에서 심약파로 바뀌게 된 분기점은 노무현 정
부 때 있었던 열린우리당 창당이다. 노무현 정권의 주역들이 전국
정당을 만든다며 새천년민주당에서 떨어져나가는 데 격분한 그는
노무현과 유시민을 맹렬히 비판했다가 호되게 당했다. 그렇게 '노
빠', '유빠'들에게 집중적으로 공격받으면서 하고 싶은 말이 있어도
참고 입 밖에 내지 않는 심약파가 되었다는 게 그의 설명이다.

이명박 정부가 들어서자 설 자리는 더 좁아졌다. 대선과 총선
에서 잇따라 패한 뒤 '폐족'이라고 고개를 숙이던 노 정부 사람들
이 노무현의 죽음을 계기로 현 정부에 대한 분노를 쏟아냈기 때
문이다.

이종탁 글쓰기의 방향이 바뀐 것도 그 때문이겠군요.
강준만 그것도 관련은 되는데 꼭 그거라기보다는 이렇습니다. 미
국사나 한국사하고도 연결되는 얘기인데요……

그의 말은 에둘러갔다. 민주당 분당을 다시 예로 들었다.
"노무현 정부 들어와서도 한동안은 분노로 글을 썼는데 분당을
계기로 포기했어요. 제가 보기에 분당은 절대적으로 답이 아닌데
도 소위 개혁세력을 포함해서 다 그쪽으로 휩쓸리더라고요. 내가
분당을 반대하니까 전라도주의자라고 해요. 그게 말이 안 되는 게
전라도 사람들이 다 열린우리당 쪽으로 돌아섰거든요. 그런데도
지역주의 시각으로 보는 것을 겪으면서 우리나라 사람들이 지역

강준만

주의를 모른다는 생각을 하게 됐어요. 대학입시 문제도 마찬가지예요. 교육 전문가라는 사람들이 신문에 칼럼 쓰는 걸 보면 공교육이 부실해서 사교육이 판을 친다고 합니다. 사실은 그게 전혀 아닌데. 다시 말하면 한국 사람들이 한국을 모른다는 거예요. 그동안 내가 해온 글쓰기라는 게 현실문제에 개입해 뭔가를 바꾸는 데 영향을 미쳐보려는 건데 여기서 아, 절벽이 느껴지더라고요."

현실 참여적 글쓰기에 한계를 느껴 방향 전환을 하게 됐다는 뜻이다. 찬찬히 듣고 곱씹지 않으면 언뜻 이해하기 어려운 논리다. 그로서는 감정적으로 대처하는 게 아니라는 걸 이야기하고 싶었는지 모르겠다.

이종탁 그래서 시사적 글쓰기를 그만두게 되었나요.

강준만 그렇죠. 호흡을 길게 가져가야겠다고 생각하게 됐어요. 참여라는 게 꼭 발등에 떨어진 시사적 이슈에만 집착해야 하는 건 아니지 않느냐, 한국을 이해하게끔 하는 장기적인 참여도 참여 아니냐 하는 생각이 들었죠. 문제의식은 그대로지만 절벽이 느껴지니까요. 제 주위에 정치적으로 배짱이 맞아 자주 이야기하던 사람이 열 명쯤 있었는데 어느 순간 저 혼자 아웃사이더가 되어 있는 거예요. 정치적으로 말이 통하지 않아요. 지역에서도, 진보 신문에서도, 심지어는 집안에서도 안 먹히더라고요. 나중에 보면 내 말이 맞았거든요? 내가 한국 사회를 보는 대단한 안목을 가졌거나, 아니면 또라이구나 싶었죠.(웃음) 나야 아직까지는 전자로 생각하니까 하고 싶은 얘기가 많죠. 그래서 한국학을 해야겠다, 한국 사람들에게 한국을 알려야겠다고 생각하게 된 거죠. 그러니까 현실문제에 개입할 수가 없고, 신문 칼럼과 같은 시사적 글쓰기도 못하겠더라고요. 그래서 선택한 분야가 역사입니다. 역사의 재구성, 재해석을 통해 제가 하고 싶은 이야기를 우회적으로 할 수 있다면 그 방식이 사람의 마음을 움직이는 데 더 좋겠다는 생각이 들었습니다. 그리고 이쪽이 재미있더라고요. 문제는 사람들이 많이 안 읽는다는 것이지만.

시사적 글쓰기를 통해 우리 사회에 큰 영향을 미친 지식인이 더 이상 시사적 글쓰기를 할 수 없다고 하는 작금의 세상을 어떻게 받아들여야 하나, 인터뷰를 마치고 서울로 돌아오는 내내 머릿속을 떠나지 않는 문제였다.

강준만의 신상 변화도 인상적이다. 운전을 하면 그 시간만큼 책을 읽고 쓸 수 없다며 대중교통만 고집하던 그가 운전면허를 땄다고 한다. 미국 연수에 앞서 배워놓은 생활의 지혜라고는 해도 생각이 바뀌지 않으면 있을 수 없는 변화다. 휴대전화도 장만했다. 이 또한 시도 때도 없이 걸려오는 전화가 집필에 방해된다며 이메일로만 소통해온 그의 방식에 비춰볼 때 놀라운 결심이다.

그는 "나는 다른 교수들 차를 늘 얻어만 탔고, 남들에게 휴대전화로 연락하면서 나에게 연락할 때는 이메일로 하라고 했으니 지독한 이기주의자였다"며 반성한다고 했다.

얼마 전부터는 동창회에도 나간다. 그동안 그가 입에 거품 물고 비판해온 게 연고주의이고, 그중에서도 제일 강력한 게 학연이라는 점을 떠올리면 이 또한 상전벽해와 같은 변화다. "나이 먹다 보니 생각나는 게 친구"이기도 하지만 "연고주의를 끊자고 아무리

외쳐봤자 소용없다는 것을 느꼈기 때문"이란다. 그래서 전북대학교 내 성균관대학교 출신 교수들의 모임(명륜회)에 꼬박꼬박 참석한다고 한다. 혹시 이런 것도 '변절'이라고 험악한 용어를 끌어델 사람이 있을지 모르겠으나 내 눈에는 이게 바로 자기 성찰이고 소통으로 보인다. 주위 사람들과 소통하려는 강준만의 변신에 성원을 보내고 싶다.

송 / 창 / 식

약력

1947년 인천 출생 │ 서울예고 │ 트윈 폴리오 활동 │ 1970년 솔로 전향 │ 1970년대 세시봉 카페에서 활동 │ MBC 최고인기가수상 │ 히트곡 「내 나라 내 겨레」 「딩동댕 지난여름」 「피리 부는 사나이」 「고래사냥」 「토함산」 「한번쯤」 「가나다라」 등

'세시봉'은 7080 세대에게 꿈이요 낭만이다. 그들의 청춘, 그들의 사랑, 그들의 희망이 세시봉에서 자라고 움트고 나래를 폈다. 그곳에 가면 감미로운 멜로디가 흘러나왔고, 희망의 속삭임이 있었다. 청바지에 통기타 둘러메고 노래 부르는 자는 세상에 두려움이 없었고, 술잔을 앞에 놓고 턱 괸 채 음악 듣는 사람은 마음의 평화를 즐겼다. 세시봉이 1970년대 서울 명동에 있던 음악 감상실의 상호, 그 이상의 의미를 갖는 이유다.

세월이 흘러 세시봉은 없어졌지만 꿈과 낭만마저 사라진 것은 아니다. 세시봉 무대에 섰던 가수들의 노래와 이야기가 TV에 나와 히트하자 세시봉은 금세 유행이 됐다. 그때 그 노래에 익숙한 중년 팬들은 추억에 젖고, 젊은이들은 엄마 아빠 세대에 이렇게 멋진 음악이 있었나 하며 호기심을 보인다. 오랜만에 세대 구분 없이 감동을 함께 느끼는 분위기다. 이걸 가지고 아이돌 가수들의 판박이 몸짓과 목소리에 사람들이 식상해 있었음을 보여주는 방증이라고 하면 지나친 말이 될까.

세시봉이 뜨면서 다시금 주목받는 인물이 송창식이다. 그는 노래에서부터 외모와 화법, 옷차림에 이르기까지 세시봉의 다른 가수들과 완연히 구분된다. 언제나 한결같은 알듯 말듯한 미소, 어쩌다 던지는 예사롭지 않은 한마디, 청중의 가슴을 쥐었다 놓았다 하는 독특한 창법은 그가 어떤 사람인지 궁금증을 불러일으킨다.

송창식에게는 '천재 뮤지션', '자유 영혼의 문화예술인'이라는 수식어 외에 '노래하는 기인(奇人)' 또는 '도사(道士)'라는 별명이 붙어 있다. 밤낮을 거꾸로 살고, 남들은 하지 않는 혼자만의 운동을 매일 하면서 때때로 주변 사람들이 알아듣기 어려운 말을 주문 외듯 술술 털어놓기 때문이다. 세시봉의 맏형이라는 조영남은 송창식을 '외계인'이라고 표현하며 "우리가 몇 년을 붙어다녔지만 그의 정체에 대해 제대로 아는 사람이 없다. 아직도 송창식과의 대화는 불통"이라고 털어놓은 적이 있다. 40년 우정을 나누는 사이에 대화 불통이라니 이게 무슨 말인가.

경기도 구리에 있는 그의 연습실로 찾아가 노래와 인생에 대해 물어보았다. 송창식의 연습실이라면 당연히 최신식 건물에 고가의 음향장치들이 가득한 실내공간일 것이라고 생각했으나 뜻밖에도 허름한 상가건물, 그것도 지하 계단을 내려간 곳에 그는 있었다. 신발장도 따로 없어 미닫이문 앞에 신발이 놓여 있다. 그 옆에 신을 벗어놓고 문을 밀치고 들어가자 송창식은 기타를 내려놓으며 나를 맞았다.

이종탁 연습실이 의외로 좁네요. 이 건물 사람들은 여기가 누구 연습실이라는 걸 아나요?

송창식 몇 사람은 알아도 대체로 모를 거예요. 나는 그 사람들 퇴근 후에 여기 오니까.

이종탁 더 좋은 공간이 필요하지 않나요. 여긴 유명 가수가 쓰기에는 아무래도 좀······

송창식 잘 생각해보세요. 내가 좋은 공간을 갖기 위해 돈을 벌려고 애쓰는 게 쉽겠어요? 아니면 이 정도면 충분하다고 마음먹는 게 쉽겠어요. 쉬운 것을 두고 왜 어려운 길을 갑니까?

송창식

그가 얼마나 자유로운 영혼의 소유자인지 단박에 깨닫게 해주는 말이다.

이종탁　세시봉 열풍이 분 뒤 한층 바빠지셨죠?

송창식　지방 공연을 하니까 평소보다 두 시간쯤 일찍 자고 일찍 일어납니다. 그 외에는 똑같죠. 일어나서 화장실 가고 운동하고 연습하는 데 모두 여섯 시간쯤 걸리니까 낮 12시쯤 일어나면 오후 6시쯤 나가게 됩니다. 공연하는 데 별 지장 없어요.

이종탁　운동이라면 그 제자리에서 빙빙 돈다는.

송창식　그렇죠. 하루 두 시간 돌면 2만 보예요. 보통 네 보에 한 바퀴니까 5000바퀴쯤 도는 거죠. 빨리 돌았다 천천히 돌았다 합니다. 요즘은 하루에 대충 3000바퀴, 한 시간 10분 정도 하고 끝냅니다. 많이 할 땐 여섯 시간도 했어요.

송창식의 음악세계에 들어가기 전에 이 독특한 운동 이야기부터 하는 게 좋겠다. 그를 기인이라 부르는 첫 번째 이유가 운동에서 비롯되기 때문이다.

이종탁　그 운동은 어떤 계기로 하게 되었습니까.

송창식　입선이라고 기마자세로 가만히 서 있는 운동이 있는데 그거 하다가 자연발생적으로 나온 겁니다. 내 생각엔 옛날 전통 운동 아닌가 싶어요. 무술 하는 사람은 다 했을 테니까. 나중에 보니 터키 사람들이 이걸 공부하더라고요. 수피 댄스라고. 그들은 형식적으로 도는 거지만.

이종탁   그 운동을 1만 일 동안 한다는 겁니까. 1만 일은 어떻게
나온 건가요?

송창식   수련 기간이 가장 긴 게 1만 일이라고 해서 그럼 1만
일 하자, 그렇게 내가 정한 거예요. 정확히 말하면 1만 800일,
30년간입니다.

이종탁   지금까지 얼마나 하셨나요.

송창식   1994년부터 했으니 6000일쯤 됐습니다.

이종탁   시작한 날부터 한 번도 안 빠졌어요?

송창식   빠지면 1만 일이 아니잖아요. 그럼 처음부터 다시 해야
하는데.

이 운동 때문에 그는 지방 출장도 함부로 다니지 않는다. 낮과
밤을 바꿔 생활하는 습관 때문에 지방에는 반드시 전날 내려가
야 하는데, 숙소에 운동 공간이 확보돼 있지 않으면 절대 가지 않
는다. 그 공간이 요즘엔 가로 세로 4미터로 완화됐지만 과거엔 가
로 세로 5미터가 돼야 해 조건을 충족시키는 숙소를 찾기가 쉽지
않았다. 먼 나라 출장은 예나 지금이나 아예 가지 않는다. 시차
때문에 하루가 없어지면 운동 1만 일 작전에 차질이 빚어진다는
것이다. 미국 공연을 하는 세시봉 멤버에 송창식 이름이 빠져 있
는 이유다.

이종탁   그 운동이 그렇게 중요한가요. 살다 보면 이런저런 일이
일어날 수 있는 거 아닌가요.

송창식   그런 일은 안 만들죠. 물론 운동이 제일 중요한 건 아닙

송창식

니다. 하지만 정한 것은 1만 일 작품 하나니까 하는 거죠. 꼭 해야 한다, 그런 것은 아니고요.

꼭 해야 하는 것은 아니라면서도 다른 무엇에 우선해서 지키는 걸 보면 그의 삶의 방식이 보통 사람과는 매우 다르다는 것을 짐작할 수 있다.

이종탁　세시봉 공연을 보면서 "다른 가수들도 좋지만 그중에도 단연 송창식"이라고 하는 사람들이 많습니다.

송창식　만약 그렇다면 제 음악이 남들과 다르다는 것을 사람들이 느끼는 거겠죠. 다른 사람은 음악을 하고 싶어하는 것이지만 저는 음악이 평생의 공부거리입니다. 연예거리가 아니에요. 접근방법이 다르니까 음악의 성질 자체가 다르죠.

이 또한 깊이 있는 대답이다. 평소 많은 생각을 하지 않으면 결코 나올 수 없는 말이다.

송창식은 어릴 때부터 음악을 좋아했다. 아버지가 한국전쟁에 나가 숨지고 어머니가 집을 나가는 바람에 누이동생과 함께 할아버지 밑에서 어렵게 생활했지만 음악에는 남다른 소질이 있었다. 동네에서 나오는 소리란 소리는 다 듣고 따라 소리 내어 불렀다. 그러다 보니 일찍부터 청감(聽感)이 트여 초등학교에 들어갔을 땐 악보를 그릴 수 있었다고 한다.

이종탁　누구에게도 배운 적이 없는데 어떻게 그게 가능할까요?

송창식 학교 가기 전에 6학년 음악 교과서에 실린 노래까지 죄다 불렀어요. 그런데 4학년 책부터는 콩나물 대가리 밑에 계명이 쓰여 있어요. 그걸 보고 도미솔솔 하며 부르다 보니까 음계가 저절로 들어오더라고요. 요즘엔 음악에 취미가 있는 아이라면 초등학교 졸업할 때쯤 음계로 노래 부르는 게 별것도 아니지만 당시에는 다들 신기하다고 학교에서 난리가 났죠. 나보고 모차르트라고 해서 나는 모차르트가 누군 줄도 모르면서 그런가 보다 했어요. 말이 안 되는 거죠.

그는 잘못 알고 있다. 모르는 노래를 악보만 보고 부르는 능력은 그때나 지금이나 고교를 졸업해도 갖추기 어렵다. 그가 특별한 재능을 타고난 것이다. 하지만 그는 그 재능에 걸맞은 교습을 받지 못했다. 좋은 선생님을 만나 노래 공부할 기회를 얻지 못한 것이다.

"레슨을 받지 못했기 때문에 선생님이 가르치는 노래와 내가 부르는 노래가 달랐어요. 그걸 증명하는 일이 있었는데, 중 3 때 내가 경기도 음악 콩쿠르에 나가서 「돌아오라 소렌토로」라는 노래를 불러 1등 없는 2등을 했어요. 나는 노래를 잘해서 받은 줄 알았지만 사실은 심사위원들 보기에 족보에 없는 노래를 불렀으니 1등 줄 실력이 안 된다고 보았던 거예요."

송창식은 인천중학교를 졸업하고 서울예고에 입학했다. 지휘자가 되는 게 꿈이어서 작곡과를 가고 싶었지만 작곡은 별도로 레슨을 받지 않으면 불가능하다고 해서 성악과를 선택했다. 하지만 성악과에도 몇 년씩 좋은 선생님 밑에서 레슨을 받아 실력을 갈고 닦은 학생들이 즐비했다. 그들이 노래 부르는 것을 보면 뭐가 달라도 달랐다. 음악이 재능으로 되는 게 아니라 열심히 차근차근 실력을 쌓아가야 하는 공부거리라는 것을 송창식은 그때 처음 깨달았다.

문제는 돈이었다. 당시 서울예고 학생은 개인 레슨이 필수였다. 학교에서 레슨 교사를 연결해주고 그 레슨 교사의 추천에 의해 실기시험을 치르는 방식이었다. 학교 밖 레슨비가 1만 원일 때 교내 레슨 교사 교습비는 1000원, 저렴한 비용이었다. 그러나 인천에서 서울까지 다닐 교통비가 없어 방과 후에도 집에 가지 않고 학교 창고에서 잠을 자곤 하던 송창식에게 이 돈은 감당할 수 없는 비용이었다. 첫 시험은 그의 집안 사정을 몰라 본의 아니게 무료 교습을 해준 레슨 교사 덕분에 치를 수 있었지만 그다음부터는 응시 자체가 불가능했다. 송창식의 성적은 채보(採譜)나 청음 같은 필기에선 독보적이었지만 실기는 줄곧 0점이었다. 3학년이 되자 학교는 유급 문제로 상의할 게 있다며 가정통지문을 보냈고, 이를 본 송창식은 자존심이 상해 그 길로 학교에 가지 않았다. 그렇게 고등학교를 중퇴했는데, 나중에 보니 동창회 명단에 한 해 선배들과 같이 졸업한 것으로 돼 있었다. 학교에서 조기졸업으로 처리한 것 같다고 그는 말한다.

학교를 그만둔 송창식은 집에서도 뛰쳐나왔다. 그로부터 꼬박 2년 반 노숙자로 지냈다. 지금은 지하철이라도 있지만 그때는 지하도에 들어가면 내쫓았기 때문에 그냥 바깥에서 자야 했다. 낮에는 친구들이 있는 대학 캠퍼스에 가서 놀다가 학생들 책을 훔쳐 헌책방에 팔아 배를 채우는 비루한 생활이었다. 음악 따위는 다 필요 없다고 생각했다. 그런데 어느 날 헌책방에 가니 음악책이 눈에 들어왔다.

"음악책을 보니 나도 모르게 손이 가는 겁니다. 음악은 결국 포기가 안 되는 거구나, 생각했어요. 그때부터 음악책을 닥치는 대로 사서 봤어요. 헌 음악책은 값이 싸서 훔친 책과 바꾸고도 밥 사먹을 돈이 남곤 했거든요. 그렇게 한 3년 하니까 음악 지식이 무지하게 쌓이더라고요. 우리나라 음악책 수준이 초보적이고 열악하다는 것도 보이고."

아무도 모르게 소리 없이 사라질 뻔했던 이 땅의 천재 뮤지션 한 사람이 극적으로 살아나는 순간이었다. 노숙 생활에 절도까지 저지르는 와중에도 음악책을 잡은 것은 송창식 인생에서 열정으로 가는 결정적 터닝포인트가 됐다.

그 후 그는 40일간 무전여행을 하면서 사색을 많이 했다. 농촌의 모내기를 도와주고 밥 얻어먹는 생활을 주로 하면서 "하늘은 스스로 돕는 자를 돕는다. 내가 나를 내버려두면 무엇이 되겠나" 하며 재활의 의지를 다졌다. 서울 와서는 공사판 야방(경비) 일자리를 얻었다. 돈은 안 줘도 밥은 줬으니 처음으로 정당하게 노동의 대가를 받는 생활을 한 것이다.

이종탁　그즈음 세시봉에 데뷔하지 않았습니까.

송창식　야방이라는 게 낮에는 일이 없으니까 서울음대나 홍익대에 가서 놀았죠. 그때 기타를 처음 배웠습니다. 이론은 다 아니까 금방 배우겠더라고요. 홍대 잔디밭에서 기타 치며 노래 부르고 있는데 세시봉 사회를 보던 이상벽 씨가 세시봉 주인 아들을 데려와 인사시키더니 나보고 홍대 대표로 나오라고 해요.

송창식

자~알 살자, 잘 살면 좋지 않냐.
무리하게 살지 말고요.

송창식과 세시봉의 인연은 그렇게 시작됐다. 천부적인 재능에 노숙자 시절에도 다져온 음악 내공이 빛을 발하는 시기가 온 것이다.

이종탁 　그때 사실은 홍대생이 아니었잖아요. 이상벽 씨도 가짜 대학생이라는 걸 몰랐나요?

송창식 　처음에는 몰랐어요. 자기가 사회자니까 자랑스럽게 나를 소개했죠. 세시봉에서는 내 노래를 듣더니 그룹을 만들어 노래하면 먹여주고 재워주겠다고 해요.

그래서 만든 게 트리오 세시봉(송창식, 윤형주, 이익균)이고 얼마 뒤 이익균이 군대 가면서 트윈 폴리오(송창식, 윤형주)로 바뀌었다.
　송창식은 팝송을 전혀 몰랐다. 윤형주의 도움을 받아 악보를 따고 따라 부르면서 한 곡 한 곡 배웠다. 원래 소질이 있는 데다 죽기 살기로 했으니 하루가 다르게 좋아졌고 스스로 '이 정도면 세상 어디 가도 괜찮겠다'는 생각이 들었다고 한다. 오늘날까지 기억되는 트윈 폴리오의 감미로운 음악은 그렇게 만들어졌다.

이종탁 　언제까지 사람들이 홍대생으로 알았나요.

송창식 　얼마 못 가 들통 났어요. 내가 아니라고 했으니까요.

이종탁 　다른 사람은 진짜 명문대 학생이었는데, 심리적으로 위축되지 않았습니까.

송창식 　그런 것은 없었어요. 그때도 무게는 늘 나에게 있었으니까요. 저는 초등학교에서 대학교까지 16년 배우는 게 2년치 공부거리밖에 안 된다고 생각해요. 서울대 음대에서 4년 배운 거라 해도 내가 공부한 것의 반도 안 되는 거예요.

보통 사람은 상상하기 힘든 자신감이다. 대학 문턱은커녕 고등학교를 정상적으로 마치지도 못한 그가 어떻게 이런 자신감을 가질 수 있을까. 노숙자 시절 명상 테크닉을 터득한 덕분이라는 게 그의 설명이다. 명상을 하면 안 배운 것도 알게 된다는 것이다. "이건 설명할 수는 있는데 믿을 건 아니다"라고 한 자락 깔고 이야기하는 그의 명상론은 이렇다. 선뜻 납득하기 어렵지만 송창식의 내면세계를 이해하려면 빼놓을 수 없는 대목이다.

"사람이 추운 날 밖에서 자려면 몸을 최대한 웅크리고 숨을 작고 길게 들이마시고 내쉬어야 합니다. 안 그러면 추우니까요. 그런데 이걸 한참 하다 보니 상상도 못한 일이 생겼어요. 우리가 컴퓨터 자판에 8이라고 치면 숫자 8이 그대로 입력되는 게 아니라 다른 기호로 기억되는데 운영체계에 의해 8이라 보여주잖아요. 우리 영육(靈肉)도 마찬가지입니다. '아버지'라고 말하면 두뇌에 찍 금하나 그어지는 건데, 몸의 운영체계에 의해 '아버지'라 나오는 거죠. 정신과 육체가 같은 체계가 아니면 언어가 안 통합니다. 그런데 명상을 하면 그 소통법이 생겨요. 어느 순간 지식이 몸속으로 쏟아져 들어옵니다. 뭔가 해결해야 할 일이 있을 때 전혀 생각지 못한 방법이 나오는 거예요. 처음에는 내가 머리가 좋아서 그런가 했는데 그게 아니었습니다. 전혀 배우지 않은 공자, 노자를 그냥 알게 되었으니까요."

송창식의 머릿속에 이런 생각이 들어 있었으니 명문대 학생이라고 해서 선망의 눈초리로 볼 턱이 없다. 그는 세시봉 멤버들과 좀처럼 말을 섞지 않았지만 입을 열어도 어울리기는 어려웠다. 그가 말하는 것은 딱 두 종류, "우리 집에 황금송아지 있다"는 식의 완전 구라(거짓말) 아니면 너무나 고차원적 이야기였기 때문이다. 조영남이 송창식을 가리켜 "정체불명의 대화 불통 상대"였다고 한 것은 그래서 이해가 간다.

남들은 이해하지 못해도 명상 테크닉은 송창식의 음악세계에 지대한 영향을 미친다. 그가 트윈 폴리오 때의 팝송을 버리고 전혀 다른 노래를 만들기 시작한 게 이 명상을 통해서다.

이종탁   노래가 바뀌게 된 계기가 있었을 텐데요.

송창식   두 번 있었죠. 트윈 폴리오가 깨진 뒤 군에 갔어요. 원래 난 군경유자녀여서 군대 면제인데 유명 가수는 특수자라고 해서 방위로 잡혀갔죠. 군대에서 AFKN을 보는데 아마추어 노래자랑이 나와요. 그런데 그들 노래를 듣다 보니까 내 노래는 아무것도 아닌 거예요. 내가 트윈 폴리오를 하면서 세상 어디를 가도 괜찮겠다고 생각했는데 이럴 수 있나 싶어 펑펑 울었죠. 또 한번은 TV에서 전주대사습놀이가 나오는데 가야금과 대금을 하는 여자가 무지하게 잘하는 거예요. 그때까지 국악을 깔보고 있었는데 큰 충격을 받았죠. 그래서 새로 시작했습니다. 음악에 대한 명상 상태로 들어가 동서양 음악의 차이점부터 파고들었죠. 그래서 나만의 이론을 만들어냈습니다. 이건 세상에 나밖에 모르는 겁니다. 베토벤도 모르고 바흐도 모르고, 국악하는 사람들도 모르죠.

이종탁   어떤 이론인데요?

송창식　서양에선 피타고라스라는 수학자가 도레미파솔라시도를 만들었어요. 수학적으로 음계를 풀다 보니까 3분의 1, 2분의 3 같은 분수관계에 의해 음정이 정해진다는 것을 발견해 발표했어요. 이게 오늘날 서양 음계가 됐습니다. 동양은 어떠냐, 음의 정도가 음정이니까 이것은 이런 정도의 음이다, 저것은 저런 정도의 음이다, 하며 관념적으로 음계를 만들었어요. 음양오행에 의한 채널로 음계를 본 겁니다.

이종탁　점점 어려워지네요.

송창식　그럴 거예요. 이건 발표할 수도 없는 거예요. 왜냐? 기존의 음악 이론에 사회적 권위를 가지고 사는 사람이 너무 많기 때문이죠. 우리가 베토벤을 악성(樂聖)이라고 하잖아요? 그런데 제가 보기에 베토벤은 음악의 본질을 몰랐어요. 그저 솜씨만 왕창 뛰어났을 뿐이죠. 우리가 작곡이라고 하는 것을 서양에선 콤포지션이라고 하잖아요. 음계의 포지션(position)을 컴(com) 하는 겁니다. 있는 자리를 가지고 구성한다는 뜻이죠. 그래서 구성이 변화무쌍하고 황홀합니다. 우리는 흐름을 창조하는 게 작곡이에요. 곡만 만들면 되니까 황홀할 필요가 없죠. 왔다 갔다 하지 않으니까 지루하게 느껴집니다. 그런데 여기에 매료되면 저쪽 것은 음악도 아니에요. 그럼 음악의 본질이란 무엇이냐, 우주와 같습니다. 자연과 완전히 똑같이 되지 않으면 음악의 본질을 모르는 겁니다. 음계의 위치를 바쁘게 왔다 갔다 한 거 가지고 악성이라고 할 것까지는 없다 이겁니다. 공자나 부처하고는 게임이 안 된다, 거기다 성(聖)자 붙일 일이 아니라는 뜻이죠.

동서양 음악에 대한 강의를 듣다 보니 과거 신문기사가 떠오른다. 1992년 12월 3일자 「경향신문」에 '송창식의 나의 삶, 나의 노래'가 실려 있다. 여기서 그는 "트윈 폴리오 시절 팝송만 들려준데 대한 죄 갚음으로 의식적으로 우리 노래를 부르려 애썼다"며 "트윈 폴리오의 노래는 대중으로부터 우리 음악을 멀어지게 한 독약 같은 것이었다"라고 고백했다. 명상에 의해 전혀 새로운 풍의 음악을 만들어낸 것과 같은 맥락의 이야기다.

이종탁 그때 독약 같다고 한 노래를 세시봉 콘서트에서 부르지 않았습니까? 그건 어떻게 설명이 되는 거죠?

송창식 (잠시 기억을 더듬더니)그 기사는 나의 구술을 받아 기자가 정리한 것입니다. 그때 저는 팝송을 초콜릿에 비유해 설명했습니다. 외국의 초콜릿이 맛있으니까 국내에서도 초콜릿을 만들 수 있겠죠. 그게 서양 것과 달라도 사람들은 맛있다고 합니다. 그런데 그러는 사이 우리가 원래 가지고 있던 갱엿 맛을 잃게 됩니다. 그래서 독이라고 한 거죠. 지금 제가 부르는 노래는 과거 트윈 폴리오 때와 완전히 다릅니다. 그때는 영어를 미국 사람들 흉내 내려고 했지만 지금은 내 식대로 합니다. 영어의 원칙은 지키되 정정당당하게 한국식, 한국 사투리로 하는 거죠. 또 옛날처럼 달콤한 목소리를 내는 것도 아니고 강약을 조절하며 격렬하게 부릅니다. 그러니까 지금 부르는 팝송은 독이 아닌 거죠. 그걸 아쉬워하는 사람도 있을 거예요.

이종탁 그걸 깨닫는 사람이 많지는 않은 것 같습니다. 예전과 변함없는 하모니라며 감탄하거든요.

송창식

송창식 사람들이 그저 좋아하니까 그런 거죠. 사실 윤형주하고 나하고는 음악의 내용상 괴리가 많습니다. 40년간 떨어져 있었으니 어울림이 되려면 서로 많이 다가가야 해요. 지금은 노래라 할 수 없을 정도입니다. 아주 엉터리는 아니지만 20~30점짜리밖에 안 되거든요. 60점은 돼야 할 텐데 말입니다. 미숙한 거 가지고 돈 받고 한다는 게 미안할 뿐입니다.

팬 입장에서 이건 어쩌면 알아서 기분이 좋지 않은 불편한 진실일 수도 있겠다.

이종탁 어떤 점이 불만입니까.

송창식 연습을 안 해도 좋을 수는 있습니다. 하지만 프로 입장에서 보면 음정 박자가 안 맞거든요. 그러니 못한 겁니다.

이종탁 최고의 가수들인데 음정 박자가 안 맞아요?

송창식 한국 사람은 서양의 음정을 낼 수 없어요. 특별히 연습해서 테크닉을 익히기 전에는. 자연적인 음이 아니어서 지성으로 내야 하거든요. 박자도 마찬가지예요. 그래서 음정 박자는 나처럼 매일 연습해야 합니다. 영남이 형은 음대 전공했으니 자기가 음정 박자 안 맞는다는 생각은 한 번도 안 해봤을 거예요. 그런데 국립교향악단의 연주도 음정 박자가 안 맞거든요.

이종탁 노래할 때 어떤 기분으로 합니까.

송창식 무대에 설 때는 평범한 연예인으로 섭니다. 그러다 노래할 때는 완전한 명상 상태에 들어갑니다. 다른 사람과 접근방법이 전혀 다릅니다. 그러니 얘기는 안 돼요. 남들이 보면 잘난 척

하는 것밖에 안 되잖아요.

이종탁　음악을 새로이 깨닫고 난 뒤 만든 노래는 어떤 점이 다릅니까.

송창식　「피리 부는 사나이」「왜 불러」「고래사냥」 같은 노래는 내 음악의 논리를 한두 소절씩 집어넣은 겁니다. 한꺼번에 다 넣을 수 없으니까. 가장 많이 넣은 노래가 「가나다라」이고요. 내 이론을 절반쯤 넣었죠. 이들 노래는 한국 음악도 아니면서 서양 음악도 아닌, 국적 불명의 음악이라고 해야겠지요. 그런데 90년대 댄스음악이 나오면서 이런 음악도 안 하게 됐습니다.

이종탁　그런 음악을 어떻게 만드는 건가요.

송창식　작곡이라는 거는요, 몸과 마음을 풀어놓고 감각에 의존해 가는 대로 가는 거예요. 곡(曲)을 작(作)하는 거니까. 기타 치는 기능을 가지고 있으면 그 가는 대로, 노래하면 노래하는 길로 가는 거예요. 콤포지션은 앉아서 계산에 의해 짜깁기하는 겁니다. 나는 이 둘을 같이해야 하는 거고.

이종탁　그렇게 만든 노래 중 가장 애착이 가는 노래는 무엇인가요.

송창식　꼭 그런 것은 없어요. 「가나다라」에 나의 음악 논리가 가장 많이 들어갔다고 했지만 히트한 노래 중에서 그렇다는 거예요. 처음부터 히트하지 못할 거라고 생각하고 만든 노래도 많아요. 예를 들면 '장내고자 장내고자 이 내 가슴에' 하는 노래가 있는데 이건 8분의 14박자예요. 이런 박자는 체계에 없거든요. 8분의 6+8이라고 써야 해요. 그러니 다른 가수들이 이 악보를 보고 노래를 할 수도 없죠.

송창식

들으면 들을수록 그의 음악세계는 깊은 바다 속 같다. 도대체 어디가 끝인지 가늠이 안 된다. 그저 그냥 노래의 감동에 푹 빠져드는 게 상책이라는 생각이 든다.

이종탁 1987년 이후 새로운 노래를 전혀 안 만들고 있습니다. 이에 대해 안타까워하는 목소리가 많습니다. 이해도 안 되고요. 이미 써놓은 곡이 1000곡쯤 있다면서요.

송창식 곡을 완성한 것은 아니고 한두 소절씩 메모해둔 게 그렇다는 말입니다. 실제 취입을 할 때는 그런 것들 다 쓸모없어요. 내가 취입을 안 하는 이유는 사업적으로 안 맞기 때문이에요. 내 노래 목표가 10만 장인데 90년 이후 댄스 가수들이 판을 치고 난 뒤 음반회사에서는 100만 장 운운합니다. 20만 장 이상 안 나가면 손해라고 해요. 그런 현실이 나하고 안 맞고 짜증이 납니다. 또 마음에 드는 밴드가 없기도 해요. 옛날에도 TV에서 노래할 때 꼭 밴드가 뒤에서 끌어당기는 것 같아 기분이 안 좋았는데 지금은 더 그럴 것이기 때문이죠. 콘서트를 하지 않는 것은 순전히 이 문제 때문입니다. 같이 할 밴드가 없어서죠.

이종탁 끌어당긴다는 말이 무슨 뜻이죠?

송창식 노래하는데 못하게 잡아끈다는 얘깁니다. 거기에 맞추게끔.

이종탁 밴드가 마음에 안 들면 혼자 기타 치면서 노래하면 되지 않습니까.

송창식 제가 노래 솜씨가 40점이라면 기타 솜씨는 20점밖에 안 돼요. 취입을 할 정도가 안 된다는 말입니다. 그저 300~400명

앞에서 부르는 거, 트윈 폴리오 정도가 적당하죠. 내가 미사리 카페를 좋아하는 이유입니다. 내가 나가던 카페가 없어져서 요즘은 하지 않지만 그런 곳에서 대중들과 호흡하면서 노래 부르는 게 좋습니다. 그게 내가 원래 추구하던 거고. 남들은 돈 때문에 내가 미사리를 가는 줄 아는데 그게 아니에요. 권투선수가 스파링을 하듯이 저는 매일 노래 불러야 하거든요.

노래에 대한 열정은 20대 초반 노숙자 시절이나 환갑을 훌쩍 넘긴 지금이나 변함이 없다. 그렇다고 송창식이 노래 하나에만 몰두하는 것은 아니다. 그는 매일 잠에서 깨면 화장실에 들어가 한 시간 동안 책을 본다. 책은 시집에서부터 자동차, 건설, 화공 서적에 이르기까지 분야를 가리지 않는다. 화장실 독서도 빙빙 도는 운동만큼이나 반드시 지키는 생활규칙이어서 그의 머릿속에는 다방면의 지식이 가늠할 수 없을 만큼 쌓여 있다. 다만 그걸 어디에 쓸 생각을 하지 않고 남들에게 자랑하지도 않으니 알 수는 없지만.

이종탁 　송창식 인생에서 노래는 무엇입니까.

송창식 　자동차나 수레 같은 겁니다. 인생 길. 그걸 타고 가는 거죠.

이종탁 　그 인생이 행복하다고 느끼시나요.

송창식 　행복은 외부에 의해 만들어지는 게 아니에요. 이런 얘기는 참 곤란한데 행복이란 공기와 같아서 내가 행복하다고 느끼면 행복한 거고, 못 느끼면 아닌 겁니다. 상황에 의해 행복하거나 아니거나 하지는 않아요. 쾌락을 추구한다면 자기 마음에 들 수는 있겠지만 그게 행복을 주지는 않죠.

송창식

이종탁 앞으로 어떻게 살고 싶으세요?

송창식 그거야 모르죠. 내일 일이니까.

이종탁 음악 인생을 정리해야 하지 않나요.

송창식 그런 거 없어요. 될 수 있으면 내가 만든 음악들 다 걷어가고 싶은데요 뭘.

이종탁 마음에 안 드시나요.

송창식 그런 게 아니라, 내 노래가 세상에 좋은 영향을 미친다는 보장이 없으니까요. 자연스럽게 흘러갈지 어쩔지 모르니까 차라리 안 했으면, 없는 걸로 하면 낫지 않을까 하는 거죠.

노래만큼이나 인생도 깊이가 있다. 마지막으로 "팬들에게 하고 싶은 이야기"가 있느냐고 물었다. 열정 사나이의 대답은 매우 '쿨'했다.

"그런 거 없습니다. 자~알 살자, 잘 살면 좋지 않나. 무리하게 살지 말고요."

정 / 두 / 언

약력

1957년 서울 출생 | 경기고, 서울대 무역학과 | 국민대 행정학 박사 | 행정고시 24회 | 국무총리 공보비서관 | 서울시 정무부시장 | 17대 대통령 당선자 보좌역 | 대한민국 연예예술상 특별공로상 | 17대, 18대, 19대 국회의원 | 저서 『한국의 보수, 비탈에 서다』 『최고의 총리, 최악의 총리』 등

새누리당 국회의원 정두언에게 휴대전화를 걸면 통화 연결음으로 알 수 없는 노래가 나온다. "이게 무슨 노래지?" 하고 귀를 기울이다 보면 목소리의 주인공이 정두언이라는 것을 알 수 있다. 정두언 자기 노래인 것이다.

그는 실제 가수다. 2005년 정식으로 데뷔해 앨범을 4집이나 냈고, 2010년에는 대한민국 연예예술상 특별공로상을 받기도 했다. 가수협회 홈페이지에 들어가 회원 검색을 해보면 정두언이라는 이름 석자가 또렷이 나온다. 매년 회비를 꼬박꼬박 내고 가수협회 회원증을 받아 자랑스럽게 갖고 다닌다. "연예인 하다 국회의원 된 사람은 있어도 국회의원 하다 연예인 된 경우는 내가 처음"이라고 그는 자랑한다. 대학 다닐 때 그룹사운드에서 보컬을 맡았는데 당시 「나 어떡해」로 유명했던 샌드페블즈보다 노래를 더 잘했다는 게 그의 주장이다.

그는 탤런트가 될 뻔도 했다. 행정고시를 거쳐 공무원 생활을 할 때 방송사에서 드라마 「토지」의 배우를 공개모집한다는 공고를 보고 아내 몰래 응시해 8명이 남은 최종 단계까지 올라갔다. 그때 주위의 귀띔으로 남편의 '외도'를 알게 된 부인이 "나는 탤런트랑 결혼한 게 아니다"며 눈물로 반대해 포기하지 않았다면 인생이 어떻게 달라졌을지 모른다고 그는 회고한다.

그래도 그는 "정치가 내 적성에 가장 맞는 것 같다"고 말한다. 정치란 남의 처지를 이해하고 헤아려서 그들이 원하는 것을 대신 해주는 일이다. 그의 말을 빌리면, 정치는 각계각층을 상대로 다양한 분야에서 '익사이팅'하게 펼쳐진다. 일종의 종합예술이다. 이런 예술의 무대에서는 남의 역할을 자기 일처럼 이해하고 소화하는 연예인 기질이 종종 강점이 된다는 것이다.

연예인 같은 정치인, 이런 수식어만으로도 그는 여의도에서 남들 눈에 띌 수 있다. 하지만 정치인에게 예술적 재능은 아무래도 부차적 요소다. 오늘날 그를 유명 정치인으로 만들어준 것은 무슨 일이든 맺고 끊는 게 분명한 소신과 개성이다. 이명박 정권을 탄생시킨 주역 중 한 명이지만 이 정권을 신랄하게 비판하고, 새누리당 소속이지만 새누리당 같지 않은 언행을 거침없이 하는 데서 정치인 정두언의 존재감이 있다.

이명박 정부 출범 초기만 해도 언론은 정두언의 이름 앞에 이 대통령 측근, 또는 실세라는 표현을 썼다. 일부 언론은 이명박 정부 2년차, 3년차가 되었을 때까지 그런 표현을 썼다. 여의도 사정에 밝은 고참 기자는 그런 실수를 하지 않지만 정치부에 새로 온 신입 기자들은 정치현안이 있을 때 정두언에게 전화를 걸어 "친이계 입장은 뭡니까"라고 묻기도 했다.

하지만 그가 '왕의 남자'였던 것은 까마득한 과거의 일이다. 이명박 정권의 창업공신이라고 하지만 창업과 동시에 그는 권력의 주류에서 밀려났다. 그는 정권 초기부터 '형님(이상득 의원)의 권력 사유화'를 정면 거론했고, 줄기차게 당내 실세(이재오 의원)를 공격했다. 정권 말기로 가면서 흔한 일이 돼버렸지만 한동안 그는 청와대와 여당 지도부를 향해 독설을 퍼붓는 몇 안 되는 새누리당 의원 중 한 명이었다.

그는 2011년 4·27 재·보선이 있은 다음 날 "정부·여당은 제 2의 6·29 선언을 해야 한다"는 글을 트위터에 올렸다. 6·29라면

1987년 6월 당시 대통령 후보였던 노태우 민정당 대표가 국민의 뜻을 수용해 대통령 직선제 개헌을 하겠다고 한 항복 선언이다. 그러니까 정두언은 이때 벌써 정국 상황이 6월 민주항쟁을 떠올릴 정도로 심각하다고 본 거다. 독특한 캐릭터와 당내 입지 때문에 유심히 보아오던 정두언을 이 트위터 글을 계기로 의원회관으로 찾아가서 만났다.

이종탁 　제2의 6·29 선언이라는 말은 무엇을 염두에 두고 한 겁니까.

정두언 　처음엔 멋있는 말 같아서 그냥 했는데, 가만히 생각해보니까 여러 가지 의미가 있겠더라고요. 6·29 선언은 권력이 국민에 진 거잖아요. 정권이 국민을 이기려 하면 안 된다는 거예요. 또 다른 의미는 정권 재창출을 위해서는 전임자가 자기희생을 해야 한다는 점입니다. 당시 전두환 대통령이 노태우 대통령 만들기 위해 바보가 됐잖아요. 보세요, 6·29 선언을 자기가 했다고 하는 사람이 100명이 넘어요. 그런데 그중에 전두환 대통령은 들어 있지 않습니다. 내가 보기엔 그가 했는데…… 그러니까 레임덕 막는 데 연연하지 말고 정권 재창출에 최우선 순위를 두고 헌신해야 한다, 이겁니다. 정권 재창출이 안 되면 우파 진영으로선 정말 우려되는 바가 크거든요. 이 정권에서는 전임 대통령이 자살까지 했어요.

듣고 보니 의미심장한 말이다. 우파의 재집권이 실패하면 무슨 일이 일어날지 모르니 현직 대통령이 레임덕 따위는 신경 쓰지 말고 자기희생을 하라는 주문이다. 이명박 대통령이 들어서 기분 좋을 리 없는 말이다.

이종탁 구체적으로 어떤 조치를 하란 말인가요.

정두언 뭐 하나를 폼나게 하라는 얘기는 아니고요, 그런 자세로 국정에 임해야 한다는 말입니다. 예를 들어 국민들이 회전문 인사 하지 마라, 하면 하지 말아야죠.

이종탁 정 의원께선 이 정부 출범 후 줄곧 정권 비판을 해왔습니다. 어려움이 많았을 것 같은데요.

정두언 제가 정권 초기 형님 문제를 거론하면서 쉽고 편한 길보다 어렵고 험한 길을 걸었습니다. 적당히 타협했으면 저도 많이 누렸을 텐데 그걸 포기한 거죠. 그러다 보니 많은 사람들이 저를 불편해합디다. 제 근처에 있다가 무슨 불이익을 당할까 싶어 피하기도 하고요. 오죽하면 사찰까지 당했겠습니까. 그런데 정권 후반기에 들어서면서 저를 이해하고 존재의 필요성을 인정해주는 사람들이 늘어나고 있습니다.

2010년 9월 총리실 산하 공직자윤리지원관실에서 불법 사찰한 민간인 가운데 정두언이 포함돼 있었던 것을 가리키는 말이다. 당시 사찰 피해자 중에는 정두언 외에 남경필, 정태근 등 이상득 의원과 맞섰던 상당수 여당 의원들이 포함돼 있어 충격을 주었다.

이종탁 결국 권력다툼 아니었나요. 대통령직 인수위 시절 이상득 의원 측과 틀어지는 바람에 권력 중심에서 밀려났고, 그 때

정두언

문에 등 돌리고 싸우게 됐다는 이야기가 있습니다.

정두언 거기에 대해 여러 가지 구체적인 얘기들이 있습니다. 그러나 그건 시간이 지나야 할 수 있는 이야기이고……

이종탁 지금 이미 시간이 많이 지났습니다.

정두언 아니, 이 정권 끝난 뒤에요. 또 시간 지나도 할 수 없는 얘기도 있습니다. 어쨌든 저는 2008년 총선 전에 이상득 형님이 나서면 안 된다고 얘기했는데 관철되지 않았어요. 한 가지만 얘기하면 인수위 때 있었던 일 중에 국세청 사건이 굉장히 안 좋았어요. 당시 한상률 국세청장이 '이명박 파일'을 만들었거든요. 그래서 제가 '당신이 한 짓을 내놓으라'고 했어요. 그런데 끝내 안 내놓고 오히려 나를 모함했어요. 마치 내가 대통령 가족의 자료를 뒤진 것처럼. 이런저런 게 섞여서 불편한 관계가 됐어요. 그 정도만 얘기할게요.

이종탁 당시 한상률 청장이 이명박 파일을 만들었다는 것은 어떻게 아셨나요.

정두언 우리가 그 정도는 알죠. 국세청 내부에서 얘기해주니까요.

정두언을 권력 핵심에서 멀어지게 만든 결정적 계기가 이 국세청 파일 사건이라는 것은 잘 알려진 얘기다. 이 파일에 실제 무슨 내용이 담겨 있었고, 한상률이 그걸 어떻게 활용했는지는 알려지지 않았지만. 이에 대한 참을 수 없는 궁금증이 일지만 정두언이 대답할 수 있는 성질의 것은 아니다. 노무현 정부에서 국세청장이된 한상률이 이명박 정부 들어 유임될 때 이 파일 문제가 어떤 식으로든 정리되었을 테지만, 권력의 구중심처에서 일어난 일은 세상에 쉽게 드러나지 않는 법이다.

이종탁　이 대통령의 측근이었는데 친이계 아닌가요.

정두언　저는 친이는 없다고 생각합니다. 집권하면서부터 동질성이 없어졌거든요. 아, 비박(非朴)이라는 공통점은 있네요. 보세요, 친박은 박근혜 전 대표를 비판하는 일이 없잖아요. 하지만 친이는 제각각이거든요. 어쨌거나 저는 분명히 친이 아니죠. 공개적으로 이야기했습니다. 이제 내 정치를 하겠다, 내 갈 길을 가겠다고요. 대통령을 비판할 건 비판하고 지원할 건 지원하는 거죠. 그렇게 분명히 하고 정치를 해야지, 애매하게 하는 것은 생리에 맞지 않아요.

이종탁　대통령이 섭섭하다는 의사를 전해오지 않던가요.

정두언　모르겠어요. 대통령과 별로 소통을 안 하니까. 뭐 섭섭하겠죠. 안 그러겠어요? 아니 그래도 제가 섭섭한 게 더 많죠. 사찰까지 당했잖아요.

이종탁　1년에 몇 번씩은 청와대 가서 만나지 않나요? 그런 얘기 안 합니까.

정두언　그동안 몇 번 가긴 했는데 여러 사람이 같이 만나는 것은 의미 없고, 둘이 만난 적도 있긴 한데 그런 얘기는 안 합니다. 대통령은 지금까지 한번도 '당신 왜 그래?'라고 한 적이 없어요. 그러니 저 또한 '이래서 이럽니다'라고 말할 기회가 없었죠.

이종탁　그건 의외네요.

정두언　그렇죠. 의외죠. 소통에 문제가 많은 거죠.

정두언

대통령에 대한 서운한 감정을 그는 굳이 숨기려 하지 않았다. 사랑이 깊으면 미움도 크다고 했는데, 그런 심정인 걸까. 사실 정치인 정두언의 이력을 조금만 거슬러 올라가면 곧바로 이명박이 나온다.

"이 대통령을 처음 만난 것은 공무원 사표 내고 국회의원 선거에 나갔다가 떨어져 백수생활을 하던 2001년입니다. 교통사고를 당해 입원해 있는데 서울시장 출마를 앞두고 있던 그분이 문병을 왔어요. 그때 저는 『신화는 없다』란 책을 읽고 MB에 반해 있었어요. 그는 나에게 도와달라고 했고, 저는 그 신화를 완성해보고 싶다는 생각에 기꺼이 응했습니다."

이 만남은 그의 인생에 중요한 전환점이 됐다. 정치인에게 가장 힘들고 비참할 때가 선거에 떨어졌을 때다. 검은색 자동차도 없고, 문 열어주는 운전기사도 없고, 기자들의 전화도 안 걸려오고, 뭘 해달라고 조르는 주민들의 민원도 끊어질 때, 그래서 주변을 둘러보아도 아무도 날 찾는 이 없다고 느낄 때 외로움을 넘어 우울증을 느낀다고 한다. 정두언도 예외는 아니다. 경기고-서울대-행정고시 출신의 공무원이라는, 어느 정도는 장래가 보장된 자리를 박차고 선거에 나갔다가 장관 출신 후보에게 2000여 표 차이로 떨어졌기 때문이다. 선거가 끝난 뒤 한동안은 머리 싸매고 누워 밥도 안 먹고 말도 안 하고 지냈다고 한다. 그런 그에게 손을 내민 MB였으니 얼마나 감동했겠는가. 그 후 MB는 서울시장에 당선됐고, 정두언은 그를 따라 서울시에 들어가 정무부시장이 되었다. 정두언의 표현을 빌리면 백수에서 부시장, 국회의원에 이르기까지 다 MB 덕분에 이룬 것이다.

MB가 대선에 나섰을 때 그는 후보캠프의 본산이라 할 수 있는 안국포럼에서 넘버 3의 지위에 있었다. MB 측근 중의 측근이었던 것이다. 하지만 누가 그랬던가. 정치는 생물이라고. 어제의 동지가 오늘의 적이 되고 오늘의 적이 내일의 동지가 되는 게 예나 지금이나 변함없는 정계의 생리다. 친이(親李)가 월박(越朴, 친이계에서 친박계로 넘어가는 것)도 하고, 심한 경우 '주이야박(낮에는 친이, 밤에는 친박)'도 한다지 않은가.

정두언은 MB와의 관계에 대해 '여기까지'라고 선을 그었다. 대통령이 된 뒤 민심을 대변하고자 하는 자신의 충정 어린 뜻을 MB가 안 받아들였으니 자신도 다른 선택을 할 수밖에 없다는 것이다. 정두언 인생의 중요한 터닝포인트가 MB와의 만남에서 시작되었다면, MB와의 관계 정리는 그의 정치 인생에서 또 다른 터닝포인트가 되는 셈이다. 이에 대해 정두언은 "후회는 없다. 아쉬움이 많이 남을 뿐"이라고 말했다.

MB와의 관계를 마음으로부터 정리하면서 그는 정치적으로 거듭나게 됐다. 친이도 친박도 아닌 비이비박(非李非朴)의 입장에서 사안을 냉정하게 볼 수 있게 됐고, 자기만의 정치 비전을 만들어갈 수 있게 됐다.

2011년 4월 재·보선에서 여당이 참패한 뒤 이재오 의원이 "젊은이들은 한나라당을 그냥 싫어한다"고 말해 논란을 빚은 적이 있다. 이에 대해 어떻게 생각하느냐는 질문에 정두언은 이렇게 답했다.

"그 말에 대한 댓글이 다음 아고라에 5000개쯤 달린 거 봤어요. 소통의 중요성을 새삼 느낍니다. 소통이 무엇이겠어요. 한마디로 역지사지, 상대방 입장에서 생각해보는 거예요. 우리 당이 대학생 입장에서 생각해봤느냐, 그럴 능력도 없지만 노력도 안 합니다. 제가 얼마 전 서울대에 가보았는데 플래카드에 '이명박 독재자'라고 쓰여 있어요. 처음엔 이해가 안 갔는데 곰곰이 생각해보니까 알겠어요. 기준이 다른 거예요. 우리 때는 김근태 잡아가면 독재자였지만 지금은 김미화, 김제동 출연 못하게 하면 그게 독재자인 거예요. 세상에 이유 없이 그냥 싫어하는 게 어디 있겠어요. 제가 그랬어요. 한나라당에 대해 20대는 재수 없다, 30대는 죽이고 싶다, 40대는 관심도 없다고요. 그 사람들 입장에서 생각 좀 해보라고요."

자기 당에 대해 이렇게 강한 톤으로 이야기하는 의원이 또 있을까 싶지만 그는 "한나라당이 그만큼 세상 물정을 모른다"고 했다.

"우리 사회가 10년 전, 20년 전과 비교할 때 가장 크게 달라진 게 무어냐 하면 양극화입니다. 양극화가 심한 사회에서 과거의 우리 스탠스(입장)는 현실과 안 맞아요. 철 지난 옷이 안 맞는 것처럼요. 어떤 이는 이렇게 말합니다. 한나라당은 과거 민주당 스탠스를 따라가고, 민주당은 과거 민노당 스탠스로 가야 한다고요."

이 인터뷰가 있은 지 얼마간의 시간이 지났을 때 한나라당은 새누리당으로 당명을 바꾸고 왼쪽으로, 더 왼쪽으로 정책 전환을 하기 시작했다. 정두언의 혜안이라고 해야 할까. 그때의 문답을 더 인용해보자.

이종탁 전반적으로 좌클릭해야 한다는 말이네요.

정두언 그렇게 하지 않으면 설 땅이 없어요. 그런데도 한나라당에는 여전히 보수의 가치 운운하며 옛날 사고에 젖어 있는 사람들이 많습니다.

이쯤 되면 그가 여당인지 야당인지 혼동될 정도다. 좌우를 넘나드는 그의 행보는 정책을 통해 드러나기도 했다.

우리나라 최대 사회문제인 사교육의 진원지가 외국어고 입시라는 것은 알 만한 사람들은 다 아는 이야기다. 하지만 외고의 기득권이 공고해지면서 누구도 손댈 엄두를 못 내고 있을 때 정두언은 "외고는 마녀다"라고 외치며 외고 폐지 법안을 발의했다. 그의 뜻대로 되지는 않았지만 외고마다 치르는 지필고사가 금지되면서 외고 인기가 떨어지고 그에 따라 사교육 광풍이 어느 정도 잦아든 것은 그의 공로라 해도 무방할 듯하다.

좋은 학벌에 엘리트 공무원 출신의 자유분방한 여당 의원, 이렇게 보면 유복한 가정에서 태어나 평생 고생 한번 안 해본 사람일 것으로 생각하기 쉽다. 하지만 그는 도시 빈민 출신이다. 광주에서 무작정 상경하다시피 한 그의 아버지는 변변한 직업 없이 건달처럼 지냈고, 어머니가 공사판 막노동에서 일하거나 다방 동전장수를 해 벌어오는 돈으로 다섯 명의 자식들 끼니를 해결해야 했다. 어린 시절을 떠올리면 자연히 어둡고 칙칙한 기억이 먼저 떠오를 수밖에 없다. 가장 아픈 것은 열등감이다.

"학교 다닐 때 제일 싫었던 게 가정조사였습니다. 집에 라디오 있는 사람, 전축 있는 사람, 전화 있는 사람, 집이 전세냐, 월세냐하는 질문, 그걸 알아서 무엇에 쓰려고 했는지, 그것도 써내라고 하면 될 것을 왜 손을 들라고 했는지 지금도 이해가 안 갑니다. 그것까지는 그래도 견딜 만했는데 정말 질색은 부모 학력을 물어볼 때였죠. 나의 어머니는 국졸이고, 아버지는 국퇴다, 다른 아이들 앞에서 그렇게 말하는 게 너무나 싫었습니다. 그래서 대강 중졸 또는 고졸 정도로 거짓말을 하곤 했는데 그 기분이란……"

이 말에 "맞아, 나도 그랬어"라고 할 사람이 많을 것 같다. 1970년대 이 땅의 학교는 아이들 감수성 같은 것은 깡그리 무시했으니까. 많이 배우지 못한 부모 밑에서 난 학생은 아무 잘못한 게 없는데도 선생님 앞에서, 친구들 앞에서 공연히 주눅 들어야 하던 시절이었다.

정두언에게 남다른 가난의 기억은 다섯 살 때 부모와 떨어져 광주 외삼촌 집에서 지낸 일이다. 아들이 없는 외삼촌이 조카를 데려다 키우고 싶어하자 어린 두언을 보낸 것이다. 초등학교 입학할 무렵 집으로 돌아왔지만 그 후에도 방학 때만 되면 집에 군입 하나 더는 기분으로 망월동 외삼촌 집에 가곤 했다.

이종탁　외가가 유복했다고 하는데 모친은 국졸이었습니다.

정두언　외할아버지가 면장을 했어요. 그럼 괜찮은 거잖아요. 그런데 여자가 배워서 무엇에 쓰겠느냐고 해 학교를 안 보냈다는 거예요. 어머니는 그게 무척 속상했다고 해요. 잘나지 못한 아버지에게 시집간 것도 두 집안에서 일찍이 정혼을 했기 때문이라고 합니다.

이종탁　아버지가 어머니를 때렸다는 등의 민감한 집안 이야기를 공개적으로 해도 됩니까.

정두언　사실을 그대로 이야기하는 것뿐입니다. 특별히 불효라 생각하지 않습니다. 그때는 그런 집 많았거든요. 좋은 집에서 자라는 아이들 보면 창피하고 열등감이 컸어요. 그러다 보니 비슷한 아이들하고 어울렸고, 싸움질도 하고 욕도 하면서 그렇게 자랐죠.

많은 경우 이건 뒷골목 불량배가 되는 코스다. 못난 부모에 대한 복수심으로 자기를 학대하고 공연히 위악적 행동을 보이는 남자아이들이 지금도 주위를 둘러보면 흔하다. 정두언은 다행스럽게도 그 코스를 밟지는 않았다. 무엇이 스스로를 지켜주었던 걸까.

"어릴 때부터 자기애(愛)가 강했던 것 같아요. 비뚤어진 길을 가다가도 내가 이렇게 가면 안 되지, 하는 생각에 돌아오고 돌아오고 하는 아슬아슬한 과정이 여러 번 있었어요. 어머니의 극진한 사랑의 힘도 컸죠. 어머니는 아무리 생활이 어려워도 내가 초등학교에서 고등학교 졸업할 때까지 선생님에게 와이로(촌지)를 줬어요. 내가 공부를 잘하니까 '이 아이 하나만큼은' 하는 마음이 있었던 거죠. 나에게는 집에서 심부름도 안 시켰어요. 그 시간에 공부해야 한다면서."

형제 중에서도 특별대우를 받은 만큼 공부 스트레스가 없을 수 없었다. 시험이 다가오면 밤중에 학교 담장을 넘어 시험지를 훔쳐올까, 교무실에 확 불을 질러버릴까 하는 나쁜 생각을 한 적도 있다고 털어놓는다. 그때마다 내가 그러면 안 되지 하는 자기애 정신으로 이겨내곤 했다고 한다.

정두언이 초등학교 6년 때 중학교 입시가 없어졌다. 경기중학교 입학을 목표로 가슴 졸이며 공부하던 어린 두언은 해방감과

정두언

소통이 무엇이겠어요. 한마디로 역지사지,
상대방 입장에서 생각해보는 거예요.

함께 배문중학교에 들어갔다. 중학교 들어가선 영어를 배우면서 팝송을 즐기게 됐다. 2003년 그의 첫 음반인 「정두언과 함께 떠나는 추억의 팝송여행」에 나오는 노래를 이때부터 부르게 된 것이다. 그러면서도 공부를 게을리 하지 않아 경기고등학교 입학에 성공했다. 그러나 고등학교 1학년 때 건달 노릇, 2학년 때는 그룹사운드, 3학년 때 응원단장한다고 춤 배우러 다니다 대학입시에서 낙방을 했다. 재수 끝에 서울대 무역학과에 들어갔고, 대학 때 'spirit of 1999'라는 5인조 그룹사운드를 만들어 서울 시내 대학 축제에 불려다니곤 했다.

그는 노래 잘한다는 소리를 들으면 "우리 집은 뼈대 있는 집이 아니라 성대(聲帶)있는 집"이라고 농담을 한다. 실제 그의 부친은 가장으로서 책임감은 약했지만 노래는 무척 좋아했다. 술 마시고 집에 오면 일본 노래를 부르곤 했다. 아버지의 가까운 친척 중에는 항일운동을 하다 음악에 심취해 중국 공산당의 「연안가」「팔로군행진곡」 등 혁명을 고취하는 노래를 작곡한 음악가 정율성도 있다.

"광주에서 정율성 국제음악회가 열릴 때면 저는 꼭 광주에 갑니다. 그곳 종친 어르신들이 자리를 만들어 환영해주기도 합니다. 그 자리에서 저는 농담을 합니다. 정씨 집안은 성대가 있는 집안이라고."

노래는 정두언 인생에서 중요한 요소다. 괴롭거나 힘들 때 늘 노래를 불렀고, 그것이 그를 절망에서 구해주는 힘이 되었다. 그런데 왜 직업 가수로 나서지 않았느냐고 물으면 그는 이렇게 대답한다.

"이왕 가수가 되려면 최고가 되어야 하는데 송창식, 조용필, 조영남을 따라갈 자신이 없었죠. 죽었다 깨어나도 그들보다 잘 부를 수 없을 것 같았어요."

화려한 가수의 길로 나가지는 못했지만 그는 더 많은 사람들이 부러워하는 출세 코스를 밟았다. 그럼에도 노래를 향한 열정은 조금도 식지 않았다. 노래는 그의 인생에서 열정으로 가는 터닝포인트였고, 자아실현의 출구였다. 중고교 시절 화장실에 앉아 한 시간씩 팝송을 부르며 자기 음감에 도취하던 열정이 훗날 다재다능한 정치인 정두언을 만들어낸 셈이다.

낭만적이고 자기애 강한 사람은 공직에 어울리지 않는다는 게 항간의 인식이다. 정두언은 이런 인식을 새삼 확인시켜주는 인물이다. 그는 당시 행정고시 합격자들이 누구나 가고 싶어하는 정무장관실로 배치되었지만 하루하루가 단조롭고 지루하게만 느껴졌다. 그러다 입대영장이 나오자 사병으로 군에 갔다. 행정고시 출신은 장교로 갈 수 있는데도 장교는 복무 기간이 길다는 점 때문에 "이왕 하는 군대 생활" 하는 기분으로 선택한 길이었다. 내심 '나 정도 이력이면 편한 곳에 보내주겠지' 하는 생각도 있었으나, 막상 배치된 곳은 강원도 양구의 전방이었고, 여기서 그는 나이 어린 고참들에게 "서울대 나오면 다냐"며 맞고, "나이 많으면 다냐"고 맞고, "고시 합격했으면 다냐"고 맞아가며 빡빡 기는 군대 생활을 했다고 한다.

"그때가 어쩌면 내 인생에서 가장 밑바닥이었을 거예요. 자존심으로 치면 누구에게도 지지 않을 나였지만 군대에서는 어쩔 수 없었거든요. 그러나 그 생활을 통해 헝그리 정신을 배웠습니다. 지나놓고 보니까 그것도 인생에 큰 도움이 되는 겁니다. 어떤 어려움이 닥치면 군대에서 그 짓도 했는데 무얼 못하랴? 하는 파이팅이 생기거든요."

정치인 정두언의 파이팅은 아직 갈 길이 멀다. 그가 정치에 뛰어든 것은 2000년 16대 총선, 그의 나이 마흔셋일 때이지만 정치에 대한 꿈은 어린 시절부터 키워오던 것이다.

"제 아버지가 광주에서 서울에 올라와 친척 형님의 운전기사를 했습니다. 옛날 신민당 소속으로 6선을 했고, 국회부의장까지 지낸 정성태 의원이었죠. 우리 형제는 그분을 친 큰아버지처럼 여겼는데 우리 모두의 긍지와 존경의 대상이었죠. 키 크고 잘생겼고, 호방한 성격에 소탈하고 만능 스포츠맨인데, 독재정권에 맞서 지조도 지키는 멋진 분이었어요. 그때 나는 커서 큰아버지처럼 되고 싶다고 생각했죠. 그는 나의 멘토이자 롤 모델이었어요."

그가 공무원 사표 내고 국회의원 선거에 나서면서 인사차 갔을 때 큰아버지가 한 말을 지금도 잊을 수 없다고 한다.

"그분이 이러는 겁니다. '기왕 정치하려면 대망을 가져라'고. 처음 출마하는 사람에게 이게 무슨 황당한 이야기인가 싶었는데, 나중에 곱씹어보니 그게 아니에요. 정치인이 대망을 품느냐 아니냐에 따라 몸가짐 마음가짐이 달라집니다. 대망을 품게 되면 자잘한 데 신경 쓰지 않고 멀리 길게 보게 되거든요."

그럼 그도 대권 도전에 나서는 걸까. 그의 대답은 "아직 멀었다"는 것이다. "지도자는 내공을 쌓아서 남에게 인정받을 때 존재감이 있는 것이지 스스로 나서봐야 소용없다"는 것이다. 그는 다른 국회의원들이 양복 깃에 자랑스럽게 달고 다니는 의원 배지를 한

정두언

번도 단 적이 없다. 이유를 물으면 과거엔 "정치인이 존경받지 않기 때문"이라고 단순하게 대답했는데 요즘엔 "여느 의원들과 나는 다르다는 생각도 있고, 의원 자리에 성이 안 찬다는 생각도 있기 때문"이라고 복잡하게 얘기한다. 정두언의 마음속에 품고 있는 큰 꿈이 언제 어떻게 영글어갈지 두고 볼 일이다.

훔치고
배우고
익혀라

초판 인쇄 2012년 6월 22일
초판 발행 2012년 6월 29일

지은이 이종탁

펴낸이 강병선
편집인 황상욱

교정 오효순　**디자인** 문성미
마케팅 이숙재　**온라인 마케팅** 이상혁 장선아
제작 안정숙 서동관 임현식　**제작처** 영신사

펴낸곳 (주)문학동네
출판등록 1993년 10월 22일
임프린트 휴먼큐브

주소 413-756 경기도 파주시 문발동 파주출판도시 513-8 2층
문의전화 031-955-1902(편집) 031-955-3578(마케팅) 031-955-8855
전자우편 forviya@munhak.com　**트위터** @forviya

ISBN 978-89-546-1858-8 03320

www.munhak.com